Zur Konzeption der Kraft der Mechanik

Waxmann Verlag GmbH
Steinfurter Straße 555, 48159 Münster
info@waxmann.com

Ricardo Lopes Coelho

Zur Konzeption der Kraft der Mechanik

Waxmann Münster / New York
München / Berlin

Die Deutsche Bibliothek – CIP-Einheitsaufnahme

Lopes Coelho, Ricardo:
Zur Konzeption der Kraft der Mechanik / Ricardo Lopes Coelho. –
Münster ; New York ; München ; Berlin : Waxmann, 2001
  (Internationale Hochschulschriften ; 358)
  ISBN 978-3-8309-1011-4

Bibliografische Informationen der Deutschen Nationalbibliothek
Die Deutsche Nationalbibliothek verzeichnet diese Publikation in der
Deutschen Nationalbibliografie; detaillierte bibliografische Daten sind im
Internet über http://dnb.dnb.de abrufbar

Internationale Hochschulschriften, Bd. 358

Die Reihe für Habilitationen und sehr
gute und ausgezeichnete Dissertationen

ISSN 0932-4763
Print-ISBN 978-3-8309-1011-4
E-Book-ISBN 978-3-8309-6011-9

© Waxmann Verlag GmbH, 2001

www.waxmann.com
info@waxmann.com

Umschlaggestaltung: Matthias Grunert
Gedruckt auf alterungsbeständigem Papier, säurefrei gemäß ISO 9706

Printed in Germany

Inhalt

Vorwort

Der Ansatz dieser Arbeit über die Konzeption der Kraft der Mechanik besteht im Rückgriff auf die Philosophie und die Wissenschaftsgeschichte, um ein Problem der Physik, genauer der physikalischen Theorie zu lösen. Ein Grund für die Wahl dieses Ansatzes ist, daß sich in der Physik zwischen dem unterscheiden läßt, was durch die Erfahrung gewonnen wird, dem, was der Mathematik entnommen wird, und dem, was den Zusammenhang der verschiedenen Phänomene miteinander bzw. die Aufstellung der Theorie betrifft. Es können also dabei Probleme auftreten, die weder mathematischer noch physikalischer Natur sind, sondern als theoretische bezeichnet werden können, insofern sie die hergestellten Verbindungen zwischen den Phänomenen, also die Theorie an sich betreffen. Mit einem theoretischen Problem in diesem Sinn befaßt sich die vorliegende Arbeit. Aufgrund der Art des zu behandelnden Problems wird verständlich, daß bei seiner Lösung auf die Philosophie und Wissenschaftsgeschichte zurückgegriffen wird. Für diese Vorgehensweise scheinen zudem die Ergebnisse der Untersuchung zu sprechen.

Dieser Rückgriff auf die Philosophie bedeutet nicht, daß aus dem Problem der Mechanik ein logisches oder philosophisches Problem gemacht wird, das dann im Rahmen der Philosophie gelöst werden soll. Die Geschichte kennt mehrere erfolglose Versuche solcher Art. Der einzuschlagende Weg muß daher ein anderer sein, wenn die Lösung für ein Problem der Mechanik erarbeitet werden soll, die der Mechanik selbst hilfreich sein kann. Der Philosophie kommt hier also eine eher dienende Aufgabe zu; dasselbe gilt *mutatis mutandis* für die Wissenschaftsgeschichte.

Auf die Geschichte der Mechanik wird zurückgegriffen, weil sie eine sinnvolle Grundlage für die Untersuchung bietet. Berücksichtigt man, daß Physiker des 19. und 20. Jahrhunderts nicht nur wissenschaftliche Daten in eine Theorie integrieren mußten, sondern auch „historische Residuen", d.h. hinterlassene Begriffe vergangener Theorien, die sich im Laufe der Zeit eingebürgert hatten, wird ersichtlich, wie hilfreich es sein kann, die historischen Hintergründe der Mechanik zu kennen. In der Tat können so die Ursachen der Probleme besser erkannt werden.

Seit der Zeit meiner Dissertation über die Hertzsche Mechanik Anfang der neunziger Jahre beschäftigt mich das Problem der Kraft. Die Forschung zum Kraftproblem konnte jedoch nicht durchgeführt werden, da ich im akademischen Jahr 93–94 nach Portugal zurückkehrte, um meine Lehrtätigkeit weiterzuführen, wo selbst die Gesamtheit der Bibliotheken noch keine gute Bibliothek ergibt.

Dank der Unterstützung des Präsidenten des Wissenschaftsrates der *Faculdade de Ciências* der Universität Lissabon, Prof. Dr. Pinto Paixão, und aufgrund eines Postdoc-Stipendiums der JNICT (später FCT, Fundação para a Ciência e a Tecnologia), zu dem Prof. Dr. Andrade e Silva und Prof. Dr. Ana Luísa Janeira beigetragen haben, kam ich Ende 1995 nach Berlin zurück. Der Physikhistoriker Burghard Weiss, dessen sorgfältig verfaßte Jahresberichte hier besonders hervorzuheben sind, übernahm bei der Stiftung die Betreuung meiner Arbeit. Die FCT hat meine gesamte Forschung im Ausland (sowie dieses Buch mit-) finanziert.

Ende des Jahres 1998 ist die Arbeit im Institut für Philosophie, Wissenschaftstheorie, Wissenschafts- und Technikgeschichte der TU Berlin vorgelegt worden. Mit Prof. Dr. Hans Poser, dem ich für viele persönliche und offizielle Unterstützungen dankbar bin, fanden ebenso wie mit Prof. Dr. Eberhard Knobloch und mit PD Dr. Burghard Weiss hochinteressante Diskussionen hierüber statt. Sie haben darüber hinaus wie auch Prof. Dr. Herber Berger aus Hannover in der Habilitationskommission über die Arbeit berichtet. Allen Genannten gilt mein ausdrücklicher Dank.

Einleitung

Auf dem 1. internationalen Kongreß für Philosophie im Jahr 1900 in Paris sagte Poincaré, man wisse nicht, was Kraft und Masse seien. Er ist der Auffassung, daß für eine Definition dieser Begriffe die Angabe entscheidend ist, wie sie zu messen sind, und zieht daher die jeweiligen Meßverfahren zur Analyse heran. In seiner Untersuchung von 1897 kommt er zu dem Schluß, es sei unmöglich, im Rahmen des klassischen Systems eine befriedigende Vorstellung von Masse und Kraft zu gewinnen. Wenn man aber nicht weiß, was Kraft und Masse sind, dann kann man sie auch kaum erklären.

Den Lehrbüchern der Mechanik fällt die Aufgabe zu, diese Wissenschaft darzustellen. Hierbei ist von Kraft und Masse schon deshalb die Rede, weil sie Elementarbestandteile der sogenannten Grundgleichung der Mechanik, Kraft ist gleich Masse mal Beschleunigung, sind. Daß in bezug auf diese Begriffe ein Problem besteht, wird in den Lehrbüchern des 20. Jahrhunderts selten ausgesprochen. Da es aber besteht, taucht es dennoch in verschiedenen Formen auf.

So wird etwa behauptet, die Grundgleichung der Mechanik biete eine Definition der Kraft und der Masse. Wenn die Kraft durch die Gleichung definiert wird, geht man davon aus, daß sie durch die Masse und die Beschleunigung definiert wird. Wenn aber die Gleichung auch noch eine Definition der Masse ist, wird die Masse aus demselben Grund durch Kraft und Beschleunigung definiert. Die Kraft ist also Definiendum durch die Masse und Definiens der Masse, somit besteht ein Circulus vitiosus. Eine solche Vorgehensweise hat Mach schon 1868 kritisiert: Er wies auf den logischen Fehler hin, das Gewicht durch die Masse und die lokale Beschleunigung und die Masse wiederum durch das Gewicht und die Beschleunigung zu definieren.

Oft wird in Lehrbüchern die Kraft anhand unserer Empfindung erklärt, d.h., die Idee der Kraft wird auf unsere muskuläre Anstrengung zurückgeführt, wie beispielsweise beim Schieben oder Ziehen eines Objekts. Eine solche Auffassung von Kraft wurde von Reech 1852 vertreten, der auf dieser Grundlage eine mechanische Theorie entwickelte. Jules de Andrade, der den Reechschen Kraftbegriff übernahm, vertrat dann die These, die Mechanik sei anthropomorph. Aus diesem Grund wurde seine Auffassung von Poincaré kritisiert, der sagt, der Anthropomorphismus könne nichts begründen, was einen echt wissenschaftlichen oder philosophischen Charakter habe. Schon vorher hatte auch Hertz anthropomorphe Gedankengänge in der Mechanik grundsätzlich zurückgewiesen.

In diesen beiden Beispielen werden Erklärungen für die Kraft gegeben, welche schon damals kritisiert bzw. zurückgewiesen worden sind. Diese Unkenntnis der Geschichte der Mechanik mag ein Grund dafür sein, daß das Kraft-Problem in den Lehrbüchern selten angesprochen wird. Ein anderer Grund hierfür liegt darin, daß in dem mathematischen und experimentellen Teil der Mechanik die Schwierigkeit nicht auftaucht, d.h., wenn Meßergebnisse in die entsprechenden Gleichungen eingesetzt werden, erweisen sich die Resultate der mathematischen Verarbeitung als übereinstimmend mit der Erfahrung. Denkt man aber über die Meßverfahren nach, wie etwa Poincaré es getan hat, oder versucht man, eine Definition der Kraft oder der Masse aufzustellen, treten Schwierigkeiten auf. Dies deutet darauf hin, daß das Kraft-Problem sich nicht mittels der Mathematik oder der Physik lösen läßt. Falls es so ist, scheint es trotz des Schlusses von Poincaré nicht unvernünftig zu sein, das Problem zu untersuchen, und dies ist das Vorhaben dieser Arbeit.

Wie läßt sich die Kraft konzipieren? lautet die Frage, mit der sich die vorliegende Untersuchung befaßt. Ihre Zielsetzung ist, zu einer Konzeption für die Kraft zu gelangen, die mit der Mechanik in Einklang steht, namentlich mit deren Grundgleichung, mit den entsprechenden Meßmethoden und mit der Vorgehensweise bei der Behandlung der mechanischen Aufgaben, und die darüber hinaus eindeutig ist. Dazu ist es zuerst notwendig, zu wissen, in welcher Weise der Kraftbegriff der klassischen Mechanik kritisiert wurde, welche Schwierigkeiten bereits erörtert und welche Auffassungen von Kraft vorgelegt worden sind. Dies führt uns in die Geschichte hinein, und zwar zuerst zu den Werken, die für die Geschichte des Begriffes der Kraft bedeutsam sind.

Diese Werke sind der historischen Forschung zu entnehmen; fast alle, die hier betrachtet werden, sind bereits in den Untersuchungen von R. Dugas und M. Jammer zu finden, die sich in einem Artikel von 1946 bzw. in einem Buch von 1957 unter historischem Aspekt ausschließlich mit dem

Thema befaßt haben. Eine Beschränkung auf die von diesen Autoren betrachteten Werke wird deshalb vorgenommen, weil nicht die verschiedenen Begriffe der Kraft, sondern das Begreifen der Kraft, die mit der Grundgleichung verbunden ist, das Thema der vorliegenden Arbeit ist. Folgende Werken werden also betrachtet: Newtons *Philosophiae Naturalis Principia Mathematica*, Eulers *Mechanica sive motus scientia analytice exposita*, d'Alemberts *Traité de dynamique*, Lagranges *Mécanique analytique*, L. Carnots *Principes fondamentaux de l'équilibre et du mouvement*, Saint-Venants *Principes de mécanique fondés sur la cinématique*, Reechs *Cours de Mécanique*, Machs *Mechanik*, Kirchhoffs *Vorlesungen über Mechanik*, Hertz' *Prinzipien der Mechanik* und von Poincaré die Artikel *Sur les idées de Hertz sur la Mécanique* und *Sur les Principes de la Mécanique*. Dieser Auswahl wird ein Werk hinzugefügt, welches erst nach den erwähnten historischen Untersuchungen erschienen ist. Es handelt sich um die *Einführung in die Grundlagen der Theoretischen Physik* von Ludwig, in der das Kraft-Problem erkannt ist und eine Lösung für dasselbe vorgeschlagen wird. All dies wird im I. Kapitel der vorliegenden Arbeit behandelt.

Der folgende Untersuchungsschritt besteht in der Bestimmung des Problems: *Wo liegt das Problem der Kraft?* lautet dann die Frage, deren Beantwortung angestrebt wird. Es wird sich zeigen, daß der Begriff der Kraft durch die Theorie bedingt ist und daß das, was sie aus ihm macht, nicht mit der Erfahrung im Einklang steht. Dies wird in zwei Thesen dargestellt, deren Argumentation zwei Komponenten einschließt, wobei die eine als logische bezeichnet werden kann, während sich die andere Komponente als historische charakterisieren läßt. Letztere dient dazu, zu zeigen, daß das, was in den Thesen vertreten wird, in Übereinstimmung mit der Geschichte der Mechanik steht. Nachdem das Problem bestimmt worden ist, wird eine Lösung vorgeschlagen.

Ein entscheidender Punkt bei der Erarbeitung der Konzeption der Kraft liegt in der Erkenntnis, daß ein Begriff der Kraft, der der Größe Kraft in der Grundgleichung der Mechanik entsprechen soll, derartige Informationen oder, wenn man will, Voraussetzungen beinhaltet, daß er nicht auf ein einzelnes Phänomen bezogen werden kann. Die immer wieder unternommenen Versuche, die Kräfte in den Phänomenen zu „erblicken", die an sich verständlich sind, konnten schon deshalb nicht erfolgreich sein. Der Lösungsvorschlag und die Bestimmung des Problems hängen miteinander zusammen und werden im zweiten Kapitel dargelegt.

Schließlich wird im dritten und letzten Kapitel zusammenfassend eine Bilanz dessen gezogen, was man mit der vorgeschlagenen Konzeption gewinnt. Dies betrifft zum einen die Probleme, die auf dem Trägheitsgesetz und auf dem klassischen Begriff der Kraft beruhen und die überwunden werden, und zum anderen das, was unter dem vorgeschlagenen Begriff der Kraft subsumiert wird. Von weiteren Vorteilen der hier entwickelten Konzeption, welche sogar über die Mechanik hinaus von Nutzen sein kann, wird im Rahmen dieser Untersuchung nicht die Rede sein können, da sie sich auf die Erforschung der Konzeption der Kraft der Mechanik beschränkt.

I. Zum Begriff der Kraft in der Geschichte der Mechanik

Im folgenden werden diejenigen Werke herangezogen, die hinsichtlich der systematischen und historischen Forschung zum Kraftbegriff von Bedeutung sind. In jedem dieser Werke gilt es, die Kritiken am Begriff der Kraft zu betrachten sowie die je eigene Auffassung der Kraft und die bei ihrer Verwendung aufgetretenen Schwierigkeiten zu untersuchen. Zu diesem Zweck wird textorientiert vorgegangen. Diese Interpretationsmethode wird aus der Philosophie übernommen, stützt sich auf die Neohermeneutik und die Logik und wird dem vorliegenden Forschungsobjekt angepaßt, d.h. den Texten, in denen zwischen Mathematik, Erfahrung und Logik zu unterscheiden ist. In Übereinstimmung mit ihr wird jedes der zu betrachtenden Werke als eine Einheit behandelt bzw. als ein System betrachtet. Die Frage nach dem Begriff der Kraft wird dann in Zusammenhang mit der entsprechenden Problemstellung und mit der Funktion des Begriffs in diesem System untersucht. Die Resultate der Interpretation stellen sich hier dann als Konsequenzen dieser Methode dar.

Da nach dieser hermeneutischen Methode jedes der zu betrachtenden Werke als ein System zu behandeln ist, wird jedes für sich untersucht und dargestellt. So soll soweit wie möglich vermieden werden, die einzelnen Werke aus einer anderen als ihrer je eigenen Fragestellung zu interpretieren. Dementsprechend wird das I. Kapitel so strukturiert, daß jedem dieser Werke ein Abschnitt gewidmet wird, wobei nach einer kurzen allgemeinen Einführung konkret auf den *Kraftbegriff* eingegangen wird. Der Abschnitt zu Poincaré bildet dabei eine Ausnahme, da dieser kein Buch geschrieben hat, in dem er einen eigenen Kraftbegriff vorschlägt. Er führt aber eine Analyse des Begriffs der Kraft der klassischen Theorie durch, die hier diskutiert wird. Auf die in diesem Kapitel erlangten Resultate wird erst im zweiten zurückgegriffen.

I. § 1 Newtons *Principia*

Die *Philosophiae Naturalis Principia Mathematica*, 1687 (^{2}1713, ^{3}1726) veröffentlicht, sind gemäß der euklidischen Form dargestellt: Zuerst werden die Grundlagen der Theorie dargelegt, Definitionen und Axiome; dann folgen die drei „Bücher" über die Bewegungen der Körper im Vakuum, im widerstehenden Mittel und über das Gefüge der Welt. Durch den Begriff „Philosophie" wird auf den theoretischen Charakter des Werkes hingewiesen, denn er wird einer praktischen bzw. technischen Mechanik gegenübergestellt, welche für Handwerker geeignet wäre, für die aber das Werk, liest man in der Vorrede, nicht gedacht ist. Die Aufgabe der Philosophie besteht der Newtonschen Auffassung nach darin, die Naturkräfte ausgehend von den Bewegungen zu untersuchen und dann die Phänomene ausgehend von den Kräften zu erweisen.[1] Dieser Konzeption nach beruhen also die Bewegungen auf Kräften. Der Begriff der Kraft der Theorie Newtons hängt, wie wir sehen werden, mit der von ihm durchgeführten Systematisierung der Bewegungen zusammen.

ZUM KRAFTBEGRIFF

Die Grundlagen der *Principia* bestehen aus acht Definitionen und drei Axiomen, welche im folgenden der Reihe nach betrachtet werden. Die acht Sätze lassen sich unter drei Begriffe subsumieren: *Materie*, *Bewegung* und *Kraft*. Denn die erste Definition betrifft die Materie, die zweite die Bewegung und die übrigen sechs die Kraft. Von einem anderen Gesichtspunkt aus betrachtet können die acht Sätze in zwei Gruppen zusammengestellt werden, denn in drei von ihnen werden *Begriffe* und in den übrigen fünf *Quantitäten* definiert. In den Definitionen III, IV und V wird gesagt, was unter innewohnender Kraft, eingedrückter Kraft und Zentripetalkraft verstanden wird; die übrigen Definitionen besagen, wie bestimmte Größen einzuschätzen sind. Dabei handelt es sich um die Quantität der Materie,[2] die Quantität der Bewegung,[3] die absolute Quantität der Zentripetalkraft,[4] die

---

[1] „Omnis enim philosophiae difficultas in eo versari videtur, ut a phaenomenis motuum investigemus vires naturae, deinde ab his viribus demonstremus phaenomena reliqua" (1726, Auctoris Praefatio).

[2] „Definitio I. Quantitas materiae est mensura ejusdem orta ex illius densitate et magnitudine conjunctim" (S. 1).

[3] „Definitio II. Quantitas motus est mensura ejusdem orta ex velocitate et quantitate materiae conjunctim" (S. 1).

[4] „Definitio VI. Vis centripetae quantitas absoluta est mensura ejusdem major vel minor pro efficacia causae eam propagantis a centro per regiones in circuitu" (S. 4).

beschleunigende Quantität der Zentripetalkraft[5] und die bewegende Quantität der Zentripetalkraft[6]. Die Zentripetalkraft, einer der drei definierten Begriffe,[7] sei, so Newton, ein besonderer Fall der eingedrückten Kraft.[8] Aus den Definitionen folgt also, daß es zwei Typen von Kräften gibt: die innewohnende und die eingedrückte Kraft.

Unter innewohnender Kraft wird eine der Materie eingepflanzte Kraft verstanden, welche Widerstand leiste und aufgrund deren jeder Körper für sich in seinem Zustand der Ruhe oder der gleichförmig-geradlinigen Bewegung verharre. Gemäß dem, was damals unter Trägheit der Materie verstanden wurde, sei es, so Newton, angemessen, diese einem Körper innewohnende Kraft als Trägheitskraft zu bezeichnen.[9]

Die eingedrückte Kraft sei dagegen eine Einwirkung auf einen Körper, so die Definition, die auf eine Veränderung der Zustände, die ein Körper für sich beibehalten würde, gerichtet sei. Newton erklärt hierzu, die eingedrückte Kraft bestehe im Körper nur während der Einwirkung und verbleibe anschließend nicht in ihm. Sobald die Einwirkung beendet sei, verharre der Körper dank der Trägheitskraft in dem neuen Zustand.[10]

Die Definitionen lassen also eine deutliche Unterscheidung erkennen: zwischen der Trägheitskraft, die einem Körper innewohnt, und allen anderen Kräften, die außerhalb desselben liegen; die erste wird als Widerstand

---

[5] „Definitio VII. Vis centripetae quantitas acceleratrix est ipsius mensura velocitati proportionalis, quam dato tempore generat" (S. 4).

[6] „Definitio VIII. Vis centripetae quantitas motrix est ipsius mensura proportionalis motui, quem dato tempore generat" (S. 5).

[7] „Definitio V. Vis centripeta est, qua corpora versus punctum aliquod, tanquam ad centrum, undique trahuntur, impelluntur, vel utcunque tendunt" (S. 3).

[8] „Est autem vis impressa diversarum originum, ut ex ictu, ex pressione, ex vi centripeta" (S. 2).

[9] „Definitio III. Materiae vis insita est potentia resistendi, qua corpus unumquodque, quantum in se est, perseverat in statu suo vel quiescendi vel movendi uniformiter in directum.
[...] Per inertiam materiae fit, ut corpus omne de statu suo vel quiescendi vel movendi difficulter deturbetur. Unde etiam vis insita nomine significantissimo vis Inertiae dici possit" (S. 2).

[10] „Definitio IV. *Vis impressa est actio in corpus exercita, ad mutandum ejus statum vel quiescendi vel movendi uniformiter in directum.*
Consistit haec vis in actione sola, neque post actionem permanet in corpore. Perseverat enim corpus in statu omni novo per solam vim inertiae" (S. 2).

leistende charakterisiert, die eingedrückte Kraft dagegen als Einwirkung auf einen Körper definiert. Mit diesen beiden Arten von Kräften hängen die Axiome zusammen.

Das 1. Axiom besagt, jeder Körper verharre in seinem Zustand der Ruhe oder der gleichförmig-geradlinigen Bewegung.[11] Die Beibehaltung dieser Zustände wird gemäß der III. Definition auf die innewohnende Kraft zurückgeführt. Da dem Axiom nach jeder Körper in einem jener Zustände verharrt und ein Axiom als ein wahrer Satz anzunehmen ist, folgt, daß Newton eine einem Körper innewohnende Kraft postuliert. Im 3. Buch liest man, daß unter innewohnender Kraft nur die Trägheitskraft verstanden wird.[12] In seiner Theorie wird also auf eine einzige innewohnende Kraft zurückgegriffen, welche dazu dient, die Ruhe und die gleichförmig-geradlinige Bewegung zu erklären.

Das 2. Axiom besagt, die Veränderung der Bewegung sei der eingedrückten bewegenden Kraft proportional und geschehe nach der Geraden, in der jene Kraft eingedrückt werde. In der Erklärung, die der Formulierung des Bewegungsgesetzes beigefügt ist, wird angegeben, wie sich die Richtung der Kraft und der Bewegung des Körpers, falls er sich in Bewegung befindet, zusammensetzen; in bezug auf die Größe der Kraft wird gesagt, eine doppelte bzw. dreifache Kraft erzeuge eine doppelte bzw. dreifache Bewegung, unabhängig davon, ob die Einwirkung allmählich oder auf einmal stattfinde.[13] Durch dieses Gesetz wird also eine Verbindung zwischen eingedrückter Kraft und Bewegung hergestellt: Einer bestimmten Kraft entspricht eine bestimmte Bewegung.

Die eingedrückte Kraft ist eine Einwirkung, die aus einem Stoß, Druck, einer Zentrifugalkraft u.a. herrühren kann; diese Beispiele führt Newton

---

[11] „Lex I. *Corpus omne perseverare in statu suo quiescendi vel movendi uniformiter in directum, nisi quatenus illud a viribus impressis cogitur statum suum mutare*" (S. 13).

[12] „Per vim insitam intelligo solam vim inertiae" (S. 389).

[13] „Lex II. *Mutationem motus proportionalem esse vi motrici impressae, & fieri secundum lineam rectam qua vis illa imprimitur.*
Si vis aliqua motum quemvis generet; dupla duplum, tripla triplum generabit, sive simul & semel, sive gradatim & successive impressa fuerit. Et hic motus (quoniam in eandem semper plagam cum vi generatrice determinatur) si corpus antea movebatur, motui ejus vel conspiranti additur, vel contrario subducitur, vel obliquo oblique adjicitur, & cum eo secundum utriusque determinationem componitur" (S. 13).

an.[14] Es mag daher der Fall auftreten, daß ein Körper auf einen anderen einwirkt und sich daraus keine Beschleunigung ergibt, sondern sich beide Körper in Ruhe befinden, etwa wenn zwei Körper Druck aufeinander ausüben, die sich aber nicht bewegen. In einem solchen Fall kann die Erklärung weder durch das 1. Bewegungsgesetz gegeben werden, da, obgleich jeder der Körper ruht, ein äußerer Einfluß stattfindet, wofür das Gesetz nicht gilt, noch durch das 2., da keine Veränderung des mechanischen Zustandes geschieht, wie es voraussagt. Zur Erklärung solcher Fälle dient das 3. Axiom.

Das 3. Bewegungsgesetz besagt, Aktion und Reaktion seien immer gleich und entgegengesetzt zueinander oder äquivalent, die gegenseitigen Einwirkungen zweier Körper aufeinander seien gleich und wendeten sich jeweils in die Gegenrichtung.[15] Um das Gesetz durch die Erfahrung zu rechtfertigen, führt Newton u.a. das folgende Experiment an. Ein Magnet und ein Eisenstück werden in zwei runde Gefäße gestellt, die voneinander getrennt sind und im stehenden Wasser liegen, so daß sie schwimmen können. Sie ziehen sich gegenseitig an und erreichen eine Gleichgewichtslage, sie befinden sich dann in Ruhe.[16] In diesem Experiment läßt sich gemäß der Newtonschen Auffassung eine gegenseitige Aktion zwischen Magnet und Eisen feststellen, und zudem beobachtet man die Ruhe der beiden Körper. Legt man das 3. Gesetz zugrunde, ist ersichtlich, daß sich die Einwirkungen gegenseitig aufheben und infolgedessen die Körper ruhen.

Das folgende Experiment, ebenfalls Newtons Beispielen entnommen, betrifft eine andere Funktion des 3. Gesetzes. Es handelt sich um ein Pendelexperiment: Ein Körper A mit neun „Bewegungseinheiten" falle auf einen ruhenden Körper B; der Körper A setze seine Bewegung mit zwei

---

[14] Siehe Anmerkung 8.

[15] „Lex III. *Actioni contrariam semper & aequalem esse reactionem: sive corporum duorum actiones in se mutuo semper esse aequales & in partes contrarias dirigi*" (S. 14).

[16] „Tentavi hoc in magnete & ferro. Si haec in vasculis propriis sese contingentibus seorsim posita, in aqua stagnante juxta fluitent; neutrum propellet alterum, sed aequalitate attractionis utrinque sustinebunt conatus in se mutuos, ac tandem in aequilibrio constituta quiescent" (S. 25).

Einheiten fort, und der Körper B springe mit sieben Einheiten zurück.[17] In diesem Experiment stellt man Folgendes fest: Der mechanische Zustand eines jeden der beiden Körper wird verändert, und zwar dergestalt, daß die von dem einen Körper abgegebenen Bewegungseinheiten von dem anderen erworben werden. Die Veränderung der Bewegung eines Körpers wird durch eine eingedrückte Kraft erklärt, also aufgrund des 2. Gesetzes; dieses rechtfertigt jedoch nicht die Äquivalenz zwischen „Verlust" und „Gewinn", hierfür dient das 3. Gesetz.

Da das 1. Axiom die einem Körper innewohnende Kraft betrifft und das 2. für die eingedrückte bzw. für die außerhalb des Körpers liegende Kraft formuliert wird, werden durch diese beiden Axiome die von der Theorie angenommen Typen von Kräften ausgeschöpft. Infolgedessen kann das 3. Gesetz keine neue Kraft ins Spiel bringen, es stellt statt dessen eine Beziehung zwischen den angenommenen Kräften dar: Die Äquivalenz der Reaktion, die natürlich von der Widerstand leistenden Kraft stammt, die gemäß der Definition eine dem Körper innewohnende Kraft ist, und der Aktion, durch die die eingedrückte Kraft definiert wird. Da in der Wechselwirkung die Bestimmung des einwirkenden Körpers und des Widerstand leistenden von dem Standpunkt abhängt, von dem aus die in Wechselwirkung stehenden Körper betrachtet werden, wird die Formulierung in der zweiten Hälfte des Gesetzes verständlich, gegenseitige Einwirkungen seien gleich und entgegengesetzt.

Schlußbemerkung

Bei Newton gibt es zwei Typen von Kraft: die einem Körper innewohnende Kraft, *vis insita*, und die außerhalb des Körpers liegende Kraft, *vis impressa*. Vom ersten Typ wird nur eine einzige angenommen, die Trägheitskraft; die äußeren Kräfte können aus Stoß, Druck, Zentrifugalkraft u.a. herrühren.

Durch die Trägheitskraft wird die Ruhe und die gleichförmiggeradlinige Bewegung erklärt und durch die eingedrückte Kraft die beschleunigte Bewegung. Da die Bewegungen entweder gleichförmig-

---

[17] „Ut si corpus A incidebat in corpus B quiescens cum novem partibus motus, & amissis septem partibus pergebat post reflexionem cum duabus; corpus B resiliebat cum partibus istis septem" (S. 23).

geradlinig oder beschleunigt sind, folgt, daß durch die zwei Arten von Kräften alle Bewegungen erklärt werden. Auf diese Weise wird die Beziehung Kraft-Bewegung spezifiziert, die die Theorie voraussetzt, wie schon aus der zu Beginn erwähnten Aufgabe der Philosophie hervorgeht.

I. § 2 Eulers *Mechanik*

Die *Mechanica sive motus scientia analytice exposita*, 1736 veröffentlicht, wird wie eine mathematische Abhandlung dargestellt: Sie besteht aus Lehrsätzen, Beweisen, Korollarien, Erklärungen, Aufgaben etc. Gegenstand der Mechanik ist die Bewegung, worauf der Titel schon hinweist; sie bildet auch den Schwerpunkt in der Strukturierung des Werkes. Die zwei Teile, aus denen es besteht, beruhen auf der Unterscheidung zwischen freier und nicht-freier Bewegung, und die einzelnen Kapitel, aus denen die Teile bestehen, befassen sich mit den verschiedenen Arten der beiden Bewegungstypen. Ein Überblick über das Ganze läßt sich aus der vorausgesetzten mechanischen Konzeption gewinnen.

Euler geht davon aus, daß ein Körper für sich in seinem Zustand der Ruhe oder der gleichförmig-geradlinigen Bewegung verharrt (Kap. I). Eine Veränderung eines dieser Zustände wird auf eine Kraft zurückgeführt (Kap. II). Wenn Kraft und bewegter Körper dieselbe Richtung haben, betrifft die Veränderung nur dessen Geschwindigkeit, die Bewegung wird eine geradlinige (Kap. III und IV), wenn nicht, dann wird sie eine krummlinige (Kap. V und VI). Beide Veränderungen werden zuerst im Vakuum (*in vacuo*) und anschließend im widerstehenden Mittel untersucht, weshalb jeder zwei Kapitel gewidmet werden.

Im zweiten Teil wird ebenfalls zuerst die nicht-freie Bewegung im allgemeinen betrachtet, und zwar im 1. Kapitel, wo auch die Zerlegung der Kräfte behandelt wird. Das 2. und 3. Kapitel befassen sich mit der durch eine Linie konditionierten Bewegung im Vakuum bzw. im widerstehenden Mittel. Im letzten Kapitel wird die durch eine Oberfläche konditionierte Bewegung behandelt.

ZUM KRAFTBEGRIFF

In der *Mechanik* treten zwei Arten von Kräften auf: die Potenz und die Trägheitskraft. Durch Potenz wird der Begriff *Potentia* wiedergegeben, und durch Trägheitskraft *vis inertiae*. In der Definition von Potenz liest man, Potenz sei Kraft, wobei durch Kraft der Begriff *vis* wiedergegeben wird. Zur Trägheitskraft sagt Euler, sie sei keiner anderen Potenz gleichartig.[18] Deshalb und aufgrund der Beziehung von Potenz und Trägheit zum Begriff *vis* kann von zwei Arten von Kräften in der *Mechanik* die Rede sein. Die Stellung, welche jede in der Theorie einnimmt, ist jedoch sehr unterschiedlich, die Trägheitskraft ist darin nebensächlich.

Wenn der Leser auf die Definition der Trägheitskraft stößt (Bd. I., § 74), weiß er schon, daß ein Körper für sich in seinem Zustand der Ruhe oder der gleichförmig-geradlinigen Bewegung verharre, wenn er daran nicht durch eine äußere Ursache gehindert werde. Diese These folgt aus drei Lehrsätzen (Bd. I., §§ 56, 63, 65), in denen die Beibehaltung der Ruhe[19], der Gleichförmigkeit[20] bzw. der Geradlinigkeit der Bewegung[21] ausgesprochen werden und deren Formulierungen Beweise folgen, wie dies für solche Sätze üblich ist. Indem aus diesen drei Sätzen folgt, ein Körper für sich allein verharre in seinem Zustand der Ruhe oder der gleichförmig-geradlinigen Bewegung, spielt die Trägheitskraft in der Theorie eine Nebenrolle, denn das, was bei Newton durch sie erklärt wird, ist bei Euler schon ohne sie nachgewiesen. Hingegen ist die Potenz ein Grundelement der Theorie.

Die Potenz wird aufgrund der eigenen Zustände eines Körpers definiert: „Potentia est vis corpus vel ex quiete in motum perducens vel motum eius alterans" (Bd. I, § 99). Als Beispiel für eine Potenz wird die Schwere angeführt; sie sei eine Kraft der definierten Art, so Euler, denn nach der Entfernung der Hindernisse fange der Körper an zu sinken, und die Geschwindigkeit steige beim Fallen.[22] Diese Erklärung weist auf, daß die Schwere die in

---

[18] „Neque vero vis inertiae homogenea est cum ulla potentia" (Bd. I, § 144).

[19] *„Corpus absolute quiescens perpetuo in quiete perseverare debet, nisi a causa externa ad motum sollicitetur"* (Bd. I, § 56).

[20] *„Corpus absolutum habens motum aequabiliter perpetuo movebitur, et eadem celeritate iam antea quovis tempore fuit motum, nisi causa externa in id agat aut egerit"* (Bd. I, § 63).

[21] *„Corpus absoluto motu praeditum progredietur in linea recta, seu spatium, quod describit, erit linea recta"* (Bd. I, § 65).

[22] „Huiusmodi vis ideoque et potentia est gravitas; per eam enim corpora, remotis impedimentis, ex quiete deorsum delabuntur, motusque ipse descensus ab ea continuo acceleratur" (Bd. I, § 99).

der Definition ausgedrückten Bedingungen erfüllt, um als Potenz betrachtet werden zu können. Das Korollarium zu dieser Definition macht dann die zwei Schritte der Eulerschen Systematisierung explizit:

1. ein sich selbst überlassener Punkt verharre entweder in Ruhe oder bewege sich gleichförmig und geradlinig fort;
2. immer wenn dies nicht stattfinde, sei die Ursache einer Potenz zuzuschreiben, denn das, was den Zustand eines Körpers zu stören vermöge, nenne er eine Potenz.[23]

Hieraus folgt, wie aus der Definition von Potenz, daß die Kraft, um zur Verwendung des heutigen des Begriffs überzugehen, als das konzipiert wird, was den eigenen bzw. den natürlichen Zustand eines Körpers verändert. In Übereinstimmung mit dieser Konzeption wird die Zerlegung der Kräfte durchgeführt.

Bei der Behandlung der mechanischen Aufgaben verfährt Euler in bezug auf die Zerlegung der Kräfte in ähnlicher Weise wie zuvor, d.h., es lassen sich auch hier die vorherigen zwei Schritte erkennen. Wenn es sich um eine Bewegung auf einer Ebene handelt, dann, so Euler, könnten alle Kräfte in Tangential- und Normalkraft zerlegt werden.[24] Die Tangentialkraft habe keine andere Wirkung, als den sich bewegenden Körper zu beschleunigen oder zu verlangsamen,[25] und die Normalkraft bewirke, daß der Körper eine Kurve zurücklege.[26] Die zwei Komponenten der Kraft haben also die Veränderung der Gleichförmigkeit bzw. der Geradlinigkeit der Bewegung zur Folge. Die Zerlegung der Kräfte wird also aufgrund der Eigenschaften der

---

[23] „Omne corpus sibi relictum vel in quiete perseverat vel motu aequabili in directum progreditur. Quoties igitur evenit, ut corpus liberum, quod qiescebat, moveri incipiat aut motum vel non aequabiliter vel non in directum progrediatur, causa est potentiae cuidam adscribenda: quicquid enim corpus de statu suo deturbare valet, potentiam appellamus" (Bd. I, § 100).

[24] „Si corpus in eodem plano moveatur in eoque etiam positae sint potentiarum sollicitantium directiones, singulae potentiae resolvi possunt in binas, quarum altera sit normalis, altera tangentialis" (Bd. I, § 550).

[25] „Vis igitur tangentialis in corpus, dum elementum Mm percurrit, alium effectum non exerit, nisi quod motum eius vel acceleret vel retardet" (Bd. I, § 544).

[26] „In hoc vero eius effectus consistit [...] ut corporis tantum directionem immutet et efficiat, ut corpus, quod per se in recta esset progressurum, in linea curva promoveatur" (Bd.I, § 549).

eigenen Bewegung des Körpers vorgenommen. Dieselbe Verfahrensweise läßt sich auf die nicht-freie Bewegung übertragen.[27]

Im allgemeinen Fall, d.h., wenn das, was die Bewegung konditioniert, eine Oberfläche ist, so Euler, könne immer eine Zerlegung in drei Kräfte vorgenommen werden:

- eine erste Kraft, deren Richtung zur Oberfläche normal sei, übe keine Wirkung auf die Bewegung des Körpers aus, sie betreffe nur den Druck gegen die Oberfläche;
- eine zweite Kraft, deren Richtung zur Oberfläche tangential sei und zur Richtung des bewegenden Körpers normal liege, verändere nicht die Geschwindigkeit, sondern nur dessen Richtung, d.h., sie lenke ihn von der kürzesten Linie ab, die er sonst zurücklegen würde;
- eine dritte Kraft, deren Richtung mit der des sich bewegenden Körpers zusammenfalle, verändere nur die Geschwindigkeit des Körpers.[28]

Die erste Kraft ist ein Charakteristikum der nicht-freien Bewegung, denn sie muß vorhanden sein, wenn die Bewegung keine freie ist. Die anderen Kräfte können hingegen bestehen oder nicht. Sind sie nicht vorhanden, führt der Körper eine Bewegung aus, die als die eigene Bewegung für einen nicht-freien Körper angesehen werden kann, denn Bahn und Geschwindigkeit werden dabei vorausgesetzt. Sind die erwähnte zweite und dritte Kraft

---

[27] Findet die Bewegung nicht auf einer Ebene, sondern im Raum statt, sind die Kräfte in drei Komponenten zu zerlegen, so Euler, von denen eine zur Richtung des Körpers tangential ist, während die beiden anderen normal sind. Er schreibt z.B.: „Ex capite praecedente satis intelligitur omnes potentias absolutas resolvi posse in duas vires, tangentialem et normalem, si quidem motus fit in eodem plano. At si corpus non in eodem movetur plano, tum tres vires aequivalentes assignari possunt loco quotcunque potentiarum sollicitantium, quarum una est tangentialis et duae normales" (Bd. I, § 860).

[28] „Prima potentia M, cuius directio in superficiem est normalis, nullum habebit effectum in immutando corporis motu, sed tota impendetur in pressionem superficiei. [...]
Secunda potentia N, quia eius directio in ipsa superficie est posita et normalis in directionem corporis, corporis directionem tantum immutabit celeritatem neque augendo neque minuendo. Haec vis igitur corpus a linea brevissima deducet facietque, ut non amplius in plano ad superficiem normali moveatur [...]
Tertia potentia T, quia in directione corporis est posita, celeritatem tantum vel auget vel diminuit" (Bd. II, § 79).

vorhanden, verursachen sie eine Veränderung der eigenen Richtung bzw. der eigenen Geschwindigkeit eines Körpers. Es läßt sich also folgern, daß die Kraft als Ursache der Störung der eigenen Bewegung eines nicht-freien Körpers erfaßt wird. Folglich besteht eine deutliche Parallele zwischen der Kraft im Rahmen der freien und der nicht-freien Bewegung, sie wird bei beiden als Ursache der Störung einer eigenen Bewegung aufgefaßt. Gehen wir zur Beziehung des Begriffes der Kraft zur Erfahrung über.

In einem Scholium zur zuvor zitierten Definition der Kraft wird die Frage nach der Ursache der Kräfte berührt, zu der sich Euler aber nicht äußert. Es reiche hin, sagt er, daß die Kräfte vorhanden seien, und dies sei durch deren Wirkungen evident.[29] Im zweiten Teil des Werkes taucht die Frage wieder auf, und zwar in einem Scholium zu demjenigen Satz, nach dem der sich bewegende Körper eine Kraft auf den konditionierenden Körper ausübt.[30] Wenn der sich bewegende Körper einen Druck ausübt, gebe es, so Euler, eine Kraft, die aus der Bewegung stamme. Dies bildet den Grund für die Frage, ob die Kraft aus der Bewegung herrührt oder, umgekehrt, die Bewegung aus der Kraft. Seine Argumentation läßt sich folgendermaßen darlegen: In der Natur finde man Kräfte und Bewegungen; während aber für sich bestehende Kräfte schwierig annehmbar seien, könnten die einmal bestehenden Bewegungen erhalten bleiben; aus den Bewegungen könnten Kräfte herrühren, wohingegen diese ohne jene schwierig vorstellbar seien; den Körpern ein innewohnendes Bestreben zuzuschreiben scheine ihm kei-

---

[29] „Utrum huiusmodi potentiae ex ipsis corporibus originem suam habeant, an vero per se tales dentur in mundo, hic non definio. Sufficit enim hoc loco potentias in mundo revera existere, id quod vel sola vis gravitatis, qua omnia corpora terrestria deorsum delabi conantur, docet. Praeterea vero huiusmodi vires corpora sollicitantes conspiciuntur in motibus planetarum, qui nisi a quadam potentia essent affecti, uniformiter in lineis rectis progredi deberent. Similes etiam potentiae deprehenduntur in corporibus magneticis et electricis inesse, quae certa tantum corpora attrahunt" (Bd. I, § 102).

[30] Es handelt sich um den „Propositio 2" des 2. Bandes. Dessen 7. Korollarium, das dem erwähnten Scholium unmittelbar vorsteht, ist im vorliegenden Kontext angemessener, als den Satz selbst zu zitieren, und wird deshalb hierfür bevorzugt: „Ex motu ergo solo pressio oriri potest. Quamobrem, uti ex pressione seu a potentiis motus generatur, ita quoque ex motu pressio oriri potest" (Bd. II, § 28).

neswegs vernunftgemäß. Aus diesen Gründen schließt Euler, daß alle Kräfte, die wir in der Welt wahrnehmen, aus Bewegungen hervorgehen.[31]

Schlußbemerkung

Der Definition nach ist die Kraft das, was die eigene Bewegung des Körpers verändert. In Übereinstimmung hiermit wird die Zerlegung der Kräfte im Rahmen der freien Bewegung durchgeführt wie auch im Rahmen der nicht-freien Bewegung. Hierin gibt es zum einen die Kraft, die die freie Bewegung stört bzw. die nicht-freie Bewegung charakterisiert, und zum anderen diejenigen Kräfte, die die Bewegung stören, die der konditionierte Körper für sich ausführen würde. So wird sowohl in der freien als auch in der nicht-freien Bewegung eine eigene Bewegung des Körpers vorausgesetzt und die Kraft dabei als Ursache der Störungen derselben aufgefaßt.

Die Frage nach der Ursache der Kräfte wird bezeichnenderweise in zwei Scholien erwähnt bzw. gestellt, denn sie betrifft nicht die Theorie an sich, sondern vielmehr die Beziehung zwischen Theorie und Erfahrung. Diese Verbindung von Kraftbegriff und Erfahrung herzustellen, stellt für Euler eine Schwierigkeit dar.

I. § 3 D'Alemberts *Abhandlung*

Der Kern des *Traité de Dynamique, dans lequel les loix de l'équilibre & du mouvement des Corps sont réduites au plus petit nombre possible, & démontrées d'une maniere nouvelle, & où l'on donne un Principe général pour trouver le Mouvement de plusieurs Corps qui agissent les uns sur les autres d'une maniere quelconque*, 1743 (^{2}1758, ^{3}1796) veröffentlicht, liegt in einer neuen Methode für die Lösung der mechanischen Probleme. Auf

---

[31] „Videmus enim in mundo utrumque, potentias nempe et motum, existere; utrum igitur alterius sit causa, quaestio est tum ex ratione tum ex observationibus decidenda. Rationi quidem minime consentaneum videtur corporibus conatus insitos tribuere, multo minus potentias per se existentes statuere. Praeterea vero is phaenomenorum causas genuinas dedisse censendus est, qui omnia a motu orta demonstraverit. Motum enim semel existentem perpetuo conservari debere clare ostendimus supra (§ 63); hic vero, quemadmodum ex motu potentiae oriantur, exposuimus. Quemadmodum vero potentiae sine motu vel existere vel conservari queant, concipi non potest. Quamobrem concludimus omnes potentias, quae in mundo conspiciuntur, a motu provenire" (Bd. II, § 29).

sie läßt sich die Strukturierung des Werkes zurückführen: Der erste Teil befaßt sich mit den Sätzen, die der Methode zugrunde liegen, und der zweite mit deren Darstellung und Anwendung.

Der zweite Teil beginnt mit der Formulierung des „allgemeinen Problems", für das die Methode, „allgemeines Prinzip" genannt, die Lösung bringt. Das Problem besteht darin, die Geschwindigkeiten einer Menge von Körpern, die sich aus den gegenseitigen Einwirkungen ergeben, anhand der anfänglichen Bewegungsquantitäten und der Position der Körper zueinander zu bestimmen.[32] Die Lösungsmethode besteht in der Zerlegung der anfänglichen Bewegung in zwei andere, und zwar so, daß, wenn die Körper nur die eine hätten, das System der Körper in Ruhe bleiben würde, und wenn sie nur die andere hätten, sie sich gegenseitig nicht stören würden. Die erste Komponente der Zerlegung entspricht der von einem bewegten Körper verlorenen bzw. durch Hindernisse zerstörten Bewegung, die zweite Komponente drückt die Bewegung aus, mit welcher sich ein Körper fortbewegt; so wird die Zerlegung interpretiert.[33]

Die Methode setzt demnach voraus, daß die Bewegung zerlegbar ist und daß die Körper die sich aus der Zerlegung ergebenden Geschwindigkeiten beibehalten, und darüber hinaus benötigt sie ein Mittel zur Bestimmung der verlorenen Bewegung. Dadurch wird verständlich, daß als Prinzipien der Mechanik der Satz der Zusammensetzung der Bewegung, das Trägheitsgesetz und das Gleichgewichtsgesetz vorgelegt werden, denn durch den ersten Satz wird die Zerlegung gerechtfertigt, aufgrund des Trägheitsgesetzes verändert der Körper seine Geschwindigkeit nicht, er behält also die sich aus der Zerlegung ergebende Geschwindigkeit bei, und durch den Gleichge-

---

[32] *„Soit donné un système de corps disposés les uns par rapport aux autres d'une maniere quelconque; & supposons qu'on imprime à chacun de ces Corps un Mouvement particulier, qu'il ne puisse suivre à cause de l'action des autres Corps; trouver le Mouvement que chaque Corps doit prendre"* (1758, S. 73).

[33] „De là résulte le principe suivant, pour trouver le mouvement de plusieurs corps qui agissent les uns sur les autres. *Décomposés les mouvemens* a, b, c, &c. *imprimés à chaque corps, chacun en deux autres* a, ∇; b, ; c, ∨; &c. *qui soient tels, que si l'on n'eût imprimé aux corps que les mouvemens* a, b, c &c. *ils eussent pû conserver ces mouvemens sans se nuire réciproquement; & que si on ne leur eût imprimé que les mouvemens* ∇, , ∨, &c. *le système fût demeuré en repos;* il est clair que a, b, c seront les mouvemens que ces corps prendront en vertu de leur action" (S. 74f.).

wichtssatz wird die verlorene Bewegung bestimmt.[34] Betrachten wir daher kurz jedes der Prinzipien, mit denen sich der erste Teil der *Abhandlung* befaßt.

Der d'Alembertschen Auffassung nach verharrt jeder Körper in seinem Zustand der Ruhe oder der gleichförmig-geradlinigen Bewegung, solange keine fremde Ursache auf ihn einwirkt. Dies wird in drei Sätzen, zwei Gesetzen und einem Korollarium, ausgesprochen: Das erste Gesetz betrifft die Beibehaltung der Ruhe,[35] das zweite die Geradlinigkeit der Bewegung und das Korollarium, eine Folge des ersten Gesetzes, die Gleichförmigkeit der Bewegung.[36]

Das Kapitel über die Zusammensetzung der Bewegung beginnt mit dem Lehrsatz des Parallelogramms. Wenngleich auch hier von Kräften die Rede ist, bilden doch nicht sie den Gegenstand der Zusammensetzung, sondern ihre Wirkung, mithin die Bewegungen. Zuerst befaßt sich d'Alembert mit dem Fall der gleichförmigen Bewegung des Körpers, worum es sich im erwähnten Satz handelt.[37] Er zeigt dann, daß die Wirkung einer beschleunigenden Kraft in partielle Wirkungen zerlegt werden kann, wobei sich jede der sich hieraus ergebenden Bewegungen als eine gleichförmige betrachten

---

[34] „Le Principe de l'équilibre joint à ceux de la force d'inertie & du Mouvement composé, nous conduit donc à la solution de tous les Problêmes où l'on considere le Mouvement d'un Corps, en tant qu'il peut être altéré par un obstacle impénétrable & mobile, c'est-à-dire en général par un autre Corps à qui il doit nécessairement communiquer du Mouvement pour conserver au moins une partie du sien. De ces Principes combinés on peut donc aisément déduire les loix du Mouvement des Corps qui se choquent d'une maniere quelconque, ou qui se tirent par le moyen de quelque Corps interposé entr'eux, & auquel ils sont attachés" (S. xv).

[35] „Un Corps en repos y persistera, à moins qu'une cause étrangere ne l'en tire" (S. 3f.).

[36] Das im Korollarium ausgesprochene Resultat (S. 4) wird in das 2. Gesetz einbezogen: „Un Corps mis une fois en mouvement par une cause quelconque, doit y persister toujours uniformément & en ligne droite, tant qu'une nouvelle cause, différente de celle qui l'a mis en mouvement, n'agira pas sur lui" (S. 4).

[37] *„Si deux puissances quelconques agissent à la fois sur un corps ou point A […] pour le mouvoir, l'une de A en B uniformément pendant un certain tems, l'autre de A en C uniformément pendant le même tems, & qu'on acheve le parallélogramme ABDC; je dis que le corps A parcourra la diagonale AD uniformément, dans le même tems qu'il eût parcouru AB ou AC"* (S. 35).

läßt.[38] Schließlich zeigt er, daß die Zentralkräfte in ähnlicher Weise zerlegt werden können.[39] So wird die Zusammensetzung der Wirkungen der Kräfte auf die Gesetze der gleichförmigen, zusammengesetzten Bewegung zurückgeführt.

Im dritten Kapitel der *Abhandlung*, betitelt „Du mouvement détruit ou changé par des obstacles", tritt das Gesetz des Gleichgewichts auf. Der Grund für die Beziehung zwischen zerstörter Bewegung und Gleichgewicht liegt darin, daß, wenn die Bewegung eines Körpers durch ein Hindernis völlig zerstört wird, die beiden, so d'Alembert, das Gleichgewicht hielten.[40] In Übereinstimmung hiermit wird die vom Hindernis zerstörte Bewegung des Körpers anhand des Gesetzes bestimmt, welches besagt, die Körper befänden sich im Gleichgewicht, wenn ihre Quantitäten der Bewegungen sich gleich und entgegengesetzt verhielten.[41] Da das Gleichgewicht eindeutig

---

[38] „De là on voit, comment à une force accélératrice quelconque, on peut en substituer d'autres, en tel nombre qu'on voudra.
Au reste, comme nous avons vû ci-dessus (*art. 24*) de quelle maniere on peut réduire à un mouvement uniforme l'effet instantané d'une puissance quelconque; il est clair que la combinaison de l'effet de tant de puissances qu'on voudra, & la recherche de l'effet unique qui en résulte, se réduit par là fort aisément aux loix du mouvement composé uniforme" (S. 40).

[39] „La puissance qui retient un corps sur une courbe, est appellée particuliérement *force centrale*, quand elle est toujours dirigée vers un point fixe; mais nous la nommerons ici *force centrale* en général, soit qu'elle tende vers un point fixe ou non. [...] On peut, par tout ce qui a été dit ci-dessus, (*art. 24 & 32*) réduire à un mouvement uniforme l'effet instantané de cette puissance, en regardant comme un polygone d'une infinité de côtés la courbe qu'elle fait décrire au corps; & cet effet est double de celui que la force centrale produiroit dans la courbe considérée exactement comme courbe" (S. 41).

[40] „Si les obstacles que le corps rencontre dans son mouvement, n'ont précisément que la résistance nécessaire pour empêcher le corps de se mouvoir; on dit alors qu'il y a équilibre entre le corps & ces obstacles" (S. 50).

[41] „Le produit de la masse d'un corps par sa vitesse est appellé *quantité de Mouvement*. De là naît cet axiome, que les corps qui ont des quantités de mouvement égales & directement opposées, se font équilibre" (S. 55).
„[E]n général quel que soit le nombre des corps, *il y aura équilibre, quand la somme des quantités de mouvement de ceux qui tirent en un sens, sera égale à la somme des quantités de mouvement de ceux qui tirent en sens contraire*" (S. 56).

sei,[42] wird das Gesetz für die im allgemeinen Prinzip ausgesprochene Zerlegung der Bewegung verwendet, worin seine Funktion in der Theorie besteht.

ZUM KRAFTBEGRIFF

Unter Kraft versteht d'Alembert eine außerhalb des Körpers liegende Ursache seiner Bewegung oder der Veränderung seiner Bewegung, je nachdem, ob der Körper sich in Ruhe oder in Bewegung befindet.[43] Da er, wie schon gesehen, annimmt, daß ein Körper für sich allein in seinem Zustand der Ruhe oder der gleichförmig-geradlinigen Bewegung verharrt, betrachtet er dann die Kraft als das, was eine Veränderung des trägen Zustandes verursacht. In den Körpern lassen sich nicht-träge Zustände beobachten, und dementsprechend besteht für d'Alembert kein Zweifel an der Realität der Kraft. Jedoch bereiten die Kräfte ein Problem dadurch, daß sie, so d'Alembert, der Erfahrung nicht zugänglich oder uns, abgesehen von den Stoßphänomenen, unbekannt seien.[44] In diesem Zusammenhang bildet die Schwere ein erwähnenswertes Beispiel.

---

[42] „D'où il résulte que la *loi de l'équilibre est unique*, c'est-à-dire qu'il n'y a point d'équilibre & qu'il ne sauroit y en avoir dans un autre cas que dans celui des masses en raison inverse des vitesses, lorsque les corps tendent à se mouvoir dans des directions opposées" (S. 55f.).

[43] „On appelle en général *puissance* ou *cause motrice*, tout ce qui oblige un Corps à se mouvoir" (S. 4).
Im Abschnitt zu beschleunigter und verzögerter Bewegung heißt es: „Cette variation continuelle ne peut provenir (*art. 6.*) que de quelque cause étrangere qui agit sans cesse, pour accélérer ou retarder le Mouvement" (S. 17).
Mit der Erwähnung des Art. 6 wird auf den Satz zum trägen Zustand verwiesen: „[Q]u'à moins qu'une cause étrangere & différente de la cause motrice, n'agisse sur ce Corps, il se mouvra perpétuellement en ligne droite, & parcourra en tems égaux des espaces égaux" (S. 4).

[44] „Or quelles sont les causes capables de produire ou de changer le Mouvement dans les Corps? Nous n'en connoissons jusqu'à présent que de deux sortes: les unes se manifestent à nous en même-tems que l'effet qu'elles produisent, ou plutôt dont elles sont l'occasion: ce sont celles qui ont leur source dans l'action sensible & mutuelle des Corps, résultante de leur impénétrabilité: elles se réduisent à l'impulsion & à quelques autres actions dérivées de celle-là: toutes les autres causes ne se font connoître que par leur effet, & nous en ignorons entièrement la nature: telle est la cause qui fait tomber les Corps pesans vers le centre de la Terre, celle qui retient les Planètes dans leurs orbites, & c." (S. x–xi).

Beim freien Fall ist die Bewegung eine beschleunigte, daher muß eine bewegende Ursache vorhanden sein, denn der Körper für sich würde sich d'Alembert zufolge nicht in der Weise bewegen. Als Ursache der Beschleunigung wird die Kraft angesehen. Die Wirkung sei beobachtbar, die Kraft selbst, mithin die Schwere, sei uns dagegen unbekannt, so d'Alembert. Das heißt: Die Kraft existiert, sie verursacht die Beschleunigung; über sie selbst wissen wir aber nicht mehr als eben nur dies. Die Erkenntnis ihrer Wirkungen sei jedoch, so d'Alembert, für die Erforschung der Eigenschaften der Bewegungen hinreichend.[45]

Um der Deutlichkeit willen ist es in bezug auf die d'Alembertsche Kraftauffassung zweckmäßig, den ontologischen und den erkenntnistheoretischen Aspekt explizit voneinander zu unterscheiden. Denn vom ontologischen Standpunkt aus existiert die Kraft, sie verursacht die nicht trägen, beobachtbaren Zustände, vom erkenntnistheoretischen Standpunkt aus ist sie aber nicht brauchbar, da sie uns abgesehen von den Stoßphänomenen unbekannt ist. Durch diese Unterscheidung wird dann verständlich, daß in der *Abhandlung* zwar von Kräften gesprochen wird, daß sie als Bewegungen verursachend erwähnt bzw. einbezogen werden, daß aber bei den Beweisen der Sätze etwa die Kenntnis der Kräfte nicht vorausgesetzt bzw. von deren Eigenschaften nicht ausgegangen wird. Hierin besteht der Versuch

---

„Le Mouvement uniforme d'un Corps ne peut être altéré que par quelque cause étrangere. Or de toutes les causes, soit occasionnelles, soit immédiates, qui influent dans le Mouvement des corps, il n'y a tout au plus que l'impulsion seule dont nous soyons en état de déterminer l'effet par la seule connoissance de la cause, comme on le verra dans la seconde Partie de cet Ouvrage. Toutes les autres causes nous sont entièrement inconnues" (S. 22).

[45] „[I]l est clair que lorsqu'il est question des effets produits par de telles causes, ces effets doivent toujours être donnés indépendamment de la connoissance de la cause, puisqu'ils ne peuvent en être déduits: c'est ainsi que sans connoître la cause de la pesanteur, nous apprenons par l'expérience que les espaces décrits par un Corps qui tombe, sont entr'eux comme les quarrés des tems. En général, dans les Mouvemens variés dont les causes sont inconnues, il est évident que l'effet produit par la cause, soit dans un tems fini, soit dans un instant, doit toujours être donné par l'équation entre les tems & les espaces: cet effet une fois connu, & le principe de la force d'inertie supposé, on n'a plus besoin que de la Géométrie seule & du calcul, pour découvrir les propriétés de ces sortes de Mouvemens" (S. xi–xii).

d'Alemberts, eine mechanische Theorie aufzustellen, ohne von dem Gebrauch zu machen, was uns seiner Ansicht nach unzugänglich ist.

Im allgemeinen Prinzip bzw. in seiner Methode zur Lösung der mechanischen Probleme wird nicht auf den Kraftbegriff zurückgegriffen, und in den Prinzipien der Mechanik wird von einer Charakterisierung der Kraft abgesehen. Es stimmt, daß d'Alembert den Ausdruck „Kraft der Trägheit" verwendet, hierunter versteht er jedoch keine einem Körper innewohnende Kraft, sondern eine bloße Eigenschaft der Körper.[46] Innewohnende Kräfte werden von ihm sogar als „dunkle und metaphysische Wesen" angesehen und folglich zurückgewiesen.[47] Bei der Zusammensetzung der Bewegung treten zwar Kräfte auf, aber vom ontologischen Gesichtspunkt aus betrachtet (sie verursachen die Bewegung) und nicht vom erkenntnistheoretischen aus: Er vermeidet es, vorauszusetzen, wie er selbst hervorhebt, daß die Ursachen der Bewegung zusammen wirken, wie jede für sich allein wirken würde, weil das die Kenntnis der Kräfte voraussetzen würde.[48] Das Gesetz des Gleichgewichts wird anhand des Begriffes Quantität der Bewegung formuliert. Wenn die Bewegungen beschleunigt sind, dann kann ebenfalls Gleichgewicht bestehen, vorausgesetzt, daß eine ähnliche Bedingung wie

---

[46] „J'appelle avec M. Newton *force d'inertie*, la propriété qu'ont les Corps de rester dans l'état où ils sont: c'est cette propriété qu'il faut démontrer ici" (S. 3).
In der Vorrede heißt es: „La *force d'inertie*, c'est-à-dire la propriété qu'ont les Corps de persévérer dans leur état de repos ou de Mouvement, étant une fois établie […]" (S. x).

[47] „[A]insi on ne sera point surpris qu'en conséquence de cette réflexion […] j'aie entièrement proscrit les forces inhérentes au Corps en Mouvement, êtres obscurs & Métaphysiques, qui ne sont capables que de répandre les ténèbres sur une Science claire par elle-même" (S. xvi–xvii).

[48] „Quelques Lecteurs pourront être surpris de ce que je tire la démonstration d'une proposition si simple en apparence, d'un cas général beaucoup plus composé; mais on ne peut, ce me semble, démontrer autrement la proposition dont il s'agit ici, qu'en regardant comme un axiome incontestable, que l'effet de deux causes conjointes est égal à la somme de leurs effets pris séparément, ou que deux causes agissent conjointement comme elles agiroient séparément; principe qui ne me paroît pas assez évident, ni assez simple, qui tient d'ailleurs de trop près à la question des forces vives, & au principe des forces accélératrices dont nous avons parlé ci-dessus *art. 22*. C'est la raison qui m'a obligé à éviter d'en faire usage" (S. 38f.).

für den Fall der gleichförmigen Bewegung erfüllt wird, so d'Alembert.[49] Bei den Grundlagen der Theorie wird also auf die bewegende Ursache im erkenntnistheoretischen Sinn verzichtet. Dies steht nun im Einklang mit dem von vornherein angekündigten Plan von d'Alembert, bei der Aufstellung der Theorie von der Bewegung auszugehen.[50]

In der damaligen Epoche, so in der *Abhandlung*, wurde jedoch die These vertreten, die Kraft werde in der Gleichung $\lfloor dt{=}du$ durch $\lfloor$ ausgedrückt, wobei t die Zeit und u die Geschwindigkeit darstellen. Zu dieser These, die offenbar mit der seinigen nicht übereinstimmt, bezieht er Stellung, indem er die Gleichung annimmt, aber deren Interpretation zurückweist. Die Gleichung wird in die Theorie als Definition für die Größe einbezogen: Unter dem „Wort" beschleunigende Kraft, so d'Alembert, sei der Zuwachs der Geschwindigkeit zu verstehen.[51] Die Interpretation wird zurückgewiesen,

---

[49] „Tout ce que nous venons de dire sur l'équilibre dans les propositions précédentes, sera vrai encore, si au lieu des vitesses finies imprimées aux corps qui sont en équilibre, on leur suppose des forces accélératrices qui soient entr'elles comme étoient ces vitesses finies, ou, suivant les définitions données *art. 22*, des forces motrices qui soient entr'elles comme étoient leurs quantités de mouvement" (S. 58).
In bezug auf den Gebrauch des Kraftbegriffs in der Statik schreibt er: „On ne doit donc entendre par l'action des puissances, & par le terme même de *puissances* dont on se sert communément dans la Statique, que le produit d'un corps par sa vitesse ou par sa force accélératrice. De cette définition, & des articles précédens, on conclut aisément que deux puissances égales & directement opposées se font équilibre" (S. 58).

[50] „A l'égard des démonstrations de ces Principes en eux-mêmes, le plan que j'ai suivi pour leur donner toute la clarté & la simplicité dont elles m'ont paru susceptibles, a été de les déduire toujours de la considération seule du Mouvement, envisagé de la maniere la plus simple & la plus claire. Tout ce que nous voyons bien distinctement dans le Mouvement d'un Corps, c'est qu'il parcourt un certain espace, & qu'il employe un certain tems à le parcourir. C'est donc de cette seule idée qu'on doit tirer tous les Principes de la Méchanique, quand on veut les démontrer d'une maniere nette & précise" (S. xvi).
„De toutes ces réflexions, il s'ensuit que les loix de la Statique & de la Méchanique, exposées dans ce Livre, sont celles qui résultent de l'existence de la matiere & du mouvement" (S. xxviii).
„[...] ayant d'ailleurs pour but dans ce Traité de réduire la Mécanique au plus petit nombre de principes possible, & de tirer tous ces principes de la seule idée du mouvement, c'est-à-dire de l'espace parcouru & du tems employé à le parcourir, sans y faire entrer en aucune façon les puissances & les causes motrices" (S. 39).

[51] „nous nous contenterons [...] d'entendre seulement par le mot de force accélératrice, la quantité à laquelle l'accroissement de la vitesse est proportionnel" (S. 25).

weil die Autoren, die sie vertreten, so wird argumentiert, das unsichere und zweideutige Prinzip voraussetzen, wonach die Wirkung proportional zu ihrer Ursache sei.[52]

Über den metaphysischen Charakter der Interpretation hinaus weist d'Alembert hinsichtlich der erwähnten Gleichung auf die Auseinandersetzung zwischen Bernoulli und Euler darüber hin, ob das, was sie ausdrückt, eine notwendige oder eine kontingente Wahrheit sei.[53] Der Auflistung der mit dem Kraftbegriff zusammenhängenden Probleme fügt er die Polemik hinzu, die als Streit über die lebendigen Kräfte bekannt ist, wobei es sich seiner Ansicht nach um einen bloßen Wortstreit handelte.[54]

---

[52] „La plûpart des Géometres présentent sous un autre point de vûe l'équation $\lfloor dt=du$ entre les tems & les vitesses. Ce qui n'est, selons nous, qu'une hypothese, est érigé par eux en principe. Comme l'accroissement de la vitesse est l'effet de la cause accélératrice, & qu'un effet, selon eux, doit être toujours proportionnel à sa cause, ces Géometres ne regardent pas seulement la quantité $\lfloor$ comme la simple expression du rapport de du à dt; c'est de plus, selon eux, l'expression de la force accélératrice, à laquelle ils prétendent que du doit être proportionnel, dt étant constant" (S. 24f.).
In der Vorrede liest man: „Pourquoi donc aurions-nous recours à ce principe dont tout le monde fait usage aujourd'hui, que la force accélératrice ou retardatrice est proportionnelle à l'élément de la vitesse? principe appuyé sur cet unique axiome vague & obscur, que l'effet est proportionnel à sa cause. [...] nous nous contenterons d'observer, que [...] il est inutile à la Méchanique, & que par conséquent il doit en être banni" (S. xii).

[53] „[D]e là ils tirent cet axiome général, que le produit de la force accélératrice par l'élément du tems est égal à l'élément de la vitesse. M. *Daniel Bernoulli* (*Mém. de Petersb. To. I.*) prétend que ce principe est seulement de vérité contingente [...] M. *Euler*, au contraire, s'est efforcé de prouver fort au long dans sa Mécanique, que ce principe est de vérité nécessaire. [...] nous nous contenterons de le prendre pour une définition" (S. 25).

[54] „[J]'ai cru ne devoir point entrer dans l'examen de la fameuse question des *forces vives*. Cette question qui depuis trente ans partage les Géometres, consiste à savoir [...] Malgré les disputes que cette question a causées, l'inutilité parfaite dont elle est pour la Méchanique, m'a engagé à n'en faire aucune mention dans l'Ouvrage que je donne aujourd'hui" (S. xvii).
„[T]oute la question ne peut plus consister, que dans une discussion Métaphysique très-futile, ou dans une dispute de mots plus indigne encore d'occuper des Philosophes" (S. xxii).

Schlußbemerkung

Das Problem der Kraft liegt für d'Alembert darin, daß sie uns im allgemeinen unbekannt sei. Sein Lösungsansatz besteht darin, eine mechanische Theorie aufzustellen, ohne dabei die Kenntnis der Kraft vorauszusetzen. Damit wird das Kraft-Problem natürlich nicht gelöst, jedoch vermieden, daß es für die mechanische Theorie Schwierigkeiten verursacht; so würde man einen für die Wissenschaft unangemessenen Ausgangspunkt vermeiden, wie auch einer Reihe von Problemen, wie den oben erwähnten, unter den Wissenschaftlern aus dem Wege gehen.

I. § 4 Lagranges *Mechanik*

Mit der *Mécanique Analytique*, 1788 (^{2}1811-15, ^{3}1853-55, ^{4}1888-89) veröffentlicht, zielt Lagrange darauf ab, die Mechanik auf rein analytische Operationen zurückzuführen.[55] Hieraus ergab sich eine Methodologie zur Lösung der mechanischen Aufgaben, welche zu ihrer Vereinfachung beigetragen hat: in bezug auf die mathematische Wiedergabe des physikalischen Sachverhaltes durch den Einsatz der Koordinaten, die sich am besten an die Bedingungen der Probleme anpassen, wie auch in bezug auf die Durchführung der mathematischen Aufgabe, die zur Lösung führt. Hiermit hängen die berühmten Lagrangeschen Gleichungen zusammen.

Das Werk besteht aus zwei Teilen, der Statik und der Dynamik, die in ähnlicher Weise strukturiert werden. Die erste Sektion jedes der beiden Teile befaßt sich mit der jeweiligen Geschichte; in einer zweiten Sektion werden die allgemeinen Gleichungen der Statik bzw. der Dynamik aufgestellt; von diesen Gleichungen ausgehend werden in einer dritten Sektion allgemeine Eigenschaften der Ruhe bzw. der Bewegung hergeleitet; dieselben Gleichungen werden in einer vierten Sektion bearbeitet, woraus sich

---

[55] „L'objet de cet Ouvrage étant de réduire la Mécanique à des opérations purement analytiques [...]" (1888, Bd. I, S. 30).
In der Vorrede steht: „On ne trouvera point de Figures dans cet Ouvrage. Les méthodes que j'y expose ne demandent ni constructions, ni raisonnements géométriques ou méchaniques, mais seulement des opérations algébriques, assujetties à une marche régulière et uniforme. Ceux qui aiment l'Analyse verront avec plaisir la Méchanique en devenir une nouvelle branche, et me sauront gré d'en avoir étendu ainsi le domaine" (Bd. I, S. XI–XII).

vor allem die erwähnte Vereinfachung bei der Lösung der Probleme ergibt. Einen ähnlichen Parallelismus findet man bei den drei letzten Sektionen eines jeden der Teile, welche sich mit Flüssigkeiten befassen. Dort werden zuerst die Prinzipien der Hydrostatik und der Hydrodynamik historisch betrachtet (Sek. VI bzw. X), dann das Gleichgewicht inkompressibler (Sek. VII), kompressibler und elastischer Flüssigkeiten (Sek. VIII) und die Bewegungen derselben (Sek. XI bzw. XII) behandelt. In den übrigen Sektionen werden Probleme der Statik oder der Dynamik behandelt; in der V. Sektion des zweiten Teils, die erstmals in der zweiten Auflage erscheint, wird eine auf der Variation der Konstanten beruhende Methode dargestellt.

Lagrange definiert die Statik als die Wissenschaft des Gleichgewichts von Kräften[56] und die Dynamik als die Wissenschaft von den Kräften und den von ihnen erzeugten Bewegungen.[57] Da die Statik und die Dynamik zusammen die Mechanik ausmachen, könnte diese als die Wissenschaft der Kräfte definiert werden, woraus schon die besondere Bedeutung des Begriffes der Kraft in der Lagrangeschen Theorie hervorgeht.

ZUM KRAFTBEGRIFF

Zu Beginn des Werkes wird der Begriff der Kraft eingeführt. Es wird gesagt, was unter Kraft oder Potenz, den damals verwendeten Begriffen, zu verstehen ist: „On entend, en général, par *force* ou *puissance* la cause, quelle qu'elle soit, qui imprime ou tend à imprimir du mouvement au corps auquel on la suppose appliquée" (Bd. I, S. 1).

Hier ist von einer Ursache die Rede, der Kraft, und von einem Körper, auf den sie angewandt werde. Die Ursache wird durch ihre Wirkung charakterisiert, welche in der Erzeugung einer Bewegung oder in dem Streben danach bestehe. Dieser Unterschied zwischen dem Erzeugen von Bewegung und dem Streben nach Bewegung ist auf die Unterscheidung zwischen Statik und Dynamik zurückzuführen, denn in ersterer bestehe nur ein einfaches Streben zur Bewegung, so Lagrange, wohingegen in der zweiten Be-

---

[56] „La Statique est la science de l'équilibre des forces" (Bd. I, S. 1).

[57] „La Dynamique est la science des forces accélératrices ou retardatrices et des mouvements variés qu'elles doivent produire" (Bd. I, S. 237).

wegung statthabe.[58] Da Lagrange das genannte „Prinzip der Trägheitskraft" annimmt, nach dem ein sich selbst überlassener Körper seine konstante Geschwindigkeit beibehält, folgt dann, daß die Wirkung der Kraft in der Veränderung des trägen Zustandes besteht.[59] Die Kraft wird also als das konzipiert, was die Veränderung des trägen Zustandes eines Körpers verursacht.

Dieser Begriff der Kraft tritt in der historischen Sektion auf und wird auch in der Theorie selbst von Lagrange vorausgesetzt. In der Theorie tritt jedoch eine weitere Bedeutung des Begriffs auf, zu deren Untersuchung wir übergehen.

Lagrange beginnt die Darstellung seiner mechanischen Theorie mit dem Gesetz des Gleichgewichts. Von diesem Satz ausgehend stellt er die allgemeine Gleichung für die Statik auf. Diese Gleichung wird durch den Ausspruch wiedergegeben, die Summe der Momente der Kräfte sei gleich null. Diese Aussage ist insofern von Bedeutung, als sie die Theorie vereinheitlicht, und zwar dadurch, daß die allgemeinen Gleichungen der Statik und der Dynamik, worin auch die Gleichungen für die Flüssigkeiten eingeschlossen sind, in derselben Form ausgedrückt werden können. Diese Einheit der Theorie wird aufgrund einer Generalisierung des Begriffs des Moments der Kraft erreicht, welche Konsequenzen für den Kraftbegriff hat. Daher werden wir im folgenden die Entwicklung der Theorie soweit verfolgen, als es für das Verständnis dieses Begriffs von Nutzen ist.

Das zuvor erwähnte Gesetz besagt, daß sich die Kräfte beim Gleichgewicht umgekehrt wie die Geschwindigkeiten der Punkte verhielten, an denen sie wirkten, wenn diese Geschwindigkeiten in der Richtung der Kräfte

---

[58] „Dans l'état d'équilibre, la force n'a pas d'exercice actuel; elle ne produit qu'une simple tendance au mouvement" (Bd. I, S. 1).

[59] In der historischen Sektion zur Dynamik sagt Lagrange, die Dynamik werde auf zwei Gesetzen begründet, von denen eines das genannte Prinzip der Trägheitskraft sei: „La théorie des mouvements variés et des forces accélératrices qui les produisent est fondée sur ces lois générales: que tout mouvement imprimé à un corps est, par sa nature, uniforme et rectiligne [...] C'est dans ces deux lois que consistent les principes connus de la force d'inertie et [...] [du mouvement composé]" (Bd. I, S. 238f.).

Im Rahmen seiner Theorie liest man: „ $\frac{dx}{dt}, \frac{dy}{dt}, \frac{dz}{dt}$ représenteront les vitesses que ce corps a dans un instant quelconque [...] et ces vitesses, si le corps était ensuite abandonné à lui-même, demeureraient constantes dans les instants suivants, par les principes fondamentaux de la théorie du mouvement" (Bd. I, S. 265).

gemessen würden.[60] Hier wird also vorausgesetzt, daß Kräfte bestehen, die an Punkten einwirken. Im Fall des Gleichgewichts rufen die Kräfte keine Bewegung hervor, sie streben nur danach, wie wir schon gesehen haben. Lagrange nimmt dann an, daß dieses Streben zur Erzeugung der Bewegung in der Richtung der Linien geschieht, die die Kräfte mit den Angriffspunkten verbinden. Für den einfachsten Fall, das Gleichgewicht zweier Kräfte, folgt dann aus dem Gesetz, daß das Verhältnis zwischen den Variationen der Linien, die die Kräfte zu erzeugen streben, zu dem Verhältnis der Kräfte umgekehrt proportional ist, deren Richtungen entgegengesetzt sind, da nur zwei Kräfte bestehen. Um dies in Einklang mit der Symbolik Lagranges mathematisch wiederzugeben, muß hinzugefügt werden, daß die Kräfte durch P, Q, R, … bezeichnet werden, die jeweiligen Linien, die sie mit den Angriffspunkten verbinden, durch p, q, r, … und deren Variationen durch dp, dq, dr, … bzw. Bdp, Bdq, Bdr, …, wenn die Kräfte zur Verminderung der Abstände streben. So ergibt sich symbolisch für den in Betracht stehenden Fall

$$\frac{P}{Q} = -\frac{dq}{dp}$$

oder äquivalent

$$Pdp + Qdq = 0,$$

die sogenannte allgemeine Formel des Gleichgewichts zweier Kräfte.

Der Übergang zweier zu mehreren Kräften geschieht durch die Anwendung des Gleichgewichts von zwei Kräften und die Voraussetzung der Zusammensetzung von Kräften. Lagrange verfährt folgendermaßen: Er nimmt an, daß sich eine Kraft Q aus der Summe zweier anderer ergibt und daß sich jede von diesen, die durch Q' und Q'' bezeichnet werden, mit der Kraft P bzw. R im Gleichgewicht hält. Mathematisch betrachtet lassen sich diese Gleichgewichte wie das letzte ebenfalls durch

---

[60] „La loi générale de l'équilibre dans les machines est que les forces ou puissances soient entre elles réciproquement comme les vitesses des points où elles sont appliquées, estimées suivant la direction de ces puissances.
C'est dans cette loi que consiste ce qu'on appelle communément le *principe des vitesses virtuelles* […] qu'on peut, par conséquent, regarder comme une espèce d'axiome de Mécanique" (Bd. I, S. 27).

$$Pdp + Q'dq = 0$$

bzw. $$Rdp + Q''dq = 0$$

schreiben. Indem diese Gleichungen addiert werden und die Gleichung zur Zusammensetzung der Kräfte

$$Q' + Q'' = Q$$

einbezogen wird, ergibt sich die Gleichung für das Gleichgewicht von den drei Kräften P, Q, R

$$Pdp + Qdq + Rdr = 0$$

Auf dieselbe Art und Weise erhält man die Gleichung für das Gleichgewicht von vier Kräften und verallgemeinert für jede Anzahl von Kräften.[61] Die allgemeine Gleichung des Gleichgewichts nimmt dann die Form

$$Pdp + Qdq + Rdr + \ldots = 0$$

an.

Jeder der Summanden dieser Gleichungen wird Moment der Kraft genannt, worunter das Produkt aus Kraft und virtueller Geschwindigkeit verstanden wird. Aufgrund dessen wird die allgemeine Gleichung dadurch ausgedrückt, daß die Summe der Momente der Kräfte gleich null ist.[62] Dieser Satz gilt für alle allgemeinen Gleichungen der *Analytischen Mechanik* aufgrund der folgenden Generalisierung des Begriffs des Moments der

---

[61] „S'il y a une quatrième puissance S dont la vitesse virtuelle soit représentée par la différentielle *ds*, on fera

$$Q = Q' + Q'' \quad et \quad P\,dp + Q'\,dq = 0\,,$$

ensuite

$$R = R' + R'' \quad et \quad Q''\,dq + R'\,dr = 0.$$

[...] pour l'équilibre total des quatre forces P, Q, R, S, il faudra que la partie restante R'' de la force R fasse équilibre à la dernière force S, et que, par conséquent, on ait

$$R''\,dr + S\,ds = 0.$$

Ces trois équations étant jointes ensemble donneront

$$P\,dp + Q\,dq + R\,dr + S\,ds = 0.$$

Ainsi de suite, quel que soit le nombre des puissances en équilibre" (Bd. I, S. 29).

[62] „Nous nommerons chaque terme de cette formule, tel que P*dp*, le *moment* de la force P, en prenant le mot de *moment* dans le sens que Galilée lui a donné, c'est-à-dire pour le produit de la force par sa vitesse virtuelle; de sorte que la formule générale de la Statique consistera dans l'égalité à zéro de la somme des moments de toutes les forces" (Bd. I, S. 29f.).

Kraft. Als Moment einer Kraft gilt nach wie vor – symbolisch ausgedrückt – ein Produkt der Form $P\ dp$. An Stelle von p werden jedoch Funktionen eingesetzt, wie beispielsweise ein Winkel, eine infinitesimale Oberfläche, ein infinitesimales Volumen, und durch P wird dann die Kraft dargestellt, die die jeweilige Größe zur Variation bringt oder hiernach strebt.[63] So wird unter Moment der Kraft das Produkt aus Kraft und Variation der jeweiligen Größe verstanden.[64]

---

[63] Die folgenden Zitate betreffen die drei erwähnten Fälle und werden nur der Deutlichkeit halber durch Zahlen gekennzeichnet:
1."Nommons E la force de l'élasticité et e l'angle extérieur qu'elle tend à diminuer; le moment de cette force sera exprimé par Ede (Sect. II, art. 9), de sorte que la somme des moments de toutes les forces du système sera
[…] + E de." (Bd. I, S. 143).
2. „Appliquons les mêmes principes à la détermination de l'équilibre d'une surface dont tous les éléments dm soient extensibles et contractibles. L'élément d'une surface dont les coordonnées sont x, y, z, et où l'on regarde z comme fonction de x, y, est exprimé par la formule

$$\sqrt{1+(\frac{\partial z}{\partial x})^2+(\frac{\partial z}{\partial y})^2}dxdy.$$

Ainsi, en appelant F la force d'élasticité avec laquelle cet élément tend à se contracter, la somme des moments de toutes ces forces sera exprimée par l'intégrale double

$$SS F\delta [\sqrt{1+(\frac{\partial z}{\partial x})^2+(\frac{\partial z}{\partial y})^2}dxdy],$$

qui, étant ajoutée à l'intégrale double
$$SS(X\delta x+Y\delta y+Z\delta z)dm,$$
où dm est l'élément de la surface, donnera la somme des moments de toutes les forces, laquelle doit être nulle dans l'équilibre" (Bd. I, S. 158f.).
3. „A l'égard de la quantité $\Leftrightarrow$ dont nous venons de déterminer la valeur, il est bon de remarquer que le terme S$\Leftrightarrow$ ™L de l'équation générale de l'article 10 représente la somme des moments d'autant de forces $\Leftrightarrow$ qui tendent à diminuer la valeur de la fonction L […]; de sorte que, comme on a fait ™L=™($dx\ dy\ dz$) […], on peut dire que la force $\Leftrightarrow$ tend à comprimer chaque particule $dx\ dy\ dz$ du fluide; par conséquent, cette force n'est autre chose que la pression que cette particule du fluide souffre également de tous côtés et à laquelle elle résiste par son incompressibilité" (Bd. I, S. 214f.).

[64] Die Verallgemeinerung des Begriffs des Momentes der Kraft wird folgendermaßen eingeführt und gerechtfertigt: „[C]omme on peut représenter une quantité quelconque par une ligne, on pourra regarder p comme une fonction quelconque des coordonnées, et la force P comme tendante à faire varier la valeur de p. Alors Pdp sera également le moment virtuel de la force P; et de même Qdq, Rdr, … seront les moments des forces Q, R, …, en les regardant comme tendantes à faire varier les valeurs des quantités q, r, …, supposées des fonctions quelconques des mêmes coordonnées. Cette manière

Aufgrund der Aussage, die Summe der Momente der Kräfte sei gleich null, interpretiert Lagrange einerseits die Summanden einer allgemeinen Gleichung, die er auf einem bestimmten Weg erreicht hat, als Momente der Kräfte, anderseits nimmt er, wenn er die Kräfte erhält, ihre Momente und bringt sie in eine Summe, um die jeweiligen allgemeinen Gleichungen zu erhalten. Hierfür lassen sich die folgenden Beispiele anführen.

Bei der Lösung einer Aufgabe, die Zwangsbedingungen einschließt, verwendet Lagrange die Methode der Multiplikatoren, infolge deren, wie bekannt ist, so viele unbestimmte Faktoren auftreten, wie Zwangsbedingungen bestehen. Diese Gleichungen, Bedingungsgleichungen genannt, nehmen die Form L=0, M=0, etc. an, und die unbestimmten Faktoren werden durch griechische Buchstaben dargestellt. Die allgemeine Gleichung nimmt dann die Form

$$Pdp + Qdq + Rdr + \ldots + \lambda dL + \mu\, dM + \nu\, dN + \ldots = 0$$

(Bd. I, S. 79) an. Die Summanden der Form $\Leftrightarrow dL$ werden als Momente der Kräfte angesehen, wobei die „unbestimmte Quantität" $\Leftrightarrow$[65] die Kraft darstelle, so Lagrange, die danach strebe, die Quantität L zum Variieren zu bringen.[66] So läßt sich diese Gleichung wie die vorherige dadurch ausdrücken, daß die Summe der Momente der Kräfte gleich null ist.

---

d'envisager les moments donne à la formule générale de l'équilibre une étendue beaucoup plus grande et la rend susceptible d'un plus grand nombre d'applications" (Bd. I, S. 37f.).

Auf diese Stelle (Sektion II, Art. 9, des 1. Bandes) verweist Lagrange im Laufe des Werkes ausdrücklich: S. 81, 92, 143, 231 (zu Beginn der 8. Sektion), 335 (im Rahmen der Bewegungsgleichungen).

Bertrand, der die 3. Auflage herausgab, weist durch mehrere Anmerkungen darauf hin, daß der Begriff der Kraft, der durch die Generalisierung des Moments entstanden ist, mit dem Begriff der „Geometer" nicht übereinstimmt. Er schreibt: „Le mot *force* s'y trouve complètement détourné de sa signification habituelle. Cette alocution, du reste, n'a pas été adoptée par les géomètres" (Bd. I, S. 38). (Siehe auch Bd. I, S. 81, 143, 158, 174, 181, 215, Bd. II, S. 183.)

[65] „$\Leftrightarrow$, $\Leftarrow$, $\Uparrow$, ... sont des quantités indéterminées" (Bd. I, S. 79).

[66] „Je remarque maintenant que les termes $\Leftrightarrow dL$, $\Leftarrow dM$ ... de l'équation générale de l'équilibre [die im Text angegebene Gleichung] peuvent être aussi regardés comme représentant les moments de différentes forces appliquées au même système" (Bd. I, S. 80).

Im folgenden Fall, der die elastischen Flüssigkeiten betrifft, verfährt Lagrange umgekehrt. Über die Kräfte hinaus, die auf solche Flüssigkeiten einwirkten, sei eine innere Kraft zu berücksichtigen, Elastizität genannt, so Lagrange, welche zur Ausdehnung des Volumens der Flüssigkeit führe oder danach strebe. Er bezeichnet dann die Elastizität eines Teilchens bzw. einer elementaren Masse durch Π, welche also danach strebt, das elementare Volumen $dx\ dy\ dz$ zu vermehren. Aufgrund der Generalisierung des Moments der Kraft erlangt er das jeweilige Moment durch die Multiplikation von Π mit der Variation des elementaren Volumens. Anschließend fügt er der Summe der Momente der äußeren Kräfte die sich aus der Elastizität ergebende Summe der Momente hinzu und setzt die totale Summe gleich null, womit die allgemeine Gleichung für das Gleichgewicht elastischer Flüssigkeiten erreicht wird.[67]

Die Generalisierung des Begriffs des Moments der Kraft spielt ebenfalls eine Rolle beim Übergang von der Statik zur Dynamik. Um ihn nachzuvollziehen, ist es jedoch notwendig, einen Satz aus der Statik heranzuziehen, nach welchem, wenn zwei Systeme von Kräften äquivalent sind, die Summen derer Momente gleich sind. Unter äquivalenten Systemen werden hier diejenigen verstanden, die dieselben Bewegungen erzeugen, wenn sie auf dieselben Körper einwirken. Nehmen wir dann an, daß ein auf ein System von Körpern einwirkendes System von Kräften, F, eine bestimmte

---

„En général, on pourra regarder le terme $\Leftrightarrow dL$ comme le moment d'une force $\Leftrightarrow$ tendante à faire varier la valeur de la fonction L, et, comme dL=dL′+dL″+..., le terme $\Leftrightarrow dL$ exprimera les moments de plusieurs forces égales à $\Leftrightarrow$ et tendantes à faire varier la fonction L, en ayant égard séparément à la variabilité des différentes coordonnées $x′, y′, z′, x″, y″, z″, \dots$ Il en sera de même des termes $\Leftarrow dM$, $\Uparrow dN$, …(Sect. II, art. 9)," (Bd. I, S. 81).

[67] „Dans les fluides élastiques il y a, de plus, une force intérieure qu'on nomme *élasticité* ou *ressort* et qui tend à les dilater ou à augmenter leur volume. Soit donc Π l'élasticité d'une particule quelconque *d*m; cette force, tendant à augmenter le volume $dx\ dy\ dz$ de la même particule, aura ou pourra être censée avoir pour moment la quantité BΠ™$(dx\ dy\ dz)$ par l'article 9 de la Section II. […] Ainsi la somme des moments provenant de l'élasticité de toute la masse fluide sera exprimée par BSΠ™ $(dx\ dy\ dz)$. Donc la somme totale des moments des forces qui agissent sur le fluide sera

$$S(X\delta x + Y\delta y + Z\delta z)dm - S\varepsilon\delta(dx dy dz);$$

et comme il n'y a ici aucune condition particulière à remplir, on aura l'équation générale de l'équilibre en égalant simplement cette somme à zéro" (Bd. I, S. 231f.).

Bewegung erzeugt und daß ein anderes System von Kräften, G, auf dieselben Körper einwirkend dieselbe Bewegung verursacht. Dem erwähnten
Satz gemäß ist in diesem Fall zu schreiben: Summe der Momente der Kräfte von F = Summe der Momente der Kräfte von G.[68] Betrachten wir jetzt,
wie Lagrange diesen Satz verwendet, um die allgemeine Gleichung der Dynamik zu erhalten.

Stellen wir uns vor, daß ein System von Kräften auf ein System von
Körpern einwirkt und sich daraus eine beschleunigte Bewegung ergibt. Indem die rechtwinkligen Koordinaten verwendet werden, werden die Beschleunigungen durch

$$\frac{d^2 x}{dt^2}, \ \frac{d^2 y}{dt^2}, \ \frac{d^2 z}{dt^2}$$

ausgedrückt. In Übereinstimmung mit dem Begriff der Kraft, sie sei das,
was eine Quantität zum Variieren bringe, läßt sich nachvollziehen, daß, wie
Lagrange sagt, die Kräfte

$$m\frac{d^2 x}{dt^2}, \ m\frac{d^2 y}{dt^2}, \ m\frac{d^2 z}{dt^2}$$

die Größen x, y, z zum Variieren bringen. Die Momente der Kräfte nehmen
dann die Form

$$m\frac{d^2 x}{dt^2}\delta x, \ m\frac{d^2 y}{dt^2}\delta y, \ m\frac{d^2 z}{dt^2}\delta z$$

an, und die Summe der Momente wird durch

---

[68] „Lorsque la quantité P dp + Q dq + R dr + … ne sera pas nulle par rapport à toutes les
variables indépendantes, les forces P, Q, R, … ne se feront pas équilibre, et les corps
sollicités par ces forces prendront des mouvements dépendant des mêmes forces et de
leur action mutuelle.
Supposons que d'autres forces représentées par P', Q', R', … et dirigées suivant les
lignes p', q', r', …, agissant sur les corps du même système, leur impriment aussi les
mêmes mouvements; ces forces seront équivalentes aux premières et pourront, dans
tous les cas, être substituées à leur place, puisque leur effet est supposé exactement le
même. [...]
$$Pdp + Qdq + Rdr + … = P'd'p + Q'd'q + R'd'r + …$$
C'est la condition nécessaire pour que les forces P', Q', R', … agissant suivant les
lignes p', q', r', … soient équivalentes aux forces P, Q, R, … agissant suivant les lignes
p, q, r, …" (Bd. I, S. 42f).

42

$$S m(\frac{d^2 x}{dt^2}\delta x + \frac{d^2 y}{dt^2}\delta y + \frac{d^2 z}{dt^2}\delta z)$$

dargestellt.[69]

Da dieses System von Kräften ausgehend von der Bewegung aufgestellt wird, die das System der wirkenden Kräfte in den Körpern erzeugt, ist es klar, daß die beiden Systeme von Kräften dieselbe Bewegung zur Folge haben, d.h., daß sie in der Terminologie Lagranges äquivalent sind. Wegen des erwähnten Satzes, nach dem die Summe der jeweiligen Momente der Kräfte gleich ist, wenn zwei Systeme äquivalent sind, folgt, daß die bereits erlangte Summe der Momente und die Summe der Momente der wirkenden Kräfte gleich sind.[70] Lagrange schreibt dann

---

[69] „Ainsi l'on aura

$$m\frac{d^2 x}{dt^2}\delta x, \ m\frac{d^2 y}{dt^2}\delta y, \ m\frac{d^2 z}{dt^2}\delta z$$

pour les moments des forces

$$m\frac{d^2 x}{dt^2}, \ m\frac{d^2 y}{dt^2}, \ m\frac{d^2 z}{dt^2}$$

qui agissent suivant les coordonnées x, y, z et tendent à les augmenter; la somme de leurs moments pourra donc être représentée par la formule

$$S m(\frac{d^2 x}{dt^2}\delta x + \frac{d^2 y}{dt^2}\delta y + \frac{d^2 z}{dt^2}\delta z)$$

en supposant que le signe d'intégration S s'étende à tous les corps du système" (Bd. I, S. 266).

[70] „[L]es forces accélératrices dont il s'agit seront exprimées par

$$\frac{d^2 x}{dt^2}, \ \frac{d^2 y}{dt^2}, \ \frac{d^2 z}{dt^2},$$

et, en multipliant ces forces par la masse m du corps sur lequel elles agissent, on aura

$$m\frac{d^2 x}{dt^2}, \ m\frac{d^2 y}{dt^2}, \ m\frac{d^2 z}{dt^2}$$

pour les forces employées immédiatement à mouvoir le corps m pendant le temps dt, parallèlement aux axes des coordonnées x, y, z. On regardera donc chaque corps m du système comme poussé par de pareilles forces; par conséquent, toutes ces forces devront être équivalentes à celles dont on suppose que le système est sollicité, et dont l'action est modifiée par la nature même du système; et il faudra que la somme de leurs *moments* soit toujours égale à la somme des *moments* de celles-ci, par le théorème donné dans la première Partie" (Sect. II, art. 15; Bd. I, S. 265f.).

$$S m(\frac{d^2 x}{dt^2}\delta x + \frac{d^2 y}{dt^2}\delta y + \frac{d^2 z}{dt^2}\delta z) = -S m(P\delta p + Q\delta q + R\delta r + \ldots)$$

wobei $BmP^{TM}p$, $BmQ^{TM}q$, $BmR^{TM}r$ … die Momente der wirkenden Kräfte mP, mQ, mR, … darstellen. Indem die zweite Summe auf die linke Seite gebracht wird, erlangt Lagrange die allgemeine Gleichung für die Dynamik[71]

$$S m(\frac{d^2 x}{dt^2}\delta x + \frac{d^2 y}{dt^2}\delta y + \frac{d^2 z}{dt^2}\delta z) + S m(P\delta p + Q\delta q + R\delta r + \ldots) = 0,$$

welche also auch, wie die bisher gesehenen Gleichungen, durch die Aussage ausgedrückt werden kann, daß die Summe der Momente der Kräfte gleich null ist.

Unmittelbar nach der Gewinnung der allgemeinen Gleichung der Dynamik sagt Lagrange, man könne von der allgemeinen Gleichung der Statik direkt zur allgemeinen Gleichung der Dynamik übergehen, indem man jener Gleichung die Summanden hinzufüge, die die Bewegung des Systems betreffen. Denn, darauf weist er selbst hin, der Unterschied zwischen den beiden Gleichungen liege in den Momenten der Form

$$m\frac{d^2 x}{dt^2}\delta x.$$

Der Grund für einen solchen Übergang von der Statik zur Dynamik ist jedoch kein rein formeller, sondern kann ebenfalls auf den Begriff des Gleichgewichts zurückgeführt werden und hängt mit dem d'Alembertschen Prinzip zusammen.

Dem d'Alembertschen Prinzip nach ist die anfängliche Bewegung der Körper in zwei andere zu zerlegen: eine entspricht derjenigen, die durch die Hindernisse zerstört wird, und die andere der sich dann ergebenden Bewegung, also derjenigen, die ein Körper ausführen wird. Entsprechend formuliert Lagrange folgende Idee: Wenn einem solchen physikalischen Sachverhalt ein System von Kräften hinzugefügt wird, das der sich ergebenden Bewegung symmetrisch ist, wird die Gesamtheit der Körper ruhen. Hieraus folgert er, daß die einwirkenden Kräfte und das System, das der sich erge-

---

[71] „C'est la formule générale de la Dynamique pour le mouvement d'un système quelconque de corps" (Bd. I, S. 267).

44

benden Bewegung symmetrisch ist, sich im Gleichgewicht halten. Indem die Gleichung für dieses Gleichgewicht geschrieben wird, werden die Bewegungsgleichungen erlangt. Auf diese Weise, so hebt Lagrange hervor, werde die von dem d'Alembertschen Prinzip verlangte Zerlegung vermieden.[72] Als Beispiel läßt sich der betrachtete Fall anführen.

Wenn man die Summe der Momente der einwirkenden Kräfte

$$-\mathrm{S}m(P\delta p + Q\delta q + R\delta r + \ldots)$$

mit der symmetrischen Summe der Momente der Form

$$m\frac{d^2 x}{dt^2}\delta x$$

addiert, erhält man

$$-\left[\mathrm{S}m(P\delta p + Q\delta q + R\delta r + \ldots) + \mathrm{S}m(\frac{d^2 x}{dt^2}\delta x + \frac{d^2 y}{dt^2}\delta y + \frac{d^2 z}{dt^2}\delta z)\right] = 0,$$

also die allgemeine Gleichung der Dynamik.[73]

---

[72] „Si l'on voulait éviter les décompositions de mouvements que ce principe exige, il n'y aurait qu'à établir tout de suite l'équilibre entre les forces et les mouvements engendrés, mais pris dans des directions contraires. Car, si l'on imagine qu'on imprime à chaque corps, en sens contraire, le mouvement qu'il doit prendre, il est clair que le système sera réduit au repos; par conséquent, il faudra que ces mouvements détruisent ceux que les corps avaient reçus et qu'ils auraient suivis sans leur action mutuelle; ainsi il doit y avoir équilibre entre tous ces mouvements, ou entre les forces qui peuvent les produire.
Cette manière de rappeler les lois de la Dynamique à celles de la Statique est à la vérité moins directe que celle qui résulte du principe de d'Alembert, mais elle offre plus de simplicité dans les applications" (Bd. I, S. 256).

[73] „Il est visible que cette formule ne diffère de la formule générale de la Statique, donnée dans la première Partie (Sect. II), que par les termes dus aux forces $m\, d^2x/dt^2$, $m\, d^2y/dt^2$, $m\, d^2z/dt^2$ qui produisent l'accélération du corps m suivant les prolongements des trois coordonnées x, y, z. En effet, nous avons vu dans la Section précédente (art. 11) que ces forces, étant prises en sens contraire, c'est-à-dire étant regardées comme tendantes à diminuer les lignes x, y, z, doivent faire équilibre aux forces actuelles P, Q, R, …, qui sont supposées agir pour diminuer les lignes p, q, r, …; de sorte qu'il n'y a qu'à ajouter aux *moments* de ces dernières forces ceux des forces $m\, d^2x/dt^2$, $m\, d^2y/dt^2$, $m\, d^2z/dt^2$, pour chacun des corps m, pour passer tout d'un coup des conditions de l'équilibre aux propriétés du mouvement" (Bd. I, S. 267).
Vgl. die letzte Anmerkung für den Auszug aus dem oben erwähnten Art. 11.

Später bezieht sich Lagrange wieder auf einen direkten Übergang von der Statik zur Dynamik, und zwar bei den Bewegungsgleichungen inkompressibler Flüssigkeiten.[74] Wenn es auch durch den Rückgriff auf die Formeln der Statik möglich ist, die Gleichungen für die Bewegung zu erhalten, bevorzugt er die dargestellte Reihenfolge, d.h., daß beispielsweise die Bewegungsgleichungen inkompressibler Flüssigkeiten aufgrund der allgemeinen Gleichungen der Dynamik erlangt werden.[75]

Schlußbemerkung

In der Analytischen Mechanik gibt es zwei Bedeutungen des Begriffs der Kraft. Nach der ersten, die in der historischen Sektion angegeben wird, ist die Kraft die Ursache der Bewegung oder tendiere dazu, Bewegung hervorzurufen; die zweite Bedeutung des Begriffs ist durch die Entwicklung der Lagrangeschen Theorie entstanden, sie beruht, genauer gesagt, auf der Generalisierung des Begriffs des Moments der Kraft.

Diese Verallgemeinerung ermöglicht es Lagrange, zum einen die Theorie vom Gleichgewicht her zu entwickeln und ihr zum anderen eine Einheit zu geben, indem sich die allgemeinen Gleichungen der Statik und der Dynamik unter dem Ausspruch subsumieren lassen, die Summe der Momente

---

[74] „On pourrait déduire immédiatement les lois du mouvement de ces fluides de celles de leur équilibre, que nous avons trouvées dans la Section VII de la première Partie; car, par le principe général exposé dans la Section II, il ne faut qu'ajouter aux forces accélératrices actuelles les nouvelles forces accélératrices $m\ d^2x/dt^2$, $m\ d^2y/dt^2$, $m\ d^2z/dt^2$, dirigées suivant les coordonnées rectangles x, y, z.
Ainsi, comme, dans les formules de l'article 10 et suivants de la Section VII citée, on a supposé toutes les forces accélératrices du fluide déjà réduites à trois, X, Y, Z, dans la direction des coordonnées x, y, z, il n'y aura, pour appliquer ces formules au mouvement des fluides, qu'à y substituer

$$X + \frac{d^2 x}{dt^2}, \quad Y + \frac{d^2 y}{dt^2}, \quad Z + \frac{d^2 z}{dt^2}$$

au lieu de X, Y, Z" (Bd. II, S. 273).
Die allgemeine Gleichung des Gleichgewichtes, die in Abschnitt VII, Art. 10 auftritt, lautet (Bd. I, S. 205)

$$S(X\delta x + Y\delta y + Z\delta z)dm + S\lambda\delta L = 0.$$

[75] „Mais nous croyons qu'il est plus conforme à l'objet de cet Ouvrage d'appliquer directement aux fluides les équations générales données dans la Section IV pour le mouvement d'un système quelconque de corps" (Bd. I, S. 273).

46

der Kräfte sei gleich null. Unter dem zu diesem Zweck eingesetzten Begriff der Kraft wird das verstanden, was zur Variation bzw. Veränderung einer Größe – eines Winkels, einer Oberfläche, eines Volumens u.a. – führt oder hierzu tendiert.

Die beiden Bedeutungen des Begriffs der Kraft haben gemeinsam, daß die Kraft das ist, was etwas verändert. Lagrange hat also den Aktivitäts- bzw. Ursachencharakter des traditionellen Begriffs übernommen, und ihn im Sinne seiner analytischen Theorie der Mechanik verwendet.

I. § 5 Carnots *Prinzipien*

Die *Principes fondamentaux de l'équilibre et du mouvement* von 1803 be- ruhen auf einem anderen, 20 Jahre zuvor erschienenen Werk, dem *Essai sur les machines en générale*. Dieser Hinweis, der in der Einleitung gegeben wird, deutet schon auf den praktischen Charakter der *Prinzipien* hin, die im Rahmen der damaligen Anwendung der Mechanik entwickelt worden wa- ren. Das Werk besteht aus zwei Teilen, wobei der erste als experimentell und der zweite als rational betrachtet wird. Letzterer wird als rational ver- standen, weil hier die Resultate der im ersten Teil festgesetzten Grundsätze hergeleitet würden, so der Verfasser, und der erste Teil sei experimentell, weil jene Sätze aus der Erfahrung stammten.[76] Wenn auch diese Sätze, sie- ben insgesamt, den Ausgangspunkt der Theorie ausmachen, bilden sie doch keine axiomatische Menge, denn sie sind voneinander nicht unabhängig, was der Verfasser,der sie als Hypothesen bezeichnet, auch einräumt.[77]

---

[76] „L'ouvrage est divisé en deux parties: la première est proprement la partie expérimen- tale, c'est-à-dire, qu'elle renferme, les notions préliminaires, et les faits sur lesquels est fondée la mécanique [...]
La seconde commence au point où j'ai considéré la science comme cessant d'être ex- périmentale pour devenir entièrement rationnelle, c'est-à-dire, où les principes m'ont paru être suffisamment établis par l'expérience, pour n'avoir ensuite plus besoin que du raisonnement" (S. xvii–xviii).
Zu Beginn des zweiten Teils liest man: „Il ne s'agit ici que de démontrer ces résultats [ces de la première partie] d'une manière rigoureuse par le seul raisonnement, en par- tant des hypothèses établies ci-dessus, et d'en déduire les conséquences les plus générales" (S. 108).
[77] „On pourra remarquer que ces hypothèses rentrent en partie les unes dans les autres: mon objet n'a pas été de les réduire au plus petit nombre possible; il me suffit qu'elles ne soient point contradictoires et qu'elles soient clairement entendues" (S. 47).

Wie schon aus der Schilderung der Struktur des Werkes hervorgeht, wird der Erfahrung in erkenntnistheoretischer Hinsicht eine besondere Bedeutung verliehen. Dies wird auch ausdrücklich zu Beginn der *Prinzipien* vermerkt, wo die Antike und Locke erwähnt werden und Carnot der These zustimmt, das, was man wisse, stamme aus der Erfahrung.[78] Wenn auch der Rückgriff auf die Philosophen die Carnotsche Verfahrensweise bekräftigt, hängt der entscheidende Grund für die Art der Theoriebildung mit dem Begriff der Kraft zusammen.

ZUM KRAFTBEGRIFF

Nach Carnot gibt es zwei Arten, eine Mechanik zu entwerfen: als Theorie der Kräfte oder als Theorie der Bewegung.[79] Erstere werde von fast allen Wissenschaftlern übernommen, so Carnot, der deren Vorteile auch einsieht.[80] Sie habe jedoch einen schwerwiegenden Nachteil, weshalb er sich für die zweite entscheidet, und zwar den, auf den „metaphysischen" Begriff der Kraft gegründet zu sein.[81]

---

[78] „Les anciens établirent en axiôme que *toutes nos idées viennent des sens*: et cette grande vérité n'est plus aujourd'hui un sujet de contestation.
Il suit de-là, que toute science quelconque tire ses élémens de l'expérience, puisque les premières idées qu'elle puisse combiner sont le résultat de nos sensations, qui ne sont autre chose que les données de l'expérience.
D'où l'homme tire-t-il, dit Locke, tous ces matériaux qui sont comme le fond de tous ses raisonnemens et de toutes ses connoissances? Je réponds en un mot, de l'expérience" (S. 2).

[79] „Il y a deux manières d'envisager la mécanique dans ses principes. La première est de la considérer *comme la théorie des forces*, c'est-à-dire des causes qui impriment les mouvemens. La seconde est de la considérer *comme la théorie des mouvemens* euxmêmes" (S. xi).

[80] „La première méthode offre donc beaucoup plus de facilité; aussi est-elle, comme je l'ai observé ci-dessus, presque généralement suivie" (S. xv–xvi).

[81] „La première est presque généralement suivie, comme la plus simple; mais elle a le désavantage d'être fondée sur une notion métaphysique et obscure qui est celle des *forces*" (S. xi–xii).
Nachdem er die beiden Aufstellungsweisen miteinander verglichen hat, schreibt er: „[J]'ai adopté ici la seconde comme je l'avois déjà fait dans la première édition; parce que j'ai voulu éviter la notion métaphysique des forces" (S. xvi).

Die Kraft werde als Ursache aufgefaßt, so Carnot, die Bewegung hervorbringe oder danach strebe, sie hervorzubringen.[82] Damit stößt er aber auf den Begriff Ursache.[83] Er setzt sich mit dem Problem auseinander, den Begriff durch die Phänomene zu konzipieren, insbesondere in Zusammenhang mit Maschinen, welche er als den wichtigsten Gegenstand der Mechanik betrachtet. Die damaligen Maschinen wurden oft mittels tierischer oder menschlicher Kräfte in Bewegung gesetzt und angetrieben. Tiere oder Menschen waren also in solchen Fällen die Ursachen der Bewegung, denn ohne sie funktionierten die Maschinen nicht. In der damaligen Mechanik galt, die Kraft sei die Ursache der Bewegung. Das Begreifen der Kraft erfordert also, zu wissen, was die Ursache in einem Tier oder in einem Menschen ist, wozu sich Carnot folgendermaßen äußert: „Ces causes sont-elles la volonté ou la constitution physique de l'homme ou de l'animal qui par son action fait naître le mouvement? Mais qu'est-ce qu'une volonté double ou triple d'une autre volonté, ou une constitution physique capable d'un effet double ou triple d'une autre?" (S. xii).

Diese Fragen, die offenkundig unbeantwortet bleiben, weisen darauf hin, worin das Problem für Carnot besteht, daß es nämlich nicht bestimmbar ist, was in der Natur dem Begriff der Kraft entspricht. Er schlägt dann als Lösung für das Problem vor, Ursache und Wirkung voneinander nicht zu unterscheiden, was auf dasselbe hinauslaufe, wie die Kraft als die Quantität der Bewegung selbst zu verstehen, die sie in dem bewegten Körper hervorruft.[84]

---

[82] „Dans le premier cas donc, on établit le raisonnement sur les causes quelles qu'elles soient, qui impriment ou tendent à imprimer du mouvement aux corps, auxquels on les suppose appliquées" (S. xi).

[83] „[Q]uelle idée nette peut présenter à l'esprit en pareille matière le nom de cause? il y a tant d'espèces de causes! Et que peut-on entendre dans le langage précis des mathématiques par une *force*, c'est-à-dire, par une *cause* double ou triple d'une autre?" (S. xii).

[84] „Si l'on prend le parti de ne point distinguer la cause de l'effet, c'est-à-dire, si l'on entend par le mot *force* la quantité de mouvement même qu'elle fait naître dans le mobile auquel elle est appliquée, on devient intelligible" (S. xii–xiii).
Bevor die Hypothesen dargestellt werden, schreibt er: „Je répéterai d'abord, qu'il ne s'agit point ici des causes premières qui font naître le mouvement dans les corps, mais seulement du mouvement déjà produit et inhérent à chacun d'eux. C'est cette quantité de mouvement déjà produite dans un corps, qu'on nomme sa force ou sa puissance" (S. 47).

Der Unterschied zwischen Ursache und Wirkung, auf den sich Carnot bezieht, hängt beispielsweise damit zusammen, daß die Kraft in einem Menschen oder in einem Tier liegt und die Wirkung in der Maschine, die von dem einen oder von dem anderen in Bewegung gesetzt wird. Diesen Unterschied will er dadurch eliminieren, daß er die Kraft mit der Quantität der Bewegung gleichsetzt, die in dem bewegten Körper selbst auftritt. Diese Quantität der Bewegung, wie sich dem Text entnehmen läßt, wird jedoch als von der wirkenden Kraft verursacht angesehen.[85] Daraus erhellt, daß die verursachende Kraft als immer weiter bestehend angenommen wird. Da diese Kräfte als die wirklichen Bewegungserzeuger betrachtet werden, sie werden bezeichnenderweise „erste Ursachen" genannt, besteht der Lösungsvorschlag von Carnot darin, sie in der Theorie zu vermeiden. Das entspricht, wie er auch selbst sagt, letztlich dem Verfahren, seine Art der

---

Zu Beginn des zweitens Teils heißt es wieder: „[A]insi que nous l'avons déjà observé, on ne considère, en mécanique, aucune force qui ne réside effectivement dans les corps, c'est-à-dire, qui ne soit réellement une quantité de mouvement déjà produite" (S. 108).

[85] Dies läßt sich nicht nur aus den Zitaten der letzten Anmerkung, sondern auch aus mehreren Stellen im Werk entnehmen, wie zum Beispiel:
- „Les agens qui font mouvoir cette machine, se trouvant d'abord un peu au-dessus des forces résistantes, font naître un petit mouvement qui s'accélère ensuite peu à peu" (S. 241);
- „La même chose arrive lorsque les forces mouvantes sont des hommes, des animaux ou autres agens de cette nature: dans les premiers instans, le moteur est un peu au-dessus de la résistance; de-là naît un petit mouvement qui s'accélère peu à peu, par les coups répétés de la force mouvante" (S. 243);
- „[I]l s'agit de faire naître dans le système un mouvement quelconque" (S. 260).
Der Ausdruck ‚force fait naître un mouvement' weist eindeutig auf eine erzeugende oder verursachende Kraft hin. Darauf verweisen auch andere Ausdrücke wie beispielsweise ‚force appliquée':
- „[…] en substituant aux forces passives exercées par les obstacles, des forces actives comme celles qui sont appliquées à la machine" (S. 204);
- „[…] la recherche du rapport particulier qui existe entre les forces qui sont en effet extérieurement appliquées à la machine" (S. 227).

Theorieaufstellung für die Mechanik zu übernehmen bzw. sie in seinem Sinn als die Theorie der Bewegungen anzusehen.[86]

Schlußbemerkung

Carnot hat als Problem des Kraftbegriffes gesehen, daß die Ursache der Bewegung nicht bestimmbar ist, d.h., daß es uns nicht gelingt zu wissen, was in der Natur dem Begriff der Kraft entspricht. Er nimmt jedoch immer noch an, daß ein Verursacher der Bewegung existiert. Als Lösung schlägt er vor, die mechanische Theorie ohne die Ursache aufzustellen, wofür er dann einen eigenen Begriff der Kraft formuliert. Dadurch würde das Problem nicht gelöst, jedoch die Mechanik nicht gestört.

I. § 6 Saint-Venants *Prinzipien*

Die *Principes de Mécanique fondés sur la Cinématique* von 1851 sind folgendermaßen gegliedert: Kinematik (Kap. 2.–3.), Dynamik (Kap. 4.–7.), Statik (Kap. 8.). Die Bewegung, mit der sich die Mechanik befasse, wie es im 1. Kapitel heißt, wird in der Kinematik „rein geometrisch" und erst in der Dynamik physikalisch betrachtet. Hier werden die Umstände der Bewegungen beachtet, und in diesem Zusammenhang ist auch von „physikalischen Gesetzen der Bewegung" die Rede. Die Statik wird als ein spezieller Fall der Dynamik dargestellt.

In der kurzen Vorführung der Dynamik im 1. Kapitel wird gesagt, die physikalischen Gesetze der Bewegung ließen sich auf ein allgemeines Gesetz reduzieren, in welchem von Kräften keine Rede sei. Im Laufe der Kinematik, in welcher die Kraft kein Thema bildet, läßt sich aus mehreren Anmerkungen zum Text auch entnehmen, daß die Kraft etwas Negatives

---

[86] „La mécanique ne remonte pas jusqu'aux causes premières qui produisent le mouvement; elle n'examine pas comment la volonté de l'homme ou de l'animal fait sortir ses membres du repos, ou les y ramène spontanément: elle ne voit que le fait qui en résulte, ne considère que le mouvement déjà produit, et son objet est uniquement de rechercher comment ce mouvement une fois imprimé, se conserve, se propage ou se modifie" (S. 33).

In der Einleitung liest man: „Si l'on prend le parti de ne point distinguer la cause de l'effet, [...] on revient précisément à la seconde manière d'envisager la question, c'est-à-dire, qu'alors la mécanique n'est plus autre chose que la théorie des lois de la communication des mouvemens" (S. xii–xiii).

und zu Vermeidendes ist.[87] Im Rahmen der Dynamik wird dann darauf hingewiesen, daß aufgrund der Reihenfolge Kinematik-Dynamik Probleme beseitigt werden, die bei der Reihenfolge Statik-Dynamik auftreten, wobei es sich um Probleme handelt, die die Kraft betreffen. Die Strukturierung des Werks bzw. die vorgenommene Theorieaufstellung hängt also mit dem Vorhaben zusammen, das Kraft-Problem zu überwinden.[88] Im folgenden werden wir sehen, worin das Problem liegt und welche Lösung dafür ausgearbeitet wurde.

ZUM KRAFTBEGRIFF

Nach der Darstellung der Definition der Kraft in den *Prinzipien* bemerkt der Verfasser, daß er sich mit der Beziehung Kraft und Ursache nicht beschäftige und daß in bezug auf die genannten lebendigen Kräfte kein metaphysischer Sinn berücksichtigt werde.[89] Die Kräfte seien darüber hinaus

---

[87] Es handelt sich um die Anmerkungen zu den Paragraphen 10, 25, 35, 67 (die 3.). Hier heißt es etwa:
- „[O]n n'envisage plus guère ces choses occultes. Nous rappelons cependant l'opinion ancienne parceque nous aurons à faire une remarque du même genre relativement aux *forces*" (§ 10);
- „On appelait encore, il y a peu de temps, cette quantité *force accélératrice*, toujours au point de vue de la physique des anciens, qui s' occupait de causes plutôt que de faits & de leurs lois" (§ 25).

[88] Aus einem Artikel von 1845 geht ebenfalls klar hervor, daß die Probleme der Mechanik im Grunde auf den Begriff der Kraft zurückzuführen sind: „Mais les sommes, les différences et les différentielles géométriques ne servent pas seulement à abréger les démonstrations et les recherches. Elles peuvent servir, encore, si l'on veut, à exposer la Mécanique et à résoudre tous ses problèmes en ne faisant entrer, dans les raisonnements et les calculs, que ce que d'Alembert, Carnot et d'autres géomètres voyaient uniquement dans cette science, savoir, des combinaisons d'espace et de temps, sans parler aucunement des forces, ces causes efficientes de mouvement sur lesquelles on a tant disputé, et dont un certain nombre d'esprits positifs désapprouve l'intervention dans une science toute de faits" (S. 623f.).

[89] „A notre point de vue tout pratique, nous ne nous arrêterons pas à discuter si les masses ont quelque rapport avec les *quantités de matière* des divers corps hétérogènes, et, les forces, définies, comme ci-dessus, avec les *causes efficientes des mouvemens* qu'ils prennent, pas plus que nous ne rechercherons s'il y a quelque sens métaphysique à attacher, comme on le faisait, il y a moins d'un siècle, à ces autres produits appelés *forces vives*" (§ 82).

durch ihre Wirkungen zu betrachten,[90] und falls bei der Anwendung Schwierigkeiten auftreten würden, sollten sie von einem mathematischen Gesichtspunkt aus betrachtet werden, die Probleme würden auf diese Weise verschwinden.[91] Das Problem liegt also für Saint-Venant darin, daß die Kraft als Ursache aufgefaßt wird. Die hierfür vorgeschlagene Lösung tritt im Rahmen einer mechanischen Theorie auf, welche deshalb, und soweit es für den vorliegenden Zweck von Nutzen ist, in Betracht gezogen wird.

Zu Beginn des dynamischen Teils wird darauf hingewiesen, daß zur Erkenntnis der physikalischen Gesetze der Bewegungen, womit sich ja die Dynamik befaßt, nur die Beobachtung und die Ausarbeitung der sich hieraus ergebenden Resultate durch Induktion führen könne.[92] Ebenfalls auf die Erfahrung werden zwei Angaben zurückgeführt, die bei der Entwicklung der Theorie von Bedeutung sind: zum einen die Veränderungen der Geschwindigkeiten bei Zusammenstößen, die nach dem Motto eingeführt werden, die Erfahrung weise sie nach, und zum anderen die Zahlen, die hiermit verbunden sind und die sich als Charakteristikum für die zusammenstoßenden Körper erweisen.[93] Man kann also folgern, daß – erkenntnis-

---

[90] „[A]u fond, nous n'attacherons jamais, au mot de force, pas plus qu'à celui de vitesse, d'autre signification que celle des *effets* qui leur sont attribués, ainsi que des circonstances dans lesquelles se produisent ces effets, constamment évalués, pour la force, par des produits de masses & d'accélérations" (§ 82).

[91] „Lors donc que l'esprit éprouvera quelque embarras à saisir la relation qu'il peut y avoir entre des *forces* et des accélérations, il faudra simplement de rappeler que les forces, envisagées mathématiquement, ne sont que des accélérations multipliées par les coefficiens numériques appelés masses. Toute difficulté cessera et l'application pratique se fera sans hésitation, ce qui n'a pas lieu lorsqu'on expose la science en commençant par la statique traitée comme une sorte de science de causes ou de tendances, combinées et comparées entr'elles, indépendamment de tout mouvement" (§ 82).

[92] „Nous devons maintenant étudier les lois *physiques* du mouvement, ou chercher à connaitre les circonstances matérielles dans lesquelles tel ou tel mouvement s'engendre: car une loi ne règle l'arrivée d'un fait qu'en spécifiant les circonstances dans lesquelles il se produit constamment.
L'observation peut seule, avec l'induction qui en systématise les résultats, nous conduire à cette connaissance" (§ 74).

[93] „L'observation prouve encore que lorsqu'un corps heurte un autre corps, sa vitesse change en même temps que la vitesse de celui-ci, de manière que leurs *gains* de vitesse ont des sens toujours opposés; si, par exemple, ils marchent sur la même ligne avant comme après le choc, la vitesse du corps choquant a diminué de grandeur pendant que

theoretisch – Wert gelegt wird auf das, was beobachtbar ist. Die Theorie geht allerdings von einem Satz aus, welcher sich durch Hinweise auf die Erfahrung nicht gewinnen läßt.

Der Grundsatz der *Prinzipien*, von dem die Mechanik abgeleitet werde[94] und der allgemeines Gesetz genannt wird, lautet folgendermaßen:

> *„Les corps se meuvent comme des systêmes de points ayant à chaque instant, dans l'espace, des accélérations dont les composantes géométriques, dirigées suivant leurs lignes de jonction deux à deux, et variables avec les grandeurs de ces lignes, mais non avec les vitesses des points, sont constamment égales et opposées pour les deux points dont chaque ligne mesure la distance"* (§ 78).

Die Beschleunigung ist eine meßbare Größe und wird daher durch die Erfahrung gewonnen. Diejenigen Beschleunigungen, von denen im Satz die Rede ist, werden jedoch auf das zurückgeführt, was sich nicht beobachten läßt. Die Körper werden hier ja als Systeme von elementaren Punkten („points élémentaires") gedacht;[95] was darin präzisiert wird, betrifft die Richtung und die Größe der genannten geometrischen Komponenten der Beschleunigungen dieser Punkte: Sie haben die Richtung der Linien, die je

---

celle du corps choqué a augmenté, d'où il suit que les gains, entendus dans l'acception générale de l'article 6, sont de sens contraires" (§ 76).

„Si, par exemple, dans le choc de A et de A' les vitesses gagnées opposées ont été entre elles comme 1 pour A et comme 2 pour A', et si, dans le choc de A et de A" elles ont été respectivement comme 1 et 3, elles seront comme 2 est à 3, et non autrement, dans le choc de A' et de A'" (§ 77).

[94] „Nous admettrons donc cette loi, d'ailleurs conforme à tous les autres faits observés jusqu'à présent, comme régissant tous les phénomènes de mouvement et nous en déduirons, toute la mécanique générale" (§ 80).

[95] Saint-Venant unterscheidet zwischen materiellen Punkten, Körpern von sehr kleiner Masse, und den elementaren Punkten, von denen im allgemeinen Gesetz die Rede ist: „[O]n considère aussi, en mécanique, des points matériels qui ne sont que des corps extrêmement petits, pouvant avoir des masses inégales, et dont chacun peut être regardé comme comprenant plusieurs des points élémentaires dont il est question dans la loi générale du n° 78" (§ 83).

Hier wird nicht gesagt, der materielle Punkt schließe mehrere elementare Punkte ein, sondern er könne so betrachtet werden, was darauf hinweist, daß sie vorausgesetzt werden; vgl. Anm. 98.

zwei Punkte miteinander verbinden, und ihre Größe hängt von den entsprechenden Abständen ab.

Zur Verdeutlichung stellen wir uns zwei Körper vor, wobei der eine aus einem elementaren Punkt und der andere aus zweien besteht. Bezeichnen wir durch A den elementaren Punkt des ersten Körpers und durch B_1 bzw. B_2 die Punkte des zweiten. Dem allgemeinen Gesetz nach seien die geometrischen Komponenten der Beschleunigungen jeweils zwei Punkten gleich und entgegengesetzt. Hieraus folgt also, daß die Beschleunigungen nach den Linien AB_1, AB_2 und B_1B_2, die die drei Punkte miteinander verbinden, zu betrachten sind. Darüber hinaus ergibt sich aus der Zusammensetzung der Komponenten als Resultante des ersten Körpers $R_A = AB_1 + AB_2$ und als Resultante des zweiten $R_B = B_1A + B_2A + B_1B_2 + B_2B_1$. Da aber nach dem Gesetz immer noch die Komponenten jeweils zweier Punkte gleich und entgegegengesetzt seien, folgt, daß $AB_1 = BB_1A$, $AB_2 = BB_2A$ und $B_1B_2 = BB_2B_1$ sind. Hieraus ergibt sich für die Resultanten, daß $R_A = AB_1 + AB_2 = BB_1A \, BB_2A = BR_B$ ist. Dies bedeutet also, daß die Resultanten der Komponenten der geometrischen Beschleunigungen der elementaren Punkte der Körper A und B gleich und entgegengesetzt sind. Die Resultanten drücken allerdings noch nicht die Beschleunigungen der Körper aus, hierfür muß die sogenannte durchschnittliche Beschleunigung herangezogen werden.

Darunter versteht man den n-ten Teil der Resultante der Beschleunigungen der *n* Punkte eines Systems.[96] Sie entspreche der Beschleunigung des Schwerpunktes eines Körpers, so der Verfasser. Durch sie wird also die Beschleunigung eines Körpers ausgedrückt. In bezug auf das angeführte Beispiel ergibt sich aus der Definition, daß die durchschnittliche Beschleunigung von A gleich R_A ist und die von B gleich $R_B/2$, da A aus einem und B aus zwei Punkten besteht.[97] Infolgedessen und aus der Beziehung der Re-

---

[96] „*Leur accélération moyenne est la $n^{ième}$ partie de la résultante de leurs accélérations*" (§ 43).

[97] „Les vitesses moyennes dépendent des *accélérations moyennes* qui ne sont autre chose (N° 43), pour chacun des deux corps A, A', que les résultantes des accélérations de tous les points, divisées par le nombre de ces points. [...] Soient donc n et n' les nombres des points de ces deux corps, nous aurons pour leurs accélérations moyennes:

$$\frac{R}{n}, \ \frac{R}{n'} \text{ " (§ 79).}$$

sultanten zueinander folgt, daß die Beschleunigung des Körpers A die doppelte von der des Körpers B ist: $a_B = -\frac{1}{2} a_A$.

Dieses Verhältnis der Beschleunigungen der Körper beruht jedoch auf der Kenntnis der elementaren Punkte. Da aber keine Methode angegeben wird, wie sie bei greifbaren Körpern zu zählen oder einzuschätzen sind (sie werden einfach vorausgesetzt), ist das obige Verfahren nicht brauchbar, wenn es sich um Körper der Erfahrung handelt. Hierfür wird der Begriff der Masse herangezogen.

Bevor aber Saint-Venant eine Definition der Masse gibt, stellt er eine Verbindung zwischen Masse und der Anzahl der elementaren Punkte eines Körpers her: Massen nenne er die Zahlen, die der Anzahl der elementaren Punkte, die in einem Körper vorausgesetzt werden, proportional seien.[98] Hieraus folgt dann, daß die Masse des Körpers B doppelt so groß wie die Masse des Körpers A ist. Da aber dieses Verhältnis ebenfalls auf der Kenntnis der elementaren Punkte beruht, kann man die Masse der greifbaren Körper nicht durch die erwähnte Proportionalität erhalten. Hierzu wird in der Definition der Masse eine Meßmethode angegeben.

Die Masse wird folgendermaßen definiert:

„La masse d'un corps est le rapport de deux nombres exprimant combien de fois ce corps et un autre corps choisi arbitrairement et constamment le même, contiennent de parties qui, étant séparées et heurtées deux à deux l'une contre l'autre se communiquent, par le choc, des vitesses opposées égales" (§ 81).

Die Definition gibt an, was unter Körpern von gleicher Masse zu verstehen ist: Sie seien diejenigen, die beim Zusammenstoß eine gleiche und entgegengesetzte Veränderung der Geschwindigkeit erzeugen. Diese Methode wird auch zur Bestimmung der Masse eines Körpers angeführt, wenn auch ihre Durchführung eine andere ist.

---

[98] „On donne le nom de *Masses* à des nombres proportionnels à ceux des points élémentaires qu'il faut supposer dans les corps, comparativement les uns aux autres, pour expliquer leurs divers mouvemens par cette loi [la loi générale], conformément à son énoncé" (§ 81).

Die Masse eines Körpers sei durch die Veränderungen der Geschwindigkeiten zu bestimmen, die sich aus dem Zusammenstoß desselben mit dem Körper ergebe, der als Einheit gewählt werde.[99] Der Wert für die Masse besteht also in dem Verhältnis der Änderung der Geschwindigkeit des zweiten Körpers zu der des ersten. Symbolisch ausgedrückt gilt dann

$$\frac{|\Delta V_e|}{|\Delta V_A|} = m_A,$$

wobei $\cap V_e$ und $\cap V_A$ die Veränderung der Geschwindigkeit des als Einheit gewählten Körpers bzw. diejenige des Körpers, dessen Masse zu messen ist, darstellen.

Diese Meßmethode erfolgt nicht logisch aus dem in der Massedefinition angegebenen Meßverfahren, denn sie setzt die Proportionalität von elementaren Punkten und Masse und zudem die Abhängigkeit der Beschleunigung eines Körpers von der jeweiligen Anzahl der elementaren Punkte voraus.[100] In der Praxis sei die Durchführung dieses Meßverfahrens schwierig, so Saint-Venant, der daher und aufgrund der Proportionalität von Gewicht und Masse das Wiegen zur Bestimmung der Massen der Körper empfiehlt.[101] Dieses Verfahren setzt jedoch die Kraft voraus und wird auch erst nach deren Einführung angegeben.

Die Definition der Kraft lautet folgendermaßen:

„La force ou l'action attractive ou répulsive d'un corps sur un autre est une ligne ayant pour grandeur le produit de la masse de celui ci

---

[99] „Pour avoir la grandeur de la masse d'un corps quelconque on n'a qu'à le faire heurter avec le corps choisi arbitrairement (N° 81) pour terme de comparaison et dont la masse est prise pour unité. Le rapport de la vitesse gagnée par ce dernier corps à la vitesse gagnée par le premier, donnera la masse de celui-ci" (§ 88).

[100] „[C]ar, d'après le n° 45 ou le 3° du n° 79, les accélérations et par suite les vitesses opposées communiquées par le choc sont en raison inverse des nombres des points des corps et, par suite, des masses" (§ 88).
In der letzten Schlußfolgerung („et, par suite, des masses") wird die Proportionalität von elementaren Punkten und Masse eines Körpers vorausgesetzt.

[101] „Mais on peut, en général, se dispenser de ces mesurages de vitesse et d'accélération, qui sont délicates et difficiles, et estimer promptement les masses [...] par le *pesage*" (§ 88);
„*Les poids des corps sont, comme l'on voit [P=mg], en un même lieu, proportionells aux masses*" (§ 89).

*par l'accélération moyenne de ses points vers ceux du premier et pour
direction celle de cette accélération"* (§ 81).

Dieser Satz beginnt mit einer Angabe physikalischer Natur, der Einwirkung
eines Körpers auf einen anderen, welche aber nicht geklärt, sondern statt
dessen in mathematischer bzw. geometrischer Sprache ausgedrückt wird:
die Kraft sei eine Strecke. Dadurch aber erhält man die Grundgleichung der
Mechanik, wozu es hinreicht, das im Satz ausgesprochene Produkt mit mathematischen Symbolen auszudrücken. Dabei ist die durchschnittliche Beschleunigung als die Beschleunigung des Körpers bzw. seines Schwerpunktes zu betrachten, damit sie durch die Erfahrung gewonnen werden kann.[102]
Was die Praxis betrifft, wird aus demselben Grund wie zuvor hinsichtlich
der Masse der Vergleich der einzuschätzenden Kräfte mit der Schwere
empfohlen.[103]

Durch die Kraftdefinition erhält man also einen Grundbestandteil der
Mechanik, namentlich ihre Grundgleichung. Aufgrund desselben Satzes
und der vorausgesetzten Reziprozität des Wirkens der Körper aufeinander
wird der Satz der Gleichheit von Wirkung und Gegenwirkung erlangt.[104]

---

[102] „Si donc F est la force, *m* la masse, j l'accélération moyenne des points du corps que
l'on considère, ou *l'accélération de son centre de gravité*, on a cette relation générale:
$$F = mj$$
ou bien, *v* étant la vitesse élémentaire gagnée par ce centre pendant un temps infini-
ment petit t:
$$F = m\frac{v}{t}.$$
La force F peut n'agir sensiblement que sur une partie des points du corps, l'équation
a toujours lieu" (§ 83).

[103] „Pour avoir la grandeur d'une force qui agit sur un corps, on n'a, suivant la définition,
qu'à multiplier la masse du corps par l'accélération communiquée [...].
Mais on peut, en général, se dispenser de ces mesurages de vitesse et d'accélération,
qui sont délicates et difficiles, et estimer promptement les masses et les forces par le
pesage" (§ 88).

[104] In dem schon erwähnten Artikel von 1845 (Anm. 88) werden die Grundgleichung der
Mechanik und der Satz der Gleichheit von Wirkung und Gegenwirkung als Grundlagen der Mechanik betrachtet, d.h., zu der Gleichung liest man beispielsweise: „Et toute la mécanique d'un point matériel est renfermée dans l'équation [...]" (S. 622); und
der Satz von Aktion und Reaktion wird als „La seconde loi générale de la Mécanique"
(S. 624) bezeichnet.

58

Wie dieser entsteht, läßt sich leicht anhand des angeführten Beispiels zeigen.

Wenn wir gemäß der Kraftdefinition die Ausdrücke für die Kräfte der beiden Körper hinschreiben, $F_A = m_A a_A$ bzw. $F_B = m_B a_B$, und die Verhältnisse der Massen, $m_B = 2 m_A$, und die der Beschleunigungen berücksichtigen, $a_B = B\frac{1}{2} a_A$, dann folgt, daß $F_B = m_B a_B = 2 m_A (B\frac{1}{2} a_A) = BF_A$ ist.[105] Die Kräfte sind somit gleich und entgegengesetzt, was in Übereinstimmung mit dem Satz der Aktion und Reaktion steht.[106]

Die Kraft wird zu Beginn des V. Kapitels definiert und bei der weiteren Entwicklung der Theorie verwendet. Meistens tritt der Begriff in Verbindung mit „wirken" auf, und zwar in Ausdrücken wie „Kräfte wirken" oder „wirkende Kräfte".[107] Im Zusammenhang mit physikalischen Umständen ist zugleich von antreibenden, angewandten, ausgeübten Kräften oder vom Einfluß der Kräfte die Rede.[108] Der Gebrauch des Kraftbegriffs führt daher

---

[105] Diese Verhältnisse haben wir aufgrund der Anzahl der elementaren Punkte aufgestellt. Dadurch aber, daß die Anzahl der elementaren Punkte und die Masse eines Körpers als proportional vorausgesetzt werden und die durchschnittliche Beschleunigung der Beschleunigung eines Körpers entspricht, gelten die durch die Vorstellung mit elementaren Punkten erlangten Verhältnisse.

[106] „Si m et m' sont les masses des deux corps, $j_{mm'}$ et $j_{m'm}$ leurs accélérations moyennes l'un vers l'autre & $F_{mm'}$ leur action mutuelle, on a, ainsi:

$$F_{mm'} = m\, j_{mm'} = m'\, j_{m'm}$$

en sorte que ce principe de l'*égalité et de l'opposition constante de la réaction à l'action* revient à la réciprocité, démontrée au n° 45 ainsi qu'au 3° du n° 79, des nombres des points des corps, et par conséquent de leurs masses, aux accélérations opposées qu'ils se communiquent mutuellement lors de leur action par choc ou autrement" (§ 84).

[107] Siehe §§ 83, 85, 86, 93, 97, 98, 100, 103, 109, 116, 119, 120, 129, 138, 145, 157, 159, 161, 163, 164, 166, 167, 168, 171, 172, 173, 174, 175, 178, 179, 184, 185. Es handelt sich um Ausdrücke wie z.B.:
- „l'accélération g qu'ils [les poids] donnent aux masses sur lesquelles ils agissent" (§ 93);
- „Si les forces agissant sur le systême se font équilibre [...]" (§ 119).

[108] Kraft, mithin „force" bzw. „puissance", tritt in Verbindung mit den folgenden Verben auf:
- „solliciter", §§ 97, 120, 159, 169, 172;
- „appliquer", §§ 168, 169, 185;
- „exercer", §§ 144, 179, 185.

zu der Vorstellung, daß die Kraft etwas erzeugt oder verursacht, mithin zu der Auffassung der Kraft als Ursache. Saint-Venant ist sich der Diskrepanz bewußt, die zwischen seiner Definition und seiner Anwendung des Begriffs besteht, denn es gibt eine Stelle im Werk, in welcher einige der verwendeten Ausdrücke, die die als problematisch betrachtete Auffassung der Kraft voraussetzen bzw. zu ihr führen, in die Ausdrucksweise übertragen werden, die mit seiner Definition der Kraft im Einklang steht.[109]

Schlußbemerkung

Saint-Venants Lösungsvorschlag für das Kraft-Problem besteht in der Angabe einer Methode zur Messung der Masse und folglich in der Definition der Kraft als Produkt zweier meßbarer Größen, Masse und Beschleunigung. Dadurch wird aus der Kraft ein mathematischer Begriff gemacht. Dies stimmt jedoch nicht mit der Interpretation der Phänomene anhand des Begriffes überein, da die Kraft hier traditionelle Verwendung findet, mithin als Ursache der Bewegung oder deren Veränderung vorausgesetzt wird.

I. § 7 Reechs *Mechanik*

Der *Cours de mécanique d'après la nature généralement flexible et élastique des corps*, 1852 veröffentlicht, besteht aus zwei in konzeptioneller

---

Es werden ebenfalls Ausdrücke verwendet wie ‚sous l'influence de forces‘ (§§ 157, 162), ‚sous l'action de forces‘ (§§ 87, 167), ‚point matériel‘ bzw. ‚corps solide soumis à des forces‘ (§§ 118, 174).

[109] „La dénomination de force ou d'action vient du sentiment de l'effort que nous exerçons lorsque nous voulons imprimer une accélération à un corps et de ce que, dans le langage commun, l'on attribue métaphoriquement une activité analogue à celle de l'homme, aux autres êtres, même inanimés, dans la direction desquels l'on voit des corps prendre un mouvement. Pour nous conformer à cette manière de parler qui a passé dans la science, nous dirons quelque fois qu'un corps A est *sollicité* par une force de grandeur F, émanant d'un autre corps B, et qui, en *agissant* sur A dans une certaine direction, produit une accélération j ou *donne* à A une vitesse *jt* dans le temps t. Mais, par là, nous voudrons dire simplement que les points du corps A ont, vers ceux du corps B, des composantes d'accélération dont *la moyenne* a une certaine direction et une grandeur qui, multipliée par la masse *m* de A, donne un produit *mj* égal à F. Nous dirons que nous *appliquons* une force F à un corps A dans une certaine direction: cela signifiera que nous plaçons un ou plusieurs autres corps animés ou inanimés dans des situations ou dans un état physique tels que les accélérations des points de A vers leurs points aient une moyenne qui, multipliée par la masse de A, donne F" (§ 82).

Hinsicht entgegengesetzten Teilen: Der erste wird als angebliche Mechanik bezeichnet, während der zweite als echte Mechanik präsentiert wird.[110] Diese ungewöhnliche Zusammensetzung hängt mit einer Reform der *École Polytechnique* zusammen, zu welcher der Verfasser Stellung nahm. Gegen die Auffassung der Reform, nach der die Statik als Folge der Dynamik auftrete, vertritt Reech die These, die Dynamik sei auf die Statik zurückzuführen, und in Übereinstimmung hiermit entwickelt er den zweiten Teil. Der Kern der Auseinandersetzung wie auch der Entwicklung der Theorie liegt im Begriff der Kraft, denn zum einen führt er die in der Reform vertretene Auffassung auf einen fehlerhaften Begriff der Kraft zurück, und zum anderen schlägt er im zweiten Teil des Werkes einen eigenen Begriff vor, von welchem die mechanische Konzeption geprägt wird.

ZUM KRAFTBEGRIFF

Betrachten wir zuerst die Hauptpunkte der Kritik Reechs am Begriff der Kraft. Die Definition der Kraft als eine bzw. irgendeine Ursache der Bewegung ist seiner Auffassung nach als Begriff zu unbestimmt, um der Mechanik vorangestellt zu werden.[111] Im Gegensatz zu „irgendeiner Ursache" legt er einen spezifizierten Begriff der Kraft vor, und zwar dergestalt, daß er zu dem möglichen Einwand, die Kraft sei zu spezifiziert, im voraus Stellung nimmt. Ebenso kritisiert er, daß der Kraftbegriff der Mechanik dem Laien unzugänglich sei.[112] Daher schlägt er einen sogar dem Laien verständlichen

---

[110] Die Teile werden folgendermaßen betitelt, der erste: „D'une prétendue science mécanique, qui n'est que de la géométrie ou de la cinématique, combinée avec une idée imparfaite du mot masse, et complétée par différentes hypothèses" (S. 1); und der zweite: „De la vraie science mécanique" (S. 35).

[111] „La première de ces [mauvaises] définitions est celle qui consiste à dire que la force est une cause quelconque de mouvement.
Cet énoncé est trop vague pour le début, et ne saurait même être entendu, comme une conséquence ultérieure de la science, qu'au point de vue restrictif et inverse, qui consisterait à dire: toute cause de changement de mouvement équivaudra à une certaine force.
Car une science mathématique, non spéculative mais réelle, ne saurait être établie qu'avec des quantités mesurables et parfaitement déterminées" (S. I).

[112] „Mais par quel étrange revirement a-t-on abandonné ensuite cette idée si naturelle et si vraie de la force, pour lui substituer une quantité tout autre, le produit d'une masse par une vitesse, dès l'instant qu'il s'est agi de faire la science? [...]

Begriff vor. Die Einschätzung bzw. Messung der Kraft kritisiert er auch und zwar, daß die Kraft durch die „geometrisch evidente Wirkung" eingeschätzt werde, d.h. aufgrund eines Vergleichs zwischen der reellen, von dem Körper ausgeführten Bewegung und einer anderen, für den Zweck hinzugenommenen Bewegung.[113] In der klassischen Theorie dient dazu die im Trägheitsgesetz angegebene Bewegung. Das Gesetz wird jedoch nicht für die Kritik herangezogen, diese tritt vielmehr im folgenden Kontext auf.

Wenn wir die Bewegung eines Körpers beobachten und feststellen würden, daß sie eine regelmäßige sei, würden wir uns nicht, so Reech, um die Kraft kümmern.[114] Wenn wir die Gelegenheit hätten, auf den Körper einzuwirken und dessen Bewegung zu verändern, dann, so fährt er fort, tauche die Idee der Kraft als Ursache der Bewegung auf.[115] Wenn jene Veränderung nicht direkt vorgenommen werde, sondern in der Art, wie es mit den von ihm genannten mysteriös wirkenden Kräften geschehe, wofür als Beispiel die Schwere, die Elektrizität und der Magnetismus angeführt werden, dann bleibe nichts übrig, als die Kraft durch den Vergleich mit der zu

---

Le sentiment expérimental de l'homme dit pression ou traction, là où une science incomplète nous dit, de prime abord, quantité de mouvement ou produit d'une masse par une vitesse" (S. III–IV).

[113] „Or, l'effet géométriquement évident d'une force dans le mouvement d'un point, ce sera le changement de la trajectoire ou bien le changement de la vitesse du point" (S. 22).

[114] „Quand un point se mouvra d'une certaine manière déterminée par rapport à trois axes rectangulaires des x, y, z, et que ce point nous apparaîtra comme entièrement libre dans l'espace, tel, par exemple, que les corps célestes, notre première idée pourra être de considérer le mouvement observé comme une des manières d'être du point mobile, et il n'y aura pas lieu, alors, de se préoccuper de la force ou cause du mouvement.
[...]
Quand on imaginera un nombre quelconque de points mobiles dans l'espace avec la condition restrictive que ces points ne se rencontreront pas, et que nos organes ne pourront ni les saisir, ni apprécier aucune sorte de liaison ou d'obstacle matériellement interposé, la question sera manifestement encore la même, et il n'y aura pas d'avantage à se préoccuper de la force" (S. 21f.).

[115] „Supposons, maintenant, qu'à partir d'un instant donné t, nous ayons la faculté de faire changer le mouvement d'un des points en question, alors cette faculté sera une cause de changement de mouvement, et nous aurons pour la première fois une idée de la force" (S. 22).

Beginn beobachteten Bewegung des Körpers einzuschätzen.[116] Dies kritisiert er, da die Bedeutung des Begriffs der Kraft in diesem Fall relativ sei. Im Gegensatz hierzu schlägt er ein Messungsverfahren vor, durch welches die Kraft eine „reelle absolute Quantität" werde. Gehen wir damit zu seiner Auffassung der Kraft über.

Reech greift auf die sinnliche Erfahrung zurück, um den Begriff der Kraft zu begründen. Die Kraft sei eine der Hauptideen, die in uns die sinnliche Erfahrung erwecke. Die Sinneswahrnehmungen erweckten in uns die Idee der Existenz der Körper, ihrer Formen und der Eigenschaften des Raumes, die der Bewegung und der Zeit und darüber hinaus die Idee einer gewissen Quantität, so fährt er fort, Druck oder Zug genannt, die die Ursache der Veränderung der Bewegungen der berührten Körper sei. Dies sei seiner Auffassung nach die einzige und wahre Idee der Kraft, die wir uns machen sollten.[117] In Übereinstimmung mit dieser These wird die Kraft definiert bzw. ihre Bedeutung festgesetzt und ein Meßverfahren angegeben, welches ebenfalls nur Druck oder Zug einbezieht. Ferner wird die Konzeption für die Fälle verallgemeinert, bei denen, wie z.B. bei den Himmelsbewegungen, eine Empfindung der angegebenen Art nicht möglich ist. Im folgenden werden wir jeden dieser Aspekte betrachten.

---

[116] „Admettons encore que, par une telle faculté de changement de mouvement, il nous soit donné d'agir à distance sur un point mobile, à la manière des causes électriques ou magnétiques, et particulièrement à la manière des causes de la pesanteur, qui nous servent à modifier les mouvements des corps à la surface de la terre, sans que nos organes puissent nous faire saisir quelque liaison matériellement interposée entre le point mobile et la cause mystérieusement agissante sur ce mobile.
Alors il est clair que nous ne saurons avoir aucune idée a priori de la force, et que nous serons réduits à ne considérer que l'effet géométriquement évident d'une force dans un mouvement donné" (S. 22).

[117] „La seule et véritable idée que nous devions nous faire de la force, c'est celle que nous acquérons quand, à l'aide de nos organes, nous cherchons à modifier l'état de repos ou de mouvement des corps qui nous environnent.
Nous éprouvons alors des sensations qui éveillent en nous plusieurs idées fondamentales: d'abord celle de l'existence des corps, puis celle de la forme des corps et des propriétés de l'espace, puis celle du mouvement et du temps, puis encore celle d'une certaine quantité que nous nommons une *pression* ou une *traction*.
Cette quantité est une cause de mouvement ou plutôt une cause de changement de mouvement pour les parties des corps que nous rencontrons à l'aide de nos organes" (S. 37).

Zu Beginn der Statik, der ersten Sektion des zweiten Teils des Werkes, wird angegeben, was unter Kraft zu verstehen ist: „Par le mot *force*, on ne doit entendre que les *pressions* ou *tractions* que nous pouvons faire à l'aide de nous organes, sur les corps qui nos environnent" (S. 57). Entsprechend wird das jeweilige Meßverfahren festgesetzt: Die Kraft wird durch einen elastischen Faden gemessen, dessen Ausdehnung proportional zur Intensität der Kraft betrachtet wird und dessen Richtung die Richtung der Kraft ergibt.[118] Ist der elastische Faden zugleich unflexibel, kann er nicht nur ausgedehnt, sondern auch zusammengedrückt werden. Ein solcher Faden würde die zwei Aspekte widerspiegeln, die die Konzeption der Kraft einschließt, Zug und Druck.[119] Mit dem vorgeschlagenen Meßverfahren tritt jedoch das sich aus dem Einfluß der Masse des Fadens bei der Messung der Kraft ergebende Problem auf. Dies wird mittels bestimmter Annahmen umgangen, wie wir im folgenden sehen werden.

Der Begriff der Masse bei Reech entstammt ebenfalls der Wahrnehmung, genauer gesagt, beruht er auf unserer sinnlichen Erfahrung mit Druck und Zug bei verschiedenen Körpern. Aufgrund solcher Erfahrungen würden wir, so Reech, dazu geführt, die Teile der Materie als äquivalent zu betrachten, die dieselbe Anstrengung erforderten, um dieselbe Veränderung der Bewegung zu erleiden. Hierin liege die Bedeutung des Begriffs der Masse.[120] Nun folgt daraus, daß der zur Kraftmessung verwendete Faden

---

[118] „La direction de la force sera celle du fil dans lequel elle résidera, et l'intensité de la force dépendra de l'allongement ainsi que de la nature du fil" (S. 46).

[119] „Pour avoir une pareille idée de la qualité liaison des corps au seul point de vue des forces de pression, c'est-à-dire dans un ordre exactement renversé, il nous suffira de concevoir une ligne droite élastique non flexible, et actuellement raccourcie par des causes quelconques de mouvement à ses deux extrémités" (S. 47).

[120] „Quand, au moyen de nos organes, nous agissons sur des corps entièrement libres, mais de grandes et de petites dimensions, ou sur des corps de différentes espèces à dimensions égales, nous ne réussissons à produire des changements égaux dans les mouvements préalablement identiques de ces corps qu'avec des forces très-inégales. Nous sommes donc conduits à penser que dans le pur mouvement de translation d'un corps à volume fini, la force totale devra augmenter comme le nombre des particules identiques dont le corps sera formé.
Nous sommes conduits encore à regarder comme équivalentes, en mécanique, des parcelles de matière de différentes espèces, dès l'instant qu'il nous faudra faire agir des forces égales sur ces parcelles pour leur faire subir des changements égaux dans

eine Masse besitzt, da ein Ziehen desselben eine gewisse Anstrengung erfordert. Reech vermeidet durch die folgende Strategie, diesem Körper eine Masse zuzuschreiben.

Wenn wir den mechanischen Zustand eines festen Körpers verändern, ihn in Bewegung setzen oder seine Bewegung abändern, stellen wir fest, daß die nicht berührten Teile des Körpers ebenfalls eine Veränderung erfahren. Aus dieser Erfahrung heraus erwürben wir, so Reech, die Idee der Verbindung.[121] Aufgrund dieser Idee und der vorherigen von der Masse schließt er, daß Materie bzw. Masse und Verbindung die zwei Qualitäten der Körper bilden. Unter ersterer versteht er das, was bei Störung des Zustandes Kraft verlange, und unter der zweiten das, was zur Übertragung der Kraft zwischen den miteinander verbundenen Punkten diene.[122] Reech sieht ein, daß es keine Verbindung ohne Masse gibt, sagt aber, man könne durch den Geist die Unterscheidung der beiden voneinander vornehmen.[123] Folg-

---

leurs mouvements, et par là nous comprenons de suite la signification du mot *masse"* (S. 38).

[121] „Quand nous faisons changer l'état de repos ou de mouvement d'une partie d'un corps, il arrive que les autres parties éprouvent des changements correspondants, et par là, nous acquérons l'idée de la qualité *liaison* des corps" (S. 58).

[122] „L'essentiel est que *nous devons regarder un corps à volume fini comme étant formé à la fois de matière et de liaison.*

La qualité matière ou masse comprendra toute chose indistinctement qui exigera de la force pour être dérangée de son état actuel de repos ou de mouvement, et la qualité liaison comprendra toute chose qui ne servira qu'à la transmission ou à la production même de la force entre les points auxquels elle aboutira" (S. 40).

In der Statik gibt er das folgendermaßen wieder: „*Les corps sont faits de matière et de liaison.*

La qualité matière ou masse comprendra toute chose qui, dans un corps entièrement libre, exigera de la force pour être dérangée de son état actuel de repos ou de mouvement.

La qualité liaison comprendra toute chose qui ne servira qu'à la transmission ou à la production même de la force entre les points auxquels elle aboutira" (S. 58).

[123] „Nos organes ne peuvent saisir, il est vrai, aucune liaison dépourvue de masse ni aucune masse dépourvue de liaison; mais nous sommes bien libres d'isoler parfaitement ces deux choses dans notre esprit, en appelant matière l'une et liaison l'autre.

Alors la qualité liaison n'aura plus aucune des propriétés de la masse, et la chose que nous devrons nous représenter, comme faisant une pareille qualité dans le volume d'un corps, deviendra complètement indifférente à se mouvoir d'une manière plutôt que d'une autre, c'est-à-dire qu'une telle chose suivra spontanément les parcelles de matière qu'elle servira à relier entre elles, en faisant de la force sur ces parcelles et en exigeant elle-même aucune force pour participer à leur mouvement" (S. 40).

lich schreibt er dem zur Messung verwendeten elastischen Faden nur die Qualität der Verbindung zu, und dementsprechend wird der Faden als massenlos angesehen.[124]

Der schon zu Beginn erwähnten These von Reech, die Dynamik sei durch die Statik zu begründen, liegt das angegebene Meßverfahren zugrunde. Das typische Bild der Statik, zwei Kräfte dehnen den elastischen Faden, wird auf die Dynamik dadurch übertragen, daß hier anhand eines gleichen Fadens von einem Gleichgewicht die Rede ist, und zwar zwischen den Trägheitskräften, die üblicherweise dem bewegten Körper zugeschrieben werden, und den anderen Kräften, welche je nach Fall einzubeziehen sind. Auf dieser Basis interpretiert er die Grundgleichung der Mechanik und betrachtet schließlich die Dynamik als durch die Statik begründet.[125]

Das bevorzugte Meßverfahren für die Kräfte führt jedoch zu einem Problem, welches nach Ansicht des Verfassers das einzige seiner Theorie sei. Es betrifft die Einordnung der Fälle in die Theorie, bei denen keine ausgedehnten Fäden bestehen, die zur Schätzung der Kräfte dienen könnten, wie es bei den Himmelsbewegungen der Fall ist.[126]

---

[124] „Par une abstraction de notre entendement, nous pouvons nous représenter un fil tendu, comme étant complétement dépourvu de sa qualité matière ou masse, et alors un pareil fil sera parfaitement indifférent à se mouvoir d'une manière plutôt que d'une autre, c'est-à-dire qu'un pareil fil suivra spontanément les corps ou obstacles, auxquels il se trouvera attaché, en faisant de la force aux points d'attache sur ces obstacles, et en n'exigeant aucune force pour participer à leur mouvement" (S. 59).

[125] „[L]a dynamique rentrera immanquablement dans la statique, quand on y concevra l'effet complexe de la masse et du changement de mouvement d'un point matériel supposé attaché à l'extrémité d'une ligne droite élastique, comme une simple force égale et contraire à celle de la droite élastique sur le point.
[...] La force que, de cette manière, nous aurons à mettre en lieu et place de la double qualité masse et changement de mouvement d'un point sur la droite élastique à laquelle le point se trouvera attaché, est ce qu'on nomme habituellement une *force d'inertie*, et par conséquent, au moyen de cette définition, la loi fondamentale de la dynamique se réduira toujours à un état d'équilibre entre les forces d'inertie et les autres forces d'un système" (S. 48).

[126] „[O]n voit qu'il nous faudra résoudre le problème qui consistera à trouver la relation de la force d'une ligne droite élastique avec l'effet géométriquement évident de cette force dans le mouvement d'un point matériel, ainsi qu'avec la masse du point, et que ce problème fera la seule et unique difficulté de la science de la dynamique" (S. 49).

In konzeptioneller Hinsicht löst er dieses Problem dadurch, daß er sich unsichtbare Verbindungen der Himmelskörper miteinander vorstellt, die denen ähnlich seien, die wir bei den uns umgebenden Körpern vorfänden. Hierdurch wird die Art und Weise, die Kraft zu konzipieren, verallgemeinert.[127] Die Konzeption bzw. die Vorstellung ist jedoch nicht hinreichend, denn, da die Fäden unsichtbar sind, stellt sich die Frage, wie die Kräfte gemessen werden können. Dazu sei es seiner Auffassung nach nötig, eine Konvention zu treffen, welche darin besteht, eine Bewegung auszuwählen, bezüglich deren durch Beobachtung festzustellen ist, ob Kräfte vorhanden sind, je nachdem ob ein Körper jene Bewegung ausführt oder nicht. Vom theoretischen Standpunkt aus sei es gleichgültig, so fährt er fort, welche Bewegung für diesen Zweck ausgewählt werde, aus praktischen Gründen, genauer gesagt, wegen der Einfachheit und der Übereinstimmung mit der üblichen Mechanik entscheidet er sich für die gleichförmige und geradlinige Bewegung. So tritt die im Trägheitsgesetz ausgesprochene Bewegung mit einer ähnlichen Funktion in der Theorie Reechs wieder auf, aber als Folge einer Konvention, was er als Vorteil seiner Dynamik ansieht.[128]

Infolge der getroffenen Auswahl nehmen dann die Gleichungen der Dynamik die gewöhnliche Form

$$X = m\frac{d^2 x}{dt^2}$$

---

[127] „[…] nous arriverions, à coup sûr, à l'idée la plus étonnante que nous puissions nous faire de l'univers, car il nous faudrait admettre que cette chose que nous avons nommée la qualité liaison, et dont l'existence nous est révélée matériellement à l'aide de nos organes dans les corps à volumes finis à la surface de la terre, s'étend encore invisiblement et mystérieusement entre les corps terrestres comme entre les corps célestes les plus distants les uns des autres" (S. 50).

[128] „[I]l y aura une convention à faire. Il s'agira de savoir quelle sorte de mouvement, rectiligne ou curviligne, uniforme ou varié, nous devrons admettre, comme étant celui d'un point matériel entièrement libre en apparence, et parce que nous aurons une entière latitude à cet égard, ainsi que nous l'avons déjà fait pressentir dans la dernière section de la première partie, avec le seul avantage ou inconvénient d'en voir résulter de plus ou moins grandes simplifications dans les relations mécaniques du système, nous serons conduits naturellement à faire servir à un tel usage l'état de mouvement rectiligne uniforme, et à rencontrer cette fameuse loi d'inertie de la matière, qui ne sera plus un principe ni un fait d'expérience, mais une pure convention, la plus simple de toutes celles parmi lesquelles nous nous trouverons obligés de choisir" (S. 49).

an, die, wie gesagt, als Ausdruck für das Gleichgewicht der effektiven Kräfte X, Y, Z und der Trägheitskräfte

$$X - m\frac{d^2x}{dt^2} = 0$$

interpretiert werden, wobei letztere also die Form

$$- m\frac{d^2x}{dt^2}$$

annehmen.[129]

Schlußbemerkung

Reech greift auf unsere muskuläre Anstrengung beim Ziehen und Drücken zurück, um die Kraft zu begreifen bzw. eine Konzeption derselben zu begründen. Dadurch wird jedoch der Konzeption eines physikalischen Begriffes, der Kraft, unsere Empfindung zugrunde gelegt. Das für die Kraft

---

[129] „Quand cette convention sera bien comprise, on aura les formules plus simples en apparence

$$X = m\frac{d^2x}{dt^2}$$

$$Y = m\frac{d^2y}{dt^2}$$

$$Z = m\frac{d^2z}{dt^2}$$

ou bien les formules équivalentes

$$X - m\frac{d^2x}{dt^2} = 0$$

$$Y - m\frac{d^2y}{dt^2} = 0$$

$$Z - m\frac{d^2z}{dt^2} = 0$$

qui exprimeront qu'il y a équilibre entre les forces X, Y, Z d'un ou plusieurs fils, et les forces d'inertie de la masse *m*, représentées à ce nouveau point de vue par les quantités

$$- m\frac{d^2x}{dt^2}, \quad - m\frac{d^2y}{dt^2}, \quad - m\frac{d^2z}{dt^2}$$ " (S. 174).

vorgeschlagene Meßverfahren steht in Übereinstimmung mit dieser Auffassung, insofern die Werte für die Kräfte grundsätzlich an der Ausdehnung oder am Zusammendrücken abzulesen sind. Das Meßverfahren ist jedoch nicht einwandfrei, wie sich aus den oben angesprochenen Schwierigkeiten schließen läßt.

I. § 8 Kirchhoffs *Mechanik*

Der erste Band der *Vorlesungen über mathematische Physik: Mechanik*, 1876 (^{2}1876, ^{3}1883, ^{4}1897) veröffentlicht, besteht aus einer Vorrede und 30 Vorlesungen, in denen die gängigen Themen eines Lehrbuches für Mechanik behandelt werden: die Bewegung materieller Punkte, starrer und deformierbarer Körper.[130] Hinsichtlich der Grundlagen der Mechanik unterscheidet sich jedoch das Werk von dem damals Üblichen. Der Grund dafür, daß Kirchhoff Veränderungen der Theorie unternommen hat, liegt in dem Begriff der Kraft.

ZUM KRAFTBEGRIFF

Die Mechanik wurde damals laut Kirchhoff im allgemeinen als die Wissenschaft von den Kräften definiert und die Kraft als die Ursache, die Bewegung hervorbringe oder hervorzubringen strebe.[131] Er ist jedoch der Auffassung, daß die Kraftdefinition aufgrund der Begriffe Ursache und Streben, Bewegung hervorzubringen, unklar sei.[132] Auf diese Unklarheit führt er verschiedene Probleme der Mechanik zurück. Als Beispiele hierfür werden die Auseinandersetzungen unter den Physikern angeführt, ob der Satz der Trägheit und der des Parallelogramms der Kräfte Axiome, Lehrsätze oder

---

[130] „Die Vorlesungen [...] behandeln insofern das ganze Gebiet der *reinen Mechanik*, d.h. der Lehre von denjenigen Erscheinungen, bei welchen ausschliesslich *Bewegungen* ins Auge zu fassen sind, als sie sich mit der Bewegung materieller Punkte, starrer, flüssiger und elastischer fester Körper beschäftigen" (1897, S. V).

[131] „Man pflegt die Mechanik als die Wissenschaft von den *Kräften* zu definiren, und die Kräfte als die *Ursachen*, welche Bewegungen hervorbringen oder hervorzubringen *streben*" (S. V).

[132] „Aber ihr haftet die Unklarheit an, von der die Begriffe der Ursache und des Strebens sich nicht befreien lassen" (S. V).

Erfahrungssätze seien.[133] Mit dem Ziel, die Probleme der Theorie zu beseitigen, beschränkt er die Aufgabe der Mechanik auf die Beschreibung der Bewegungen, welche auf die einfachste und vollständige Weise durchgeführt werden solle,[134] und definiert die Mechanik wieder neu.

Zu Beginn der ersten Vorlesung wird die Mechanik als die Wissenschaft der Bewegung definiert. Im folgenden Absatz wird die Bewegung definiert: sie sei Ortsveränderung mit der Zeit, wobei das, was sich bewege, die Materie sei.[135] In Zusammenhang damit wird darauf hingewiesen, daß zur Auffassung der Bewegung die drei Vorstellungen – Raum, Zeit und Materie – notwendig, aber auch hinreichend seien, und daß sie die Mittel bildeten, mit denen die Theorie aufzustellen sei. Kraft und Masse werden in diesem Zusammenhang als Beispiele von Begriffen angeführt, die durch die erwähnten Mittel zu konstruieren seien.[136] Mit der Definition der Mechanik wird also der Ausgangspunkt für die Theorie angegeben, insofern sie gemäß Kirchhoffs Plan von der Bewegung ausgehend aufzustellen ist.

Er beginnt die Darstellung seiner mechanischen Theorie mit der Bewegung des materiellen Punktes. Zuerst befaßt er sich mit der Lage des Punktes, wofür die rechtwinkligen Koordinaten verwendet werden. Anschließend wird die erste Ableitung der Koordinaten nach der Zeit vorgenommen und infolgedessen der Begriff der Geschwindigkeit eingeführt. In Zusammenhang mit den zweiten Ableitungen

$$\frac{d^2 x}{dt^2} = X, \quad \frac{d^2 y}{dt^2} = Y, \quad \frac{d^2 z}{dt^2} = Z$$

---

[133] „Diese Unklarheit hat sich z.B. gezeigt in der Verschiedenheit der Ansichten darüber, ob der Satz von der Trägheit und der Satz vom Parallelogramm der Kräfte anzusehen sind als Resultate der Erfahrung, als Axiome oder als Sätze, die logisch bewiesen werden können und bewiesen werden müssen" (S. V).

[134] „Aus diesem Grunde stelle ich es als die Aufgabe der Mechanik hin, die in der Natur vor sich gehenden Bewegungen zu *beschreiben*, und zwar vollständig und auf die einfachste Weise zu beschreiben" (S. V).

[135] „Die Mechanik ist die Wissenschaft von der Bewegung [...].
Bewegung ist Aenderung des Ortes mit der Zeit; was sich bewegt, ist die Materie" (S. 1).

[136] „Zur Auffassung einer Bewegung sind die Vorstellungen von Raum, Zeit und Materie nöthig, aber auch hinreichend. Mit diesen Mitteln muss die Mechanik suchen, ihr Ziel zu erreichen, und mit ihnen muss sie die Hülfsbegriffe construiren, die sie dabei nöthig hat, z.B. die Begriffe der Kraft und der Masse" (S. 1).

tritt zum ersten Mal in der Theorie der Begriff der Kraft auf: X, Y, Z werden Komponenten der Beschleunigung oder Komponenten der beschleunigenden Kräfte genannt, wobei diese zwei Begriffe, so Kirchhoff, gleichbedeutend seien.[137]

Diese Äquivalenz der Bedeutung wird jedoch nur kurz bestehen, sie hört mit der Einführung eines Systems von Kräften auf.[138] Der Grund für das Ende der Äquivalenz liegt darin, daß die Komponenten der Beschleunigungen mit denen der beschleunigenden Kräfte dann nicht zusammenfallen, wenn statt einer Kraft ein System von Kräften wirkt, wie sich den entsprechenden Gleichungen unmittelbar entnehmen läßt, denn sie nehmen dann die Form

$$\frac{d^2 x}{dt^2} = X_1 + X_2 + X_3 \dots$$

an. Das Ende der Äquivalenz der Bedeutung ist für sich allein betrachtet nicht problematisch, da es sich um Definitionen handelt, die folglich manipuliert werden können. Das bildet jedoch ein Problem für die Theorie, wie der Verfasser selbst erkennt.

Kirchhoff plante, die Hilfsbegriffe für die Theorie ausschließlich von der Bewegung ausgehend zu konstruieren. Nun lassen sich von der Bewegung ausgehend nur die Resultante, aber nicht die Komponenten erreichen. Deshalb sagt Kirchhoff, die Mechanik sei außerstande, eine vollständige

---

[137] „Die durch die Gleichungen 5) definirten Grössen X, Y, Z nennt man die *Componenten* nach den Coordinatenachsen der *Beschleunigung*, die der Punkt hat, oder der *beschleunigenden Kraft*, die auf den Punkt wirkt. Die Ausdrücke: Beschleunigung und beschleunigende Kraft werden wir zunächst als ganz gleichbedeutend ansehen und nach Willkür bald den einen, bald den andern gebrauchen" (S. 5).

[138] „Die Ausdrücke *Kraft* und *Beschleunigung* haben wir bis jetzt als ganz gleichbedeutend gebraucht; nach der Verallgemeinerung des Begriffs der Kraft, die wir nun eintreten lassen wollen, werden wir das nicht mehr dürfen. Bis jetzt mussten wir sagen: es wirkt auf einen Punkt immer *eine* Kraft; jetzt werden wir uns des Ausdrucks bedienen: es wirken auf einen Punkt gleichzeitig *mehrere* Kräfte, oder es wirkt auf ihn ein *System* von Kräften" (S. 10).

Definition der Kraft zu geben.[139] Indem in der Theorie Kräfte zugelassen werden, die im Rahmen derselben nicht erklärt werden und die sie nicht subsumieren kann, treten diese Kräfte in ihr als Fremdkörper auf.

Kirchhoff rechtfertigt sich dadurch, daß es von „höchster Wichtigkeit" sei, Systeme von Kräften einzuführen, denn es gebe natürliche Bewegungen, hinsichtlich derer sich Einzelkräfte leichter als Resultanten angeben ließen.[140] Hier drängt sich jedoch die folgende Bemerkung auf: Da der Verfasser derjenige ist, der die Theorie nicht nur aufstellt, sondern auch neu begründet, muß er darauf Rücksicht nehmen, daß aus ihr nicht gerade das ausgeschlossen wird, was seiner Ansicht nach von höchster Wichtigkeit ist. Wenn die Theorie nicht auf Kräfte verzichten kann, welche sich aufgrund ihrer Grundlagen nicht erklären lassen, dann sind die Grundlagen nicht angemessen, auf keinen Fall in der Form, wie sie entwickelt wurden. Indem Kirchhoff zur Unvollständigkeit der Definition bemerkt, sie habe keine Unklarheit zur Folge,[141] kann man schließen, daß er eine solche Theorie derjenigen vorzieht, deren Begriff der Kraft unklar ist, mit anderen Worten, er hat sich für die relativ bessere Theorie entschieden. Läßt man aber einmal Kräfte zu, die der Entwicklungsweise der Theorie nicht entsprechen bzw. ihr fremd sind, tritt die Frage nach dem Sinn derselben auf. Betrachten wir also, wie Kirchhoff damit umgeht.

---

[139] „Es ist einleuchtend, dass, wenn man eine bestimmte Bewegung eines Punktes als bedingt durch mehrere Kräfte ansieht, diese nicht einzeln bestimmt sind; nur die Resultante ist bestimmt [...] Aus der Bewegung allein kann die Mechanik nach unserer Auffassung die Definitionen der Begriffe schöpfen, mit denen sie es zu thun hat. Es folgt daraus, dass nach Einführung von Kräftesystemen an Stelle einfacher Kräfte die Mechanik ausser Stande ist, eine vollständige Definition des Begriffs der Kraft zu geben" (S. 11).

[140] „Trotzdem ist diese Einführung von der höchsten Wichtigkeit. Es beruht das darauf, dass, wie die Erfahrung gezeigt hat, bei den natürlichen Bewegungen sich immer solche Systeme finden lassen, deren Einzelkräfte leichter angegeben werden können, als ihre Resultanten" (S. 11).

[141] In der Vorrede heißt es: „Man hat auch auf diesem Wege es mit dem Begriffe der Kraft zu thun und ist nicht im Stande, eine vollständige Definition desselben zu geben. Die Unvollständigkeit dieser Definition hat hier aber keine Unklarheit zur Folge, da die Einführung der Kräfte hier nur ein Mittel bildet, um die Ausdrucksweise zu vereinfachen" (S. V–VI).

„Der Ausspruch, dass das bezeichnete System von Kräften auf den
genannten Punkt wirkt, soll gleichbedeutend mit dem Ausspruche
sein, dass die Bewegung des letzteren den Gleichungen

$$\frac{d^2 x}{dt^2} = X_1 + X_2 + ..$$

$$\frac{d^2 y}{dt^2} = Y_1 + Y_2 + ..$$

$$\frac{d^2 z}{dt^2} = Z_1 + Z_2 + ..$$

gemäss geschieht" (S. 11).

Diese Vorgehensweise, die Bedeutung der Begriffe auf die entsprechenden
Gleichungen zurückzuführen, ist charakteristisch für Kirchhoff.[142] Darauf
werden wir im folgenden anhand mehrerer Beispiele eingehen.

Die Einführung eines Systems von Kräften sei von wesentlichem Nutzen, wenn Zwangsbedingungen bestünden, so beginnt die zweite Vorlesung. Als Beispiel wird die Bewegung eines Punktes in einer Schale angeführt, wobei die „Bedingungsgleichung" die Form φ (x, y, z, t)=Konstante
annimmt. Hinsichtlich der Bedeutung ist festzuhalten:

„Dem Sprachgebrauche folgend, nennen wir sie eine *Bedingungsgleichung* und sagen: Der Punkt ist *nicht frei*, sondern *gezwungen*, dieser
Bedingung gemäss sich zu bewegen; wir verbinden mit diesen Ausdrücken aber keine andere Vorstellung als die, dass die Gleichung 1)
thatsächlich besteht" (S. 13).

Wenn die Bedingungsgleichung *tatsächlich* besteht, dann bedeutet es, daß
die Koordinaten, die der Punkt annehmen kann, eingeschränkt sind und daß
dessen Bewegung in einem begrenzten Bereich stattfindet; in diesem Fall
wird er durch die Schale bestimmt. Aus dem tatsächlichen Bestehen der
Gleichung geht also eine physikalische Bedeutung hervor, daraus stammt
eine der Realität entsprechende Vorstellung. In der Aussage Kirchhoffs, mit

---

[142] Auf diese Vorgehensweise wird schon in der Vorrede hingewiesen: „Hier reicht es
aus, um jede Dunkelheit zu entfernen, die Kräfte soweit zu definiren, dass jeder Satz
der Mechanik, in dem von Kräften die Rede ist, in Gleichungen übersetzt werden
kann" (S. VI).

den gewöhnlichen Ausdrücken sei keine andere Vorstellung als diese zu verbinden, daß die Gleichung tatsächlich bestehe, liegt also eine Diskrepanz, die sich daraus ergibt, daß aus dem tatsächlichen Bestehen der Gleichung schon eine Vorstellung hervorgeht. In der Tat handelt es sich dabei nicht um eine rein geometrische Gleichung, sondern um eine, welche einen physikalischen Sachverhalt wiedergibt. Die folgende Festsetzung der Bedeutung betrifft die Bewegungsgleichungen mehrerer Körper.

Der Übergang von einem Punkt zu einem System von Punkten bringt den Begriff der Masse mit sich, dessen Einführung so erfolgt: „Wir setzen nämlich

$$\frac{d^2 x_1}{dt^2} = X_1 + \frac{\lambda}{m_1} \frac{\partial \varphi}{\partial x_1} + \frac{\mu}{m_1} \frac{\partial \psi}{\partial x_1} + \dots$$

$$\frac{d^2 y_1}{dt^2} = Y_1 + \frac{\lambda}{m_1} \frac{\partial \varphi}{\partial y_1} + \frac{\mu}{m_1} \frac{\partial \psi}{\partial y_1} + \dots$$

$$\frac{d^2 z_1}{dt^2} = Z_1 + \frac{\lambda}{m_1} \frac{\partial \varphi}{\partial z_1} + \frac{\mu}{m_1} \frac{\partial \psi}{\partial z_1} + \dots$$

....

X_1, Y_1, Z_1, X_2, Y_2,.. sind hier die Componenten der Kräfte [...] m_1, m_2,.. positive Constanten, die gleichfalls angegeben werden sollen" (S. 20f.). Hieraus erfährt der Leser, daß m_1, m_2, usw. positive Konstanten sind. Dann wird über den Faktor $1/m$ diskutiert: Bestimmte Veränderungen könnten nicht vorgenommen werden, da die Gültigkeit der Gleichungen verloren gehe, andere seien doch vornehmbar, durch sie würde aber die Beschreibung der Bewegung keine einfachere.[143] Danach heißt es in einem kurzen Absatz: „Die Grössen m_1, m_2,.. nennen wir die *Massen* der materiellen Punkte 1, 2,.." (S. 22). Im nächsten Absatz werden die bewegenden Kräfte

---

[143] „Wir bemerken, dass die Geltung der Gleichungen 15) für jedes Coordinatensystem oder für jede Form der Bedingungsgleichungen aufhören würde, wenn statt des gleichen Factors $1/m_1$, der in den auf den ersten Punkt bezüglichen Gleichungen vorkommt, verschiedene Factoren in einer Verticalreihe oder in einer Horizontalreihe gewählt wären [...] die Gleichungen 15) verlieren sie [die eben bewiesen Eigenschaften] auch nicht, wenn man die Grössen m_1, m_2 .. nicht als constant, sondern als beliebig veränderlich annimmt. Durch eine solche Verallgemeinerung der in Rede stehenden Gleichungen würde man aber, der Erfahrung zufolge, für die Einfachheit der Beschreibung der natürlichen Bewegungen nichts gewinnen" (S. 22).

eingeführt, „die auf die Massen m_1, m_2,.. oder die materiellen Punkte 1, 2,.. wirken" (S. 22).

Der Leser, der im Grunde eine Auseinandersetzung mathematischer Art zur Konstante m verfolgt hat, erfährt jetzt, daß die Kräfte auf die Massen oder die materiellen Punkte wirken. Daraus schließt er, daß eine Beziehung zwischen materiellen Punkten und Massen und folglich zwischen der zu Beginn eingeführten Vorstellung der Materie und der Masse besteht, welche in der Theorie aber nicht behandelt wird. Darüber hinaus schließt er, daß, wenn die Kräfte auf die materiellen Punkte wirken, die sich hieraus ergebende Bewegung ihre Wirkung ist, was dazu führt, die Kraft als Ursache der Bewegung anzusehen. Diese Schlußfolgerung wird jedoch nicht zugelassen, der nächste Absatz tritt auf, um die Bedeutung festzusetzen: „Wenn wir sagen, *dass auf ein System von Punkten, deren Massen m_1, m_2,.. sind, und für welche die Bedingungen $\varphi=c$, $\psi=e$,.. bestehen, Kräfte wirken, deren Componenten X_1, Y_1, Z_1, X_2, Y_2,.. sind,* so soll dadurch hiernach ausgedrückt sein, dass die Bewegung der Punkte den folgenden Gleichungen gemäss geschieht:

$$m_1 \frac{d^2 x_1}{dt^2} = X_1 + \lambda \frac{\partial \varphi}{\partial x_1} + \mu \frac{\partial \psi}{\partial x_1} + .$$

$$m_1 \frac{d^2 y_1}{dt^2} = Y_1 + \lambda \frac{\partial \varphi}{\partial y_1} + \mu \frac{\partial \psi}{\partial y_1} + .$$

$$m_1 \frac{d^2 z_1}{dt^2} = Z_1 + \lambda \frac{\partial \varphi}{\partial z_1} + \mu \frac{\partial \psi}{\partial z_1} + .$$

[...]" (S. 22f.)

Nachdem die Gleichungen vervollständigt sind, führt Kirchhoff die Bedeutung der verwendeten Begriffe auf die durch die Gleichungen beschriebene Bewegung zurück. Nun beinhalten die Gleichungen mehr Informationen als nur diejenige, die das Ereignis „Bewegung" betrifft, denn die Elemente der Gleichungen wie X, Y oder φ, ψ bilden Ausdrücke für einen bestimmten Sachverhalt. Kirchhoff hat selbst bei der Aufstellung der Gleichungen eine Verbindung zwischen dem Sachverhalt und den Elementen hergestellt. Wenn er, sobald die Gleichungen aufgestellt sind, eine Einschränkung ihrer Bedeutung vornimmt, dann fehlen dafür die Gründe, denn sie lassen sich weder aus den Gleichungen selbst noch aus seinen eigenen Voraussetzungen bei der Aufstellung derselben entnehmen. Betrachten wir eine letzte Stelle, in welcher sich Kirchhoff wieder mit dem Thema befaßt.

Es handelt sich um Kräfte, die auf eine Oberfläche eines Körpers ausgeübt werden, um die sogenannten Drucke oder Druckkräfte. Für die Einführung solcher Kräfte in die Theorie werden ebenfalls praktische Gründe angegeben: sie seien von Nutzen für die Einfachheit der Darstellung der Bewegung.[144] Zugleich wird eingeräumt, es werde keine vollständige Definition der Kräfte gegeben.[145] Die Bedeutung des Wirkens der Kräfte wird auf dieselbe Art und Weise wie vorher festgesetzt bzw. auf die jeweiligen Gleichungen zurückgeführt.[146]

Mit solchen Bedeutungseinschränkungen sollen die mit dem Begriff der Kraft verbundenen Probleme umgangen werden. Der Kirchhoffschen Ansicht nach beruhen diese Probleme auf der Idee, daß die Kraft die Ursache der Bewegung sei. Eben dies wird jedoch im Laufe des Werks vorausgesetzt.

Das Wort Kraft kommt in Kirchhoffs Werk häufig vor, am häufigsten in Zusammenhang mit dem Verb „wirken" oder dem Ajektiv „wirkende" in Ausdrücken der Art, „die Kraft wirkt" oder „wirkende Kraft".[147] Weniger

---

[144] „Für die Einfachheit der Darstellung der Bewegungen der Körper ist es von Nutzen neben den Kräften, welche wir bisher allein zu betrachten gehabt haben, und welche auf die *Theile* eines Körpers wirken, andere einzuführen, welche auf die Theile seiner *Oberfläche* ausgeübt werden. Man nennt diese *Drucke* oder *Druckkräfte*" (S. 109).

[145] „Den so verallgemeinerten Begriff der Kraft werden wir eben so wenig vollständig zu definiren versuchen, als wir es früher mit dem specielleren gethan haben; wir wollen allein feststellen, was man über die Bewegung eines Körpers aussagt, wenn man die Kräfte angiebt, die auf seine Theile, und die Druckkräfte, die auf die Theile seiner Oberfläche wirken" (S. 109).

[146] „Der Ausspruch, dass auf die Theile eines Körpers gewisse Kräfte, auf die Theile seiner Oberfläche gewisse Druckkräfte wirken, soll gleichbedeutend mit den 6 Gleichungen sein, welche die Sätze von der Bewegung des Schwerpunkts und die Flächensätze ausdrücken, wenn man jene Kräfte und Druckkräfte als die einzigen wirkenden Kräfte in Rechnung bringt" (S. 109f.).

[147] Siehe S. 8, 13, 22, 23, 25, 30, 31, 33, 34, 35, 36, 38, 39, 45, 51, 56, 60, 62, 68, 86, 88, 89, 109, 110, 115, 126, 127, 128, 132, 144, 146, 150, 160, 164, 165, 170, 171, 233, 235, 236, 244, 247, 249, 290, 308, 348, 349, 352, 358, 369, 377, 385, 393, 404, 416, 418, 436, 455, 458; im Zusammenhang mit der Schwere siehe S. 17, 30, 37, 38, 126, 133, 136, 347, 349, 422, 436; auf Druck bzw. Druckkräfte bezogen siehe S. 109, 349, 371, 392, 396, 401, 403, 418, 430, 432, 453, 458, 459.

oft kommt es in Verbindung mit dem Verb „ausüben" vor, welches vor allem dann auftritt, wenn das handelnde Subjekt bezeichnet wird, d.h. in Ausdrücken der Art „A übt eine Kraft auf B aus", in der Passivform „auf B wird eine Kraft ausgeübt".[148] Wenn eine Kraft ausgeübt wird, muß es eine Folge der Ausübung geben; wenn eine Kraft wirkt, muß daraus eine Wirkung hervorgehen. Auf jeden Fall wird hier eine Ursache-Wirkung-Beziehung vorausgesetzt, wozu es hinreicht, die Bedeutung der verwendeten Begriffe zu berücksichtigen. Dies ist aber noch nicht alles. Kirchhoff redet auch von der „Wirkung der Schwere" und von der Schwere als „Ursache der Bewegung", als er sich mit deren Messung befaßt, mithin in Zusammenhang mit der Erfahrung.[149] Als „Wirkungen" der Kapillarkräfte werden die wahrnehmbaren Kapillar-Erscheinungen dargestellt, also ebenfalls in Zusammenhang mit der Erfahrung.[150] Darüber hinaus ist auch vom „wesentlichen Einfluss" der wirkenden Kräften auf die Bewegungen die Rede[151] und vom Vorhandensein von Kräften,[152] von Schwingungen „unter dem Einfluss gewisser Kräfte",[153] von den durch Dilatationen „erzeugten"

---

[148] Siehe S. 131, 132, 133, 226, 249, 250, 254, 383, 385; 109, 134, 135, 144, 235, 354, 379, 405, 425, 430.

[149] „Bei einer beliebigen Gestalt des Körpers lässt dieser Fall sich verwirklichen, wenn der Körper in eine Flüssigkeit gebracht ist [...] die Wirkung der Schwere ist dabei unmerklich" (S. 395).
„Wir haben diejenigen Bewegungen, als deren Ursache man die *Schwere* bezeichnet, schon mehrfach als Beispiele [...] betrachtet; wir wollen diese Bewegungen jetzt näher ins Auge fassen und zunächst auseinandersetzen, wie die Schwere *gemessen* wird" (S. 77).

[150] „Die tropfbaren Flüssigkeiten zeigen gewisse Erscheinungen, die man *Capillar-Erscheinungen* nennt und als Wirkungen der *Capillarkräfte* ansieht" (S. 135).

[151] „ [...] so haben die wirkenden Kräfte wesentlichen Einfluss auf die Bewegung, und diese lässt sich nur berechnen, wenn man [...]" (S. 347).

[152] „Unsere bisherigen Entwickelungen setzten voraus, dass auf die Theile der Flüssigkeit nicht Kräfte wirken; wir wollen jetzt annehmen, dass solche vorhanden sind" (S. 347).

[153] „Wir wollen nun noch von den Gleichungen 8), die für nicht stationäre Bewegungen gelten, zwei Anwendungen machen, die sich auf Schwingungen beziehen, die eine Kugel in einer äusserlich unbegrenzten Flüssigkeit unter dem Einfluss gewisser Kräfte ausführen kann" (S. 380).

Kräften[154] oder von dem Druck, den eine Wand erleide.[155] Daraus läßt sich schließen: Zum einen tritt der Begriff der Kraft in Verbindung mit einem bestimmten Sachverhalt auf, woraus sich ergibt, daß er etwas aus dem realen Bereich ausdrückt; zum anderen wird dabei eine Ursache-Wirkung-Beziehung vorausgesetzt, wie die Ausdrucksweise deutlich macht.

Schlußbemerkung

Kirchhoff kündigt zu Beginn des Werks das Vorhaben an, die Kraft von der Bewegung ausgehend zu konstruieren. Die Konstruktion ist aber mißlungen, denn es werden in die Theorie Kräfte einbezogen, die im Rahmen derselben nicht erlangt werden. Deren Einführung wird aus praktischen Gründen gerechtfertigt, allerdings wären logische Grunde erforderlich, wenn es sich um eine derartige Konstruktion handelt.

Die Bedeutung dieser Kräfte wird auf die Gleichung oder auf die in den Gleichungen beschriebene Bewegung zurückgeführt. Diese Gleichungen werden jedoch mittels der Begriffe der traditionellen Mechanik aufgestellt und beziehen daher Voraussetzungen ein, die Kirchhoff aus der Mechanik ausschließen wollte. Er versucht sie dann zu eliminieren, indem er nur die beschriebene Bewegung in Betracht zieht. Dadurch entsteht jedoch eine Diskrepanz zwischen dem, was die Gleichungen von dem Sachverhalt beinhalten, und dem, was an Interpretation zugelassen wird. Den Festsetzungen der Bedeutungen fehlen also logische Gründe.

Die Probleme der damaligen Mechanik führt Kirchhoff auf die Auffassung zurück, die Kraft sei die Ursache der Bewegung. Um sie zu beseitigen, stellt er seine eigene Theorie auf, in welcher jedoch in bezug auf die Verbindung Kraft-Bewegung die Ursache-Wirkung-Beziehung vorausgesetzt wird. Von wenigen Passagen abgesehen unterscheidet sich der Text Kirchhoffs damit nicht von einem Werk eines Befürworters des traditionellen Kraftbegriffs.

Der Versuch, eine mechanische Theorie von der Bewegung ausgehend aufzustellen, bleibt von traditionellen Gedankengängen durchdrungen, so

---

[154] „In beiden ist es dann zunächst erforderlich, einen Ausdruck für das Potential der durch die Dilatationen erzeugten Kräfte aufzustellen" (S. 416).

[155] „Um mit Hülfe dieses Ausdrucks den Druck zu berechnen, den ein endlicher Theil der Wand oder die ganze Wand erleidet, ist es zweckmässig [...] „ (S. 306).

daß keine einheitliche Konstruktion der Mechanik entstanden ist, sondern vielmehr eine eklektische Theorie.

I. § 9 Machs *Mechanik*

Die Mechanik in ihrer Entwicklung: historisch-kritisch dargestellt von 1883 (^{2}1889, ^{3}1897, ^{4}1901, ^{5}1904, ^{6}1908, ^{7}1912, ^{8}1921, ^{9}1933) befaßt sich kritisch mit der Mechanik in der Geschichte. Probleme der mechanischen Theorie werden erörtert, aber auch Lösungsvorschläge vorgelegt. Machs Werk besteht aus fünf Kapiteln, wobei das letzte kein historisches wie die anderen ist, sondern von den Beziehungen der Mechanik zu anderen Wissensgebieten handelt. Die übrigen vier lassen sich paarweise gruppieren: In den ersten beiden Kapiteln wird die Entwicklung der Statik und der Dynamik behandelt, und die folgenden zwei befassen sich mit der „deduktiven" bzw. der „formellen" Entwicklung der Mechanik. Die Grenze für diese Einteilung bildet das Werk Newtons.

Unter den von Mach behandelten Themen befindet sich die erste Definition der *Principia* von Newton, die der Quantität der Materie. Mach schlägt einen eigenen Begriff der Masse vor und zielt durch eine neue Anordnung der Sätze der Mechanik darauf ab, das Problem der Kraft zu lösen.

ZUM KRAFTBEGRIFF

In der *Mechanik* spricht Mach von einem 1868 erschienenen Artikel, in dem er alle wesentlichen Aufstellungen seiner Mechanik dargestellt habe.[156] Dieser Artikel führt das Problem vor, das Gewicht werde durch die Masse definiert und diese wiederum durch das Gewicht.[157] Zur Lösung dieser Zirkeldefinition wird dann zum ersten Mal die oben erwähnte Anordnung der Sätze der Mechanik vorgeschlagen. Hier wird zuerst die Masse definiert und mittels dieser dann die Kraft.[158] Der Artikel wird 1872 in der Schrift

---

[156] „Alle wesentlichen Aufstellungen meiner Mechanik habe ich zuerst in meiner kleinen Mitteilung (5 Oktavseiten) „Über die Definition der Masse" ausgesprochen" (1933, S. 258).

[157] „Man definirt gewöhnlich $m=p/g$ und wiederum $p=mg$" (1868, S. 356).

[158] Die Machsche Anordnung der Sätze der Mechanik besteht aus fünf Sätzen, wobei drei als „Erfahrungssätze" und zwei als „Definitionen" bezeichnet werden. Im zweiten Satz wird die Definition gleicher Massen und in dem fünften die der Kraft gegeben (1868, S. 359).

über die Erhaltung der Arbeit gedruckt und schließlich in die *Mechanik* aufgenommen,[159] in der eine ausführlichere Auseinandersetzung mit dem Thema stattfindet, zu der wir nun übergehen.

Den Ausgangspunkt der Machschen Auffassung bildet die „Tatsache", daß die in Wechselwirkung stehenden Körper sich gegenseitig beschleunigen.[160] Auf dieser Grundlage setzt er fest, daß das Verhältnis der Massen der in Wechselwirkung stehenden Körper das negative umgekehrte Verhältnis der Gegenbeschleunigungen sei. Symbolisch nimmt die Festsetzung, die die Definition der Masse ausmacht, die Form

$$\frac{m_B}{m_A} = -\frac{\varphi_A}{\varphi_B}$$

an, wobei m_A, m_B die Massen und φ_A, φ_B die Beschleunigungen der Körper A bzw. B darstellen. Es wird dann ein Körper als Vergleichskörper hinzugenommen bzw. dessen Masse als Einheit eingesetzt. Infolgedessen wird die Masse eines Körpers C durch das Beschleunigungsverhältnis

$$-\frac{\varphi_E}{\varphi_C}$$

bestimmt, wobei φ_E die Beschleunigung des Einheits- bzw. Vergleichskörpers darstellt.[161] Sobald Mach die Massedefinition erhalten hat, greift er auf die Grundgleichung der Mechanik zurück, um die Kraft zu definieren.

---

[159] Es handelt sich um *Die Geschichte und die Wurzel des Satzes von der Erhaltung der Arbeit* (1872, S. 50–54); in der *Mechanik* (1933, S. 241f.).

[160] „Die Definition [der Masse] berücksichtigt lediglich die Tatsache, daß in Wechselbeziehung stehende Körper, ob sogenannte Fernwirkungen, starre oder elastische Verbindungen in Betracht kommen, aneinander Geschwindigkeitsänderungen (Beschleunigungen) bestimmen. Mehr als dies braucht man nicht zu wissen, um mit voller Sicherheit und ohne Furcht, auf Sand zu bauen, definieren zu können" (1933, S. 261). In der von Mach vorgeschlagenen Anordnung der Sätze der Mechanik bildet diese „Tatsache" den Inhalt des ersten Satzes: „*Erfahrungssatz*: Gegenüberstehende Körper erteilen sich entgegengesetzte Beschleunigungen nach der Richtung ihrer Verbindungslinie. (Der Satz der Trägheit ist hier schon eingeschlossen.)" (1868, S. 359).

[161] „Ist uns aber einmal durch mechanische Erfahrung die Existenz eines besondern beschleunigungbestimmenden Merkmals der Körper nahegelegt, so steht nichts im Wege, willkürlich festzusetzen: *Körper von gleicher Masse nennen wir solche, welche aufeinander wirkend sich gleiche entgegengesetzte Beschleunigungen erteilen.* Hiermit haben wir nur ein tatsächliches Verhältnis *benannt*. Analog werden wir in dem allgemeinern Fall verfahren. Die Körper A und B […] erhalten bei ihrer Gegenwir-

Diese Definition der Kraft lautet: „Bewegende Kraft ist das Produkt aus dem Massenwert eines Körpers in die an demselben bestimmte Beschleunigung" (1933, S. 242). „Bewegende Kraft" ist mit „Kraft" gleichbedeutend, denn das Adjektiv „bewegende" dient zur Unterscheidung der Kraft von der Beschleunigung, die damals auch als „beschleunigende Kraft" bezeichnet wurde. In dem Artikel von 1868 tritt sogar in der entsprechenden Definition „Kraft" statt „bewegende Kraft" auf.[162] Die Machsche Definition der Kraft gibt also die Grundgleichung der Mechanik in Worten wieder. Ihr Vorteil liegt darin, daß die einbezogenen Größen im voraus angegeben werden, wobei die vorgeschlagene Meßmethode für die Masse entscheidend ist, da die Beschleunigung nicht problematisch erscheint. Über das definitorische Vorgehen und Meßverfahren hinaus sind in der *Mechanik* zwei mit der Kraft zusammenhängende Aspekte zu betrachten: der eine betrifft die Beziehung des Begriffs zur Erfahrung und der andere die Frage, wie wir Kraft begreifen.

Kraft sei ein Umstand, so Mach, welcher „Bewegung im Gefolge" habe,[163] oder Kräfte seien bewegungsbestimmende Umstände.[164] Mit dem Be-

---

kung beziehungsweise die Beschleunigungen Bφ und +φ′, wobei wir den Sinn derselben durch das Zeichen ersichtlich machen. Dann sagen wir, B hat die Bφ/φ′fache Masse von A. *Nehmen wir den Vergleichskörper A als Einheit an, so schreiben wir jenem Körper die Masse m zu, welcher A das mfache der Beschleunigung erteilt, die er in Gegenwirkung von A erhält. Das Massenverhältnis ist das negative umgekehrte Verhältnis der Gegenbeschleunigungen"* (1933, S. 211f.).

Dies tritt im zweiten Satz der Machschen Anordnung von 1868 auf, welcher lautet: „Körper, die sich gleiche entgegengesetzte Beschleunigungen ertheilen, heissen Körper von *gleicher* Masse. – Den Massenwerth erhalte ich, wenn ich die Beschleunigung, die es dem als Einheit angenommenen Vergleichskörper ertheilt, durch die Beschleunigung dividire, welche er selbst erhält" (1868, S. 359).

[162] Die Definition der Kraft in der Anordnung der Sätze der Mechanik von 1868 lautet: „Kraft ist das Product aus dem Massenwerth eines Körpers in die demselben ertheilte Beschleunigung" (S. 359).

[163] „Werfen wir schließlich noch einen Blick auf den Kraftbegriff der Statik. Die Kraft ist ein Umstand, welcher Bewegung im Gefolge hat. Mehrere derartige Umstände, von welchen jeder einzelne Bewegung bedingt, können *zusammen* auch ohne Bewegung vorkommen. Die Statik untersucht eben die hierzu nötige Abhängigkeit dieser Umstände voneinander" (1933, S. 73f.).

[164] „Die Kraft ist also ein bewegungbestimmender Umstand, dessen Merkmale sich in folgender Art angeben lassen. Die Richtung der Kraft ist die Richtung der von der gegebenen Kraft allein bestimmten Bewegung. Der Angriffspunkt ist derjenige Punkt, dessen Bewegung auch unabhängig von seinen Verbindungen bestimmt ist. Die Größe

griff Kraft wird also ein Umstand bezeichnet, dessen Charakteristikum darin besteht, Bewegung zu bewirken. Hiermit wird eine Ursache-Wirkung-Beziehung vorausgesetzt, jedoch in der Form Umstand-Bewegung. Mach hebt hervor, daß Kraft nichts Verborgenes, sondern ein meßbarer Bewegungsumstand sei, wobei das Produkt von Masse und Beschleunigung gemeint ist.[165] Mit der Kraft hängt jedoch eine Vorstellung zusammen, die die traditionelle Beziehung ebenfalls voraussetzt.

Mach schreibt:

„Diejenigen bewegungbestimmenden Umstände, die uns am besten bekannt sind, sind unsere eigenen Willensakte, die Innervationen. Bei den Bewegungen, welche wir selbst bestimmen, sowie bei jenen, zu welchen wir durch äußere Umstände gezwungen sind, empfinden wir stets einen Druck. Dadurch stellt sich die Gewohnheit her, jeden bewegungbestimmenden Umstand als etwas einem Willensakt Verwandtes und als einen *Druck* vorzustellen" (1933, S. 74).

Diese Vorstellung beruht darauf, daß wir Bewegungen bestimmen und daß die Kräfte bewegungsbestimmende Umstände sind, denn so ergibt sich der Grund dafür, uns die Kräfte aufgrund unserer Empfindungen bei den eigenen Bestimmungen der Bewegungen vorzustellen. Mach weiß, daß diese Vorstellung von Kraft nicht angemessen ist, er spricht sich jedoch für sie als für das kleinere Übel aus: „Die Versuche, diese Vorstellung als subjektiv, animistisch, unwissenschaftlich zu beseitigen, mißglücken uns immer. Es kann auch nicht nützlich sein, wenn man seinen eigenen natürlichen Gedanken Gewalt antut und sich zu freiwilliger Armut derselben verdammt" (1933, S. 74).

---

der Kraft ist das Gewicht, welches, nach der bestimmten Richtung (an einer Schnur) wirkend, an dem gegebenen Punkt angreifend, dieselbe Bewegung bestimmt oder dasselbe Gleichgewicht erhält" (1933, S. 75).

[165] „Mit den ‚unbekannten Ursachen' der Naturvorgänge hat der gewonnene Standpunkt (wie Newton ausdrücklich hervorhebt) nichts zu schaffen. Was wir heute in der Mechanik *Kraft* nennen, ist nicht etwas in den Vorgängen Verborgenes, sondern ein meßbarer tatsächlicher Bewegungsumstand, das Produkt aus der Masse in die Beschleunigung" (1933, S. 244).

Diese „natürlichen Gedanken" setzen jedoch die traditionelle Auffassung von Kraft voraus, nach der sie die Ursache der Bewegung sei.

An einer anderen Stelle, in welcher von Abstoßung und Anziehung die Rede ist, hebt Mach hervor, daß unter diesen Begriffen nichts Verborgenes zu verstehen sei und schreibt in diesem Kontext:

> „Man bezeichnet durch den Ausdruck Anziehung nur die *tatsächliche Ähnlichkeit* des durch die Bewegungsumstände bestimmten Vorgangs mit dem Effekt eines Willensimpulses. In beiden Fällen erfolgt entweder wirkliche Bewegung oder, wenn diese durch einen andern Bewegungsumstand wieder aufgehoben ist, Zerrung, Pressung der Körper usw." (1933, S. 244f.).

Folglich wird hier akzeptiert, daß etwa die Annäherung zweier Körper, was aus der beobachtenden Perspektive eine Veränderung des Abstandes zwischen den beiden Körpern darstellt, als Anziehung bezeichnet wird. Mach stellt die *Ähnlichkeit* der Wirkungen oder Effekte in den Vordergrund, die Bezeichnung weist dagegen auf eine Ursache hin.

Schlußbemerkung

Das von Mach vorgeschlagene Meßverfahren für die Masse ermöglicht es ihm, sie dynamisch zu definieren, worauf er bestanden hat,[166] und die Kraft dann mittels der Grundgleichung der Mechanik zu definieren, ohne den Fehler einer Zirkeldefinition zu begehen. Was die Konzeption der Kraft anbetrifft, wird jedoch das traditionelle Schema vorausgesetzt, denn es wird zwischen dem Bestimmten und dem Bestimmenden getrennt, wobei die Bewegung ersterem und die Kraft letzterem zugeordnet werden.

I. § 10 Hertz' *Prinzipien*

Die Prinzipien der Mechanik in neuem Zusammenhange dargestellt aus dem Jahr 1894 (^{2}1910) bestehen aus zwei „Büchern", die sich mit den

---

[166] „Soll man mit einem Massenbegriff dynamisch etwas anfangen können, das muß ich nachdrücklich aufrechthalten, so muß dieser Begriff ein *dynamischer* sein. Auf die Quantität der Materie an sich kann man die Dynamik nicht aufbauen, sondern man kann dieselbe höchstens durch Willkürlichkeiten ankleben [...]. Die Quantität der Materie an sich ist niemals eine *Masse* [...] Die ‚*Masse*' spielt [...] nur eine *dynamische* Rolle" (1933, S. 261).

Themen der Mechanik befassen, aus einer Einleitung, in der Hertz seine Theorie der physikalischen Erkenntnis umreißt, und aus einem Vorwort, in dem die Aufgabe der Physik dargestellt wird, die Erscheinungen der Natur auf die einfachen Gesetze der Mechanik zurückzuführen. Hierfür sah er aber die damalige Mechanik aufgrund einiger theoretischer Probleme nicht vorbereitet. Im Zusammenhang hiermit steht sein Vorhaben, eine logisch konsistente Theorie aufzustellen.[167]

Um dieses Ziel zu erreichen, entwickelt Hertz eine Theorie der physikalischen Erkenntnis. Charakteristisch an dieser Konzeption ist, daß eine physikalische Theorie ein Konstrukt ist, Hertz bezeichnet sie als „Bild". Ob eine einmal durchgeführte Konstruktion mit den Phänomenen übereinstimmt, ist dieser Erkenntnistheorie nach nur in bezug auf deren Folgen feststellbar, d.h., überprüfbar ist nur, ob die von der Theorie vorausgesehenen Resultate mit der Erfahrung übereinstimmen, nicht aber die Vorstellungen, die zu ihnen geführt haben. Die mechanische Theorie von Hertz wird natürlich seiner erkenntnistheoretischen Auffassung nach aufgestellt, er konstruiert ein „Bild".

Die Theorie bildet ein axiomatisches System: die Grundlagen bestehen aus drei Grundbegriffen und einem Axiom; das übrige ist Deduktion. Die Grundbegriffe sind Zeit, Raum und Masse; das Axiom kann als Trägheitsgesetz für Systeme betrachtet werden, wobei der Unterschied zum ersten Newtonschen Gesetz darin liegt, daß bei Newton von einem Körper in einer Geraden, bei Hertz aber von einem System in einer „geradesten Bahn" die Rede ist.[168] Das Axiom, das als Grundgesetz bezeichnet wird, stellt das einzige aus Erfahrung resultierende Ergebnis dar, auf welches die Theorie zurückgreift.[169]

---

[167] „Was, wie ich hoffe, neu ist, und worauf ich einzig Wert lege, ist die Anordnung und Zusammenstellung des Ganzen, also die logische, oder, wenn man will, die philosophische Seite des Gegenstandes. Meine Arbeit hat ihr Ziel erreicht oder verfehlt, jenachdem in dieser Richtung etwas gewonnen ist oder nicht" (1894, S. XXVII).

[168] Hertz hat sein Gesetz auch auf Lateinisch formuliert, was den Vergleich mit dem Newtonschen erleichtert: „Systema omne liberum perseverare in statu suo quiescendi vel movendi uniformiter in directissimam" (§ 309).

[169] „Wie jenes Grundgesetz in unserem Bilde der erste Erfahrungssatz der eigentlichen Mechanik ist, so ist es auch der letzte" (S. 33).

Die Entwicklung der Mechanik, mithin die Deduktion, erfolgt folgendermaßen. Hertz stellt sich mechanische Konfigurationen vor, die aus zwei oder mehreren Teilsystemen bestehen, welche sich gegenseitig beeinflussen und zusammen ein freies System bilden. Für ein solches System gilt dann das Grundgesetz, da es für freie Systeme formuliert wird. Von den Teilsystemen, zwei sind normalerweise für den genannten Zweck ausreichend, wird vorausgesetzt, daß eines der Erfahrung zugänglich ist, und dessen Bewegung von dem anderen Teilsystem beeinflußt wird.[170] Hertz schreibt dann die Bewegungsgleichungen für das gesamte System, was sich also aus dem Grundgesetz ergibt, und drückt den vorgestellten Einfluß auf das der Erfahrung zugängliche System bzw. auf das als solches betrachtete Teilsystem mathematisch aus. So erhält man die Bewegungsgleichungen der gewöhnlichen Mechanik, denn aus jeder der aufgestellten Vorstellungen werden die Gleichungen hergeleitet, die den verschiedenen Typen von mechanischen Systemen entsprechen.[171] Sobald die Deduktion durchgeführt ist, stellt sich die Frage nach der Überprüfung ihrer Folgen. Hierfür wird es notwendig, eine Verbindung zwischen dem Bild und der Erfahrung herzustellen, da die Theorie aufgrund von Messungen zu überprüfen ist. Diese Verbindung entsteht dadurch, daß Hertz den Grundbegriffen und dem Begriff der Kraft die in der Epoche üblichen Meßverfahren für Dauer, Raum, Masse und Kräfte entsprechen läßt.[172]

---

[170] „Indem wir einen Teil eines freien Systems als unfreies System behandeln, setzten wir voraus, daß das übrige System uns mehr oder weniger unbekannt ist, so daß die unmittelbare Anwendung des Grundgesetzes unmöglich wird" (§ 430).

[171] Es handelt sich um das System, dessen Zwangsgleichungen von der Zeit abhängen (§ 431f.), das von Kräften beeinflußte System (§ 450f.), das konservative System (§ 601f.) und die zusammenstoßenden Systeme (§ 674f.).

[172] „Die vorstehenden drei Festsetzungen [wie Dauer, Räume und Masse zu messen sind] sind nicht neue Definitionen für die schon vorher fest definierten Größen Zeit, Raum und Masse. Vielmehr stellen sie die Abbildungsgesetze dar, durch welche wir äußere Erfahrung, d.h. konkrete sinnliche Empfindungen und Wahrnehmungen übertragen in die Zeichensprache unseres inneren Bildes (vergleiche die Einleitung), und durch welche wir rückwärts die denknotwendigen Folgen dieses Bildes wieder übersetzen in die Gestalt möglicher sinnlicher Empfindungen und Wahrnehmungen" (§ 302). Eine entsprechende Stelle für die Kraft findet man in der letzten Anmerkung dieses Abschnitts oder in § 541.

ZUM KRAFTBEGRIFF

Das Wissen der damaligen Mechanik hat Hertz in zwei Theorien systematisiert, die als 1. bzw. 2. Bild bezeichnet werden: Das 1. entspricht der klassischen Theorie[173] und das 2. einer Theorie, welche sich als energetische bezeichnen läßt.[174] Seine eigene Mechanik wird als 3. Bild bezeichnet. Die
Bilder bzw. die mechanischen Theorien werden vom ihm durch die Grundlagen – Grundbegriffe und Grundgesetze – charakterisiert. Bei den Grundbegriffen der klassischen Theorie tritt die Kraft auf, sie wird „als die vor der
Bewegung und unabhängig von der Bewegung bestehende Ursache der
Bewegung" definiert (S. 5). Es ist diese Definition, also der Kraftbegriff der
klassischen Theorie, der das Objekt der Hertzschen Kritik an der Kraft bildet.[175]

Eine Kritik setzt einen Standpunkt voraus, von welchem aus sie geübt
wird. Diesen bilden bei Hertz die Forderungen, die seiner Auffassung nach
an eine Theorie zu stellen sind. Sie sind die logische Zulässigkeit, experimentelle Richtigkeit, d.h. Übereinstimmung mit der Erfahrung, und

---

[173] „Ein erstes Bild liefert uns die gewöhnliche Darstellung der Mechanik. Wir verstehen
hierunter die in den Einzelheiten abweichende, in der Hauptsache übereinstimmende
Darstellung fast aller Lehrbücher, welche das Ganze der Mechanik behandeln, fast aller Vorlesungen, welche sich über den gesamten Inhalt dieser Wissenschaft verbrei-
ten" (S. 5).

[174] „Ein zweites Bild der mechanischen Vorgänge ist weit jüngeren Ursprungs als das
erste. Seine Entwickelung aus und neben jenem ist eng verknüpft mit den Fortschrit-
ten, welche die physikalische Wissenschaft in den letzten Jahrzehnten gemacht hat
[…]. [A]lsdann entsteht eine neue, von der ersten verschiedene Darstellung der Mechanik, in welcher von Anfang an der Begriff der Kraft zurücktritt zu Gunsten des Begriffs der Energie" (S. 16f.). Die in der vorliegenden Arbeit verwendeten Bezeichnungen für die Bilder stammen von Poincaré, der sie als klassisches bzw. energetisches
System bezeichnet hat (1897, S. 734, 737).

[175] Die Einführung der Kraft in die anderen Theorien hält er für zweckmäßig. Zum zweiten Bild schreibt er: „Zu diesen letzteren [Hilfsbezeichnungen] gehört dann auch der
Begriff der Kraft, welcher in den Grundlagen selbst nicht auftrat. Seine Einführung ist
zweckmäßig, sobald wir nicht nur Massen in Betracht ziehen, welche mit konstanten
Mengen von Energie verbunden sind, sondern auch solche Massen, welche Energie an
andere Massen abgeben oder von ihnen empfangen." (S. 19); und im Rahmen seiner
eigenen Mechanik: „Übrigens erweist es sich auch hier bald als zweckmäßig, den Begriff der Kraft einzuführen. Aber die Kraft tritt nun nicht auf als etwas von uns unab-
hängiges und uns fremdes, sondern als eine mathematische Hilfskonstruktion" (S. 33).

Zweckmäßigkeit, worunter Deutlichkeit und Einfachheit verstanden werden. Die klassische Theorie wird wegen ihres Kraftbegriffes infolge der Forderung nach logischer Zulässigkeit und Zweckmäßigkeit kritisiert.

Der wichtigste Aspekt der Kritik gemäß der Forderung nach logischer Zulässigkeit wird anhand eines mechanischen Beispiels zum Ausdruck gebracht. Beim Herumschwingen eines Steins an einer Schnur im Kreise seien wir uns der Ausübung einer Kraft bewußt. So wird verständlich, daß die Kraft als Ursache der Bewegung betrachtet wird. Wenn die Kraft, die Masse des Steines oder die Länge der Schnur sich veränderten, so Hertz, lasse sich die Übereinstimmung der Bewegung mit dem zweiten Newtonschen Gesetz feststellen.[176] Unsere Wahrnehmung und das zweite Newtonsche Gesetz stehen also im Einklang mit der angegebenen Kraftdefinition. Das dritte Newtonsche Gesetz fordere aber eine Gegenkraft, so fährt er fort, welche als diejenige erklärt wird, die der Stein auf die Hand ausübe;[177] hierbei entsteht das Problem. Diese Kraft ist mit der zuvor angegebenen Definition für die Kraft nicht übereinstimmend, denn sie besteht nicht vor der Bewegung und ist von ihr nicht unabhängig, sie entstehe sogar erst nach der Bewegung, weshalb Hertz sie vielmehr als eine Folge derselben ansieht.[178] Wenn nun die Kraft als Ursache der Bewegung definiert wird und es eine gibt, welche sogar als deren Folge auftritt, dann ist der Begriff widersprüchlich, was gegen die logische Zulässigkeit verstößt.[179]

---

[176] „Wir schwingen einen Stein an einer Schnur im Kreise herum; wir üben dabei bewußtermaßen eine Kraft auf den Stein aus; diese Kraft lenkt den Stein beständig von der geraden Bahn ab, und wenn wir diese Kraft, die Masse des Steines und die Länge der Schnur verändern, so finden wir, daß die Bewegung des Steines in der That stets in Übereinstimmung mit dem zweiten NEWTONschen Gesetze erfolgt" (S. 6).

[177] „Nun aber verlangt das dritte Gesetz eine Gegenkraft zu der Kraft, welche von unserer Hand auf den Stein ausgeübt wird. Auf die Frage nach dieser Gegenkraft lautet die jedem geläufige Antwort: es wirke der Stein auf die Hand zurück infolge der Schwungkraft, und diese Schwungkraft sei der von uns ausgeübten Kraft in der That genau entgegengesetzt gleich" (S. 6f.).

[178] „In unseren Bewegungsgesetzen war die Kraft die *vor* der Bewegung vorhandene Ursache der Bewegung. Dürfen wir, ohne unsere Begriffe zu verwirren, jetzt auf einmal von Kräften reden, welche erst durch die Bewegung entstehen, welche eine Folge der Bewegung sind?" (S. 7).

[179] Diese Forderung lautet: „Als unzulässig sollten wir von vornherein solche Bilder bezeichnen, welche schon einen Widerspruch gegen die Gesetze unseres Denkens in sich tragen" (S. 2). Zum Sinn dieser Forderung ist noch hinzuzufügen: „Soll ein Bild ge-

Gemäß der Forderung nach Zweckmäßigkeit soll unter zwei logisch zulässigen und experimentell richtigen Bildern dasjenige bevorzugt werden, das „mehr wesentliche Beziehungen des Gegenstandes wiederspiegelt", – das *deutlichere* – und unter zweien, die auch in bezug auf diesen Aspekt vergleichbar sind, dasjenige, welches weniger „leere Beziehungen" enthält – das *einfachere*. Was die Deutlichkeit des Bildes betrifft, besteht die Kritik darin, daß mehr Eigenschaften der Kräfte durch die Erfahrung vermittelt werden können, als sie von den Grundgesetzen ableitbar sind. Hertz legt hierzu die zwei folgenden Argumente vor:

- Das System lasse Kräfte zu, die nie beobachtet worden seien, wie die, die dem Prinzip der Erhaltung der Energie widersprechen;[180]
- wahrscheinlich ließen sich mehr Eigenschaften der Elementarkräfte durch die Erfahrung ableiten, als die Grundgesetze enthalten.[181]

Was die Einfachheit betrifft, ist die Kritik auf die Anzahl der „überflüssigen oder leeren Beziehungen" zurückzuführen, die durch den Kraftbegriff entstehen.[182] Hertz geht davon aus, daß sich in den Bildern leere Beziehungen nicht ganz vermeiden lassen, weil sie menschliche Konstruktionen sind.[183]

---

wisser äußerer Dinge in unserem Sinn zulässig sein, so müssen die Züge desselben nicht allein unter sich in Einklang stehen, sondern sie dürfen auch nicht den Zügen anderer in unserer Erkenntnis schon feststehender Bilder widersprechen" (S. 27).

[180] „Nicht alle Bewegungen, welche die Grundgesetze zulassen und welche die Mechanik als mathematische Übungsaufgaben behandelt, kommen in der Natur vor [...]. Seit der Mitte dieses Jahrhunderts sind wir fest überzeugt, daß keine Kräfte in der Natur wirklich vorkommen, welche eine Verletzung des Prinzips von der Erhaltung der Energie bedingen würden" (S. 12).

[181] „So wenig man sich also einig ist über alle bestimmten Eigenschaften, welche den Elementarkräften beizulegen sind, so sehr stimmt man doch überein in der Meinung, daß sich mehr solche allgemeine Eigenschaften angeben und aus der schon vorhandenen Beobachtung ableiten lassen, als die Grundgesetze enthalten" (S. 13).

[182] „Unsere Bedenken bei Beantwortung dieser Frage [was die Einfachheit betrifft] knüpfen sich wiederum an den Begriff der Kraft. Es kann nicht geleugnet werden, daß in sehr vielen Fällen die Kräfte, welche unsere Mechanik zur Behandlung physikalischer Fragen einführt, nur als leergehende Nebenräder mitlaufen, um überall da außer Wirksamkeit zu treten, wo es gilt, wirkliche Tatsachen darzustellen" (S. 14).

[183] „Ganz werden sich leere Beziehungen nicht vermeiden lassen, denn sie kommen den Bildern schon deshalb zu, weil es eben nur Bilder und zwar Bilder unseres besonderen Geistes sind und also von den Eigenschaften seiner Abbildungsweise mitbestimmt sein müssen" (S. 3).

Seine Kritik zielt vielmehr auf die Zahl der leeren oder überflüssigen Beziehungen.[184] Durch ein konkretes Beispiel – ein Stück Eisen ruht auf einem Tisch – hebt er die Diskrepanz zwischen der Vielfalt der Kräfte, die zur Erklärung des Phänomens einbezogen werden, und dem Endergebnis hervor, daß sich die Kräfte gegenseitig vernichten und das Stück Eisen eben ruht.[185] Damit ist Hertz' Kritik am Begriff der Kraft dargestellt, und wir können zu seinem Begriff übergehen.

Die Definition der Kraft in den *Prinzipien* lautet:

> „Unter einer Kraft verstehen wir den selbständig vorgestellten Einfluß, welchen das eine von zwei gekoppelten Systemen zufolge des Grundgesetzes auf die Bewegung des anderen ausübt" (§ 455).

Die zwei hier erwähnten gekoppelten Systeme bilden zusammen ein freies System. Die Kraft wird dann durch den Einfluß eines der Teilsysteme auf das andere definiert. Jedes dieser Teilsysteme ist also dem inneren Zusammenhang und der Kopplung mit dem anderen unterworfen. Diese für die Kraft vorgestellte Konfiguration wird dann mathematisch umgeschrieben. Die Zusammenhänge der Systeme werden wie üblich durch die Zwangsbedingungen, „Bedingungsgleichungen" genannt (§ 457a, b), und die Kopplung der beiden miteinander durch die „Kopplungsgleichungen" ausgedrückt (§ 457c). Indem die Kopplung ebenfalls als eine Bedingung angese-

---

[184] „Doch selbst wenn die Kräfte nur von uns in die Natur hineingetragen wären, dürften wir darum ihre Einführung noch nicht als unzweckmäßig bezeichnen. Wir waren uns von vornherein klar darüber, daß sich unwesentliche Nebenbeziehungen in unsern Bildern nicht ganz würden vermeiden lassen. Nur möglichste Einschränkung dieser Beziehungen, nur weise Besonnenheit in ihrem Gebrauch durften wir verlangen" (S. 15).

[185] „Jedes Atom des Eisens ist aber auch magnetisch und dadurch mit jedem anderen magnetischen Atom des Weltalls durch neue Kräfte verbunden. Aber die Körper des Alls sind auch erfüllt mit bewegter Elektrizität, und von diesen bewegten Elektrizitäten gehen weitere verwickelte Kräfte aus, welche an jedem magnetischen Atom des Eisens ziehen. Und insofern die Teile des Eisens selbst Elektrizität enthalten, haben wir wieder andere Kräfte in Betracht zu ziehen, neben diesen dann noch verschiedene Arten von Molekularkräften. Einige dieser Kräfte sind nicht klein; wäre von allen Kräften nur ein Teil wirksam, so könnte dieser Teil das Eisen in Stücke reißen. In Wahrheit aber sind alle Kräfte so gegeneinander abgeglichen, daß die Wirkung der gewaltigen Zurüstung Null ist, daß trotz tausend vorhandenen Bewegungsursachen Bewegung nicht eintritt, daß das Eisen eben ruht" (S. 15).

hen und daher die entsprechende mathematische Methode angewandt wird, erhält Hertz die üblichen Gleichungen für die Kraft.[186]

Die Gleichungen für die Kraft werden aufgrund der mathematischen Behandlung der mechanischen Konfiguration gewonnen, die in der Kraftdefinition angegeben wird.[187] Da nun diese mechanische Konfiguration von der Vorstellung herrührt, stellt sich die Frage, wie sich der Hertzsche Kraftbegriff mit der Erfahrung verbindet.

Unter Erfahrung versteht Hertz unsere Wahrnehmungen und Empfindungen der äußeren Gegenstände. Von diesen werden diejenigen, die die Kraft betreffen, in den Methoden für die Messung der Kräfte angegeben.[188] Mit der Angabe der Meßmethoden, die von der üblichen Mechanik über-

---

[186] Das mathematische Verfahren entnimmt man dem § 457. Die erwähnten Gleichungen lauten in den rechtwinkligen Koordinaten

$$m_v \ddot{x}_v + \sum_{\iota=1}^{i} x_{\iota v} X_\iota = X_v \quad (\S482),$$

wobei unter $X_\Uparrow$ die Komponente der Kraft nach $x_\Uparrow$ verstanden wird, das erste Summande der Gleichung stellt ein Produkt der Masse und der entsprechenden Beschleunigung dar und die letzten, die also unter dem Summezeichen stehen, betreffen die Zwangsbedingungen. Es ist so, daß, wenn die Koordinaten x, y und z verwendet werden und das System aus einem einzigen Punkt besteht, die Gleichung die übliche Form

$$m\ddot{x} = X$$

annimmt, wobei X die Komponente der Kraft nach der Koordinate x darstellt. Die entsprechende Gleichung in generalisierten Koordinaten findet man in § 481.

[187] Als „Definition" stellt Hertz das dar, was weder aus der Erfahrung stammt, noch eine logische Folge ist: „Was den Bildern beigelegt wurde um der Zweckmäßigkeit willen, ist enthalten in den Bezeichnungen, Definitionen, Abkürzüngen, kurzum in dem, was wir nach Willkür hinzutun oder wegnehmen können" (S. 3).

[188] „Die erste Methode bestimmt die Kraft aus den Massen und Bewegungen des Systems, von welchem sie ausgeübt wird [...]. Sie wird z.B. angewandt in der Annahme, daß gleich gespannte Federn, gleiche Mengen explodierenden Pulvers u.s.w. unter übrigens gleichen Verhältnissen gleiche Kräfte ausüben" (§ 542).

„Die zweite Methode bestimmt die Kraft aus den Massen und der Bewegung des Systems, auf welches sie wirkt [...]. Sie wurde z.B. von NEWTON angewandt, als er die auf die Planeten wirkende Kraft aus deren Bewegung ableitete" (§ 543).

„Die dritte Methode bestimmt die Kraft, indem sie sie mit bekannten Kräften ins Gleichgewicht bringt [...]. Auf ihr beruhen z.B. alle Kräftemessungen mit der Waage" (§ 544).

nommen werden, wird der Teil der Erfahrung festgesetzt, der mit dem Kraftbegriff zu verbinden ist.[189]

Damit läßt sich zur Vorgehensweise Hertz' zusammenfassend sagen: Er stellt ein Bild für die Kraft auf und drückt sie demgemäß mathematisch aus; dann setzt er fest, welche Meßverfahren diesem Begriff der Kraft entsprechen, und stellt so die Verbindung zwischen seiner konzeptuellen Konstruktion und der Erfahrung her. Diesem Verfahren mit dem Begriff „Kraft" liegt seine Theorie der physikalischen Erkenntnis zugrunde. Der Hertzsche Lösungsvorschlag für das Kraft-Problem tritt also im Rahmen seiner eigenen mechanischen Theorie auf und setzt ebenfalls seine eigene Erkenntnistheorie voraus.

I. § 11 Poincarés Analyse

Auf dem 1. internationalen Kongreß für Philosophie im Jahr 1900 in Paris hielt Poincaré einen Vortrag zum Thema „Prinzipien der Mechanik". Folgerichtig befaßte er sich hier auch mit dem Gesetz der Beschleunigung. Er warf die Frage auf, ob das Gesetz durch Erfahrung festgestellt werden könne. Dazu sei es notwendig, Beschleunigung, Kraft und Masse zu messen. Hier tritt jedoch ein Problem auf, denn, so Poincaré, man wisse nicht einmal, was Kraft und Masse seien.[190] Auf das Gesetz geht er in diesem Vortrag nicht ein, sondern verweist den Leser auf einen drei Jahre zuvor erschienenen Artikel: „Les idées de Hertz sur la Mécanique". In diesem wird die These vertreten, es sei unmöglich, eine befriedigende Idee von der Masse und von der Kraft im klassischen System zu geben. Im folgenden werden wir auf die Argumentation eingehen, die dieser These zugrunde liegt.

Die gewöhnliche These zur Kraft als Ursache der Bewegung läßt Poincaré außer acht, denn, so wird erklärt, das hieße, Metaphysik zu treiben.

---

[189] „Durch Anwendung einer jeden dieser drei Methoden können auch die Kräfte aus Rechnungsgrößen zu Gegenständen der unmittelbaren Erfahrung gemacht werden, d.h. zu Zeichen für bestimmte Verbindungen sinnlicher Empfindungen und Wahrnehmungen" (§ 541).

[190] „Cette loi peut-elle être vérifiée par l'expérience? Pour cela, il faudrait mesurer les trois grandeurs qui figurent dans l'énoncé: accélération, force et masse.
J'admets qu'on puisse mesurer l'accélération, parce que je passe sur la difficulté provenant de la mesure du temps. Mais comment mesurer la force, ou la masse? nous ne savons même pas ce que c'est" (1900, S. 466).

Statt dessen untersucht er die mit dem Thema verbundenen Meßverfahren, d.h., wie Kraft und Masse gemessen werden.[191] In einem ersten Schritt wird die Messung der Kraft bzw. die Frage nach der Gleichheit zweier Kräfte behandelt, und in einem zweiten nimmt er die Kraft als definiert an und untersucht, wie die Masse primär, d.h. ohne Mithilfe der Kraft gemessen werden kann. Betrachten wir jeden dieser Schritte.

Die Definition der Gleichheit der Kräfte, die den ersten Gegenstand der Untersuchung Poincarés bildet, lautet, zwei Kräfte seien gleich, wenn sie, auf dieselbe Masse angewandt, dieselbe Beschleunigung verursachten oder wenn sie sich in der entgegengesetzten Richtung zueinander im Gleichgewicht hielten.[192] Die Kritik Poincarés an dieser Definition betrifft deren Voraussetzungen.

Die Aussage, dieselben Kräfte erteilten derselben Masse dieselbe Beschleunigung, setzt voraus, daß man dieselbe Masse an verschiedene Kräfte anhängt und die Beschleunigung mißt. Zu dem Zweck muß also die Masse von der ersten Kraft abgehängt und an die zweite angehängt werden. Hinsichtlich des Teils der Definition, der das Gleichgewicht betrifft, wird vorausgesetzt, daß zwei voneinander unabhängige Kräfte in Verbindung gebracht werden. Nun sagt Poincaré, Kräfte ließen sich nicht an Körper anund abhängen, wie etwa Lokomotiven an Wagen oder Pferde an Kutschen. Daher sei es unmöglich, zu wissen, welche Beschleunigung eine bestimmte Kraft bei einem anderen Körper hervorriefe oder wie sich zwei Kräfte verhielten, falls sie in Verbindung miteinander gebracht würden.[193] Auf diesen

---

[191] „Quand on dit que la force est la cause d'un mouvement, on fait de la métaphysique, et cette définition, si on devait s'en contenter, serait absolument stérile. Pour qu'une définition puisse servir à quelque chose, il faut qu'elle nous apprenne à *mesurer* la force; cela suffit d'ailleurs, il n'est nullement nécessaire qu'elle nous apprenne ce que c'est que la force *en soi*, ni si elle est la cause ou l'effet du mouvement" (1897, S. 734).

[192] „Quand dira-t-on que deux forces sont égales? C'est, répondra-t-on, quand, appliquées à une même masse, elles lui impriment une même accélération, ou quand, opposées directement l'une à l'autre, elles se font équilibre" (1897, S. 734).

[193] „Cette définition n'est qu'un trompe-l'oeil. On ne peut pas décrocher une force appliquée à un corps pour l'accrocher à un autre corps, comme on décroche une locomotive pour l'atteler à un autre train. Il est donc impossible de savoir quelle accélération telle force, appliquée à tel corps, imprimerait à tel autre corps, *si* elle lui était appliquée. Il est impossible de savoir comment se comporteraient deux forces qui ne sont pas directement opposées, *si* elles étaient directement opposées" (1897, S. 734). Die Metapher von Pferd und Kutsche tritt in dem späteren Artikel auf: „[...] les forces ne sont pas

letzten Punkt, mithin auf die Gleichheit zweier Kräfte durch Gleichgewicht, geht er näher ein.

In der folgenden Abbildung wird ein Sachverhalt schematisch dargestellt, welchen Poincaré zur Analyse heranzieht. Auf zwei Körper C und C' werden die Kräfte F bzw. F' angewandt, deren Richtungen von unten nach oben gehen. Das Gewicht des Körpers P wird zuerst an den Körper C und anschließend an den Körper C' aufgehängt.

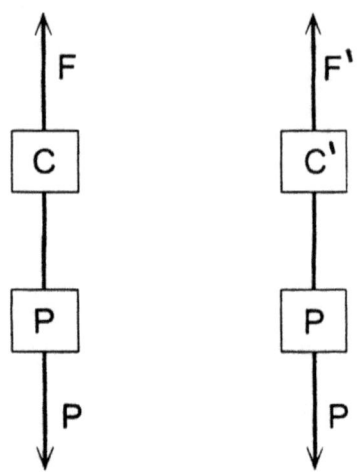

Wenn in beiden Fällen Gleichgewicht statthat, dann erschließe man, so Poincaré, die Kräfte F und F' seien gleich, denn sie seien dem Gewicht des Körpers P gleich.[194] Der hier vorliegende Gedankengang ist an sich einwandfrei: wenn F=P und F'=P ist, dann folgt F=F'.

Dessen Prämissen werden nun aus zwei Gründen von Poincaré kritisiert. Der erste betrifft die Voraussetzung, daß das Gewicht P, das F und F' im Gleichgewicht hält, dasselbe ist, denn der Wert eines Gewichts ist bekannt-

---

des chevaux que l'on peut détacher d'une voiture pour les atteler à une autre" (1900, S. 466).

[194] „Deux forces F et F', que je supposerai verticales et dirigées de bas en haut pour simplifier, sont respectivement appliquées à deux corps C et C'; je suspends un même corps pesant P d'abord au corps C, puis au corps C'; si l'équilibre a lieu dans les deux cas, je conclurai que les deux forces F et F' sont égales entre elles, puisqu'elles sont égales toutes deux au poids du corps P" (1897, S. 734).

lich vom Ort abhängig.[195] Poincaré weiß sehr wohl, daß der Unterschied der Intensität des Gewichts sehr gering ist, wenn die Orte nahe genug sind, er sagt aber, es sei von einer Definition zu verlangen, daß sie präzise sei, was natürlich nicht der Fall ist, wenn als gleich angenommen wird, was es genau genommen nicht ist.[196] Der zweite Kritikgrund hängt mit der Voraussetzung jeder der Gleichheiten zusammen und wird im folgenden behandelt.

Die zweite Abbildung stellt einen entsprechenden Sachverhalt schematisch dar. Es dürfe nicht gesagt werden, so Poincaré, das Gewicht des Körpers werde auf den Körper C angewandt und halte unmittelbar die Kraft F im Gleichgewicht, denn auf den Körper C werde die Aktion von P auf C angewandt. Auf den Körper P, so fährt er fort, wirke von einer Seite dessen Gewicht und auf die andere die Reaktion des Körpers C. Die Gleichheit der Kraft F und des Gewichts P ergebe sich dann aus den drei folgenden Gleichheiten:

F=A aufgrund des Gleichgewichts;

---

[195] „Mais suis-je sûr que le corps P a conservé le même poids quand je l'ai transporté du premier corps au second? Loin de là, *je suis sûr du contraire*" (1897, S. 734).

[196] „[J]e sais que l'intensité de la pesanteur varie d'un point à un autre, et qu'elle est plus forte, par exemple, au pôle qu'à l'équateur. Sans doute la différence est très faible et, dans la pratique, je n'en tiendrai pas compte; mais une définition bien faite devrait avoir une rigueur mathématique: cette rigueur n'existe pas. Ce que je dis du poids s'appliquerait évidemment à la force du ressort d'un dynamomètre, que la température et une foule de circonstances peuvent faire varier" (1897, S. 734f.).

A=R aufgrund des Prinzips der Aktion und Reaktion;
R=P aufgrund des Gleichgewichts.[197]

Dabei kritisiert Poincaré, daß das Prinzip der Gleichheit von Wirkung und Gegenwirkung nicht als ein experimentelles Gesetz, sondern als Definition verwendet werde.[198]

Zusammenfassend ergeben sich aus der Untersuchung Poincarés die folgenden Probleme:

- Die Kraft wird so vorausgesetzt, als ob sie ein Gegenstand wäre, der sich an Körper an- und abhängen läßt;
- es mangelt an Präzision insofern, als so getan bzw. vorausgesetzt wird, als ob das Gewicht nicht vom Ort abhängig wäre;
- das Prinzip von Wirkung und Gegenwirkung wird eingesetzt, als ob es sich um eine Definition handele.

Infolge der dargestellten Probleme ist klar, daß die Definition der Gleichheit zweier Kräfte nicht einwandfrei ist, und so geht Poincaré zur Analyse der zu Beginn genannten Alternative über, d.h., er betrachtet die Kraft als durch die Grundgleichung der Mechanik definiert, was er auf Kirchhoff zurückführt, und setzt sich mit der Messung der Masse auseinander.

Wenn die Kraft als Produkt von Masse und Beschleunigung definiert wird, dann ist es zum Verständnis der Definition erforderlich, zu wissen, was Masse und Beschleunigung sind, was vom Poincaréschen Gesichtspunkt aus bedeutet, sagen zu können, wie jede der Größen zu messen ist. Trotz eines Zögerns in bezug auf die Beschleunigung, die auf der Messung der Zeit beruht, räumt er ein, daß sie meßbar ist, und so bleibt nur die Messung der Masse als Frage übrig.

---

[197] „[O]n ne peut pas dire que le poids du corps P soit appliqué au corps C et équilibre directement la force F. Ce qui est appliqué au corps C, c'est l'action A du corps P sur le corps C: le corps P est soumis de son côté, d'une part à son poids, d'autre part à la réaction R du corps C sur P. En définitive, la force F est égale à la force A, parce qu'elle lui fait équilibre; la force A est égale à R, en vertu du principe de l'égalité de l'action et de la réaction; enfin, la force R est égale au poids de P, parce qu'elle lui fait équilibre. C'est de ces trois égalités que nous déduisons comme conséquence l'égalité de F et du poids de P" (1897, S. 735).

[198] „Nous sommes donc obligés de faire intervenir dans la définition de l'égalité de deux forces le principe même de l'égalité de l'action et de la réaction; *à ce compte, ce principe ne devrait plus être regardé comme une loi expérimentale, mais comme une définition*" (1897, S. 735).

Zuerst wird die Bestimmung der Masse aufgrund der Wechselwirkung zweier Körper untersucht. Es sind dann, laut Poincaré, zwei Körper A und B, die aufeinander wirken:

- Die Wirkung von B auf A wird durch das Produkt der Masse und der Beschleunigung von A angegeben, symbolisch $m_A a_A$;
- die Gegenwirkung von A auf B wird ebenfalls durch Masse mal Beschleunigung von B gegeben, also $-m_B a_B$;
- da Wirkung und Gegenwirkung gleich sind,

$$m_A a_A = -m_B a_B,$$

werden die Massen durch die umgekehrte Proportion der Beschleunigungen erlangt:[199]

$$\frac{m_A}{m_B} = -\frac{a_B}{a_A}.$$

Bei dieser Vorgehensweise sieht Poincaré folgende Probleme: Die Gleichheit von Wirkung und Gegenwirkung wird hier nicht als ein experimentelles Gesetz, sondern als Definition eingesetzt,[200] dabei wird vorausgesetzt, daß die Beschleunigung von A nur durch B hervorgerufen wird, wohingegen, so Poincaré, die Beschleunigung von A nicht nur auf die Aktion von B, sondern auf eine Menge anderer Körper zurückzuführen sei.[201] Um die Massen aufgrund der hervorgerufenen Beschleunigungen zu bestimmen, sei es daher notwendig, die Beschleunigung von A zu zerlegen und die von B hervorgerufene Beschleunigung zu erkennen.[202] Diese Zerlegung der Be-

---

[199] „Deux corps A et B agissent l'un sur l'autre; l'accélération de A multipliée par la masse de A est égale à l'action de B sur A; de même, le produit de l'accélération de B par sa masse est égal à la réaction de A sur B. Comme, par définition, l'action est égale à la réaction, les masses de A et de B sont en raison inverse des accélérations de ces deux corps" (1897, S. 735).

[200] „Pour la compléter [la définition de Kirchhoff], il faut de nouveau recourir à la troisième loi de Newton (égalité de l'action et de la réaction), regardée encore, non comme une loi expérimentale, mais comme une définition" (1897, S. 735).

[201] „[L]'accélération de A n'est pas due seulement à l'action de B, mais à celle d'une foule d'autres corps C, D ..." (1897, S. 735).

[202] „[I]l faut donc décomposer l'accélération de A en plusieurs composantes, et discerner quelle est celle de ces composantes qui est due à l'action de B" (1897, S. 735).

schleunigung sei aber erst möglich, wenn die „Hypothese der Zentralkräfte" angenommen werde.[203]

Der Poincaréschen Auffassung nach ist also die Annahme der Hypothese der Zentralkräfte notwendig, um die Zerlegung der Kräfte durchzuführen, und diese Zerlegung ist wiederum für die Messung der Massen mittels des umgekehrten Verhältnisses der Beschleunigungen notwendig. Von der genannten Hypothese der Zentralkräfte hängt also alles Weitere ab. Die Charakterisierung des Satzes durch „Hypothese" weist jedoch schon darauf hin, daß eine gewisse Unsicherheit mit ihm verbunden ist. Wenn aber die Hypothese beiseite gelegt wird, dann muß eine andere Methode zur Bestimmung der Masse gesucht werden.[204]

Poincaré betrachtet schließlich die Möglichkeit, die Massen anhand des Schwerpunktes zu bestimmen. Der Schwerpunkt eines Systems, auf das keine äußere Aktion einwirke, zeichne sich dadurch aus, so Poincaré, daß seine Bewegung gleichförmig-geradlinig sei. Aufgrund dessen wären die Werte der Masse der Körper so zu arrangieren, daß der Schwerpunkt eine solche Bewegung zeige.[205] Hier tritt jedoch ein Problem auf, da es kein System ohne äußere Einwirkung gebe. Ferner gelte das Gesetz der Bewegung des Schwerpunktes nur für das ganze Universum. Für die Verwendung des Satzes bei der Bestimmung der Massen wäre es deshalb notwendig, die

---

[203] „Cette décomposition serait encore possible, si nous *admettions* que l'action de C sur A s'ajoute simplement à celle de B sur A, sans que la présence du corps C modifie l'action de B sur A, ou que la présence de B modifie l'action de C sur A; si nous admettions, par conséquent, que deux corps quelconques s'attirent, que leur action mutuelle est dirigée suivant la droite qui les joint et ne dépend que de leur distance; si nous admettions, en un mot, *l'hypothèse des forces centrales*" (1897, S. 735).

[204] „Mais avons-nous le droit d'admettre l'hypothèse des forces centrales? Cette hypothèse estelle rigoureusement exacte? Est-il certain qu'elle ne sera jamais contredite par l'expérience? Qui oserait l'affirmer? Et si nous devons abandonner cette hypothèse, tout l'édifice si laborieusement élevé s'écroulera.
Nous n'avons plus le droit de parler de la composante de l'accélération de A qui est due à l'action de B. Nous n'avons aucun moyen de la discerner de celle qui est due à l'action de C ou d'un autre corps. La règle pour la mesure des masses devient inapplicable" (1897, S. 735f.).

[205] „Voilà, semble-t-il, un moyen de définir la masse; la position du centre de gravité dépend évidemment des valeurs attribuées aux masses; il faudra disposer de ces valeurs de façon que le mouvement de ce centre de gravité soit rectiligne et uniforme; cela sera toujours possible si la troisième loi de Newton est vraie, et cela ne sera possible en général que d'une seule manière" (1897, S. 736).

Bewegung des Schwerpunktes des Universums zu beobachten, was aber unmöglich sei.[206]

Die Resultate der Untersuchung zur Messung der Masse wie auch zur Messung der Kraft lassen Poincaré zu dem Schluß kommen, „qu'avec le système classique, *il est impossible de donner de la force et de la masse une idée satisfaisante.*" (1897, S. 736)

I. § 12 Ludwigs *Theoretische Physik*

Die *Einführung in die Grundlagen der Theoretischen Physik* von 1974 (^{2}1978, ^{3}1985) ist ein aus vier Bänden bestehendes Werk, welches sich mit Mechanik, Elektromagnetismus, Relativitäts-, Quantentheorie und Thermodynamik befaßt. Von den übrigen Lehrbüchern für Physik unterscheidet es sich dadurch, daß die einzelnen Themen in eine Theorie der physikalischen Erkenntnis eingebettet sind. Im Zuge der Reflexion über die Theorien treten Fragestellungen auf, die in den Lehrbüchern jedoch im allgemeinen nicht einmal erwähnt werden.

Ludwig vertritt die These, die Methode der theoretischen Physik bestehe in der Anwendung der Mathematik auf die Wirklichkeit. Hierauf beruht seine Systematisierung einer physikalischen Theorie, welche aus drei Teilen

besteht: einer mathematischen Theorie, einem Wirklichkeitsbereich und einer Anwendungsvorschrift, welche dazu dient, die Teile zu verknüpfen.[207] Der Wirklichkeitsbereich werde mitbestimmt, so Ludwig, durch den soge-

---

[206] „Mais il n'existe pas de système soustrait à toute action extérieure; toutes les parties de l'Univers subissent plus ou moins fortement l'action de toutes les autres parties. *La loi du mouvement du centre de gravité n'est rigoureusement vraie que si on l'applique à l'Univers tout entier.*
Mais alors il faudrait, pour en tirer les valeurs des masses, observer le mouvement du centre de gravité de l'Univers. L'absurdité de cette conséquence est manifeste; nous ne connaissons que des mouvements relatifs; le mouvement du centre de gravité de l'Univers restera pour nous une éternelle inconnue" (1897, S. 736).

[207] „Die Methode der theoretischen Physik besteht in der Anwendung der Mathematik auf die Wirklichkeit [...]. Eine physikalische Theorie [...] bestimmen wir deshalb durch die Angabe der drei Teile: einer mathematischen Theorie [...], eines Wirklichkeitsbereiches [...] und einer Anwendungsvorschrift" (1985, S. 47).

nannten Grundbereich, worunter reale Gegebenheiten verstanden werden.[208] Als Erläuterung für die Terminologie läßt sich der Begriff des Abstands anführen, welcher im Werk behandelt und zu demselben Zweck auch herangezogen wird.

In der euklidischen Geometrie entspricht der Abstand zwischen zwei Punkten a und b der Strecke, die diese Punkte miteinander verbindet. Der Wert des Abstandes wird dann bekanntlich durch die Pythagoreische Formel berechnet. Wenn es sich aber um eine Raumvermessung handelt, müsse ein Gerüst vorhanden sein, so Ludwig, durch das es möglich sei, Stellen zu fixieren.[209] Als Beispiel für ein Gerüst führt er die Wand eines Zimmers an, denn an ihr könne man etwa anhand des Kreuzens zweier Fäden bestimmte Stellen festlegen. Sind erst einmal zwei Stellen fixiert, muß eine Methode gefunden werden, um ihren Abstand einzuschätzen. Dazu sei eine Kette aus gleich geformten Kettengliedern zu verwenden, um die beiden Stellen durch die kürzest mögliche Kette miteinander zu verbinden. Die geringste Zahl von Kettengliedern, die zur Verbindung der zwei Stellen ausreichen, geben dann den Abstand an, welcher von Ludwig als „Kettenabstand" bezeichnet wird.[210]

Aus diesem Beispiel geht eine deutliche Trennung zwischen dem mathematischen bzw. geometrischen Aspekt des Begriffs des Abstandes und dem hervor, der mit der Messung zusammenhängt. Es ist nicht mehr von Punkten die Rede, sondern von fixierten Stellen, die reale Gegebenheiten, mithin Teile des Grundbereiches sind. Reale Gegebenheiten werden auch

---

[208] „W [der Wirklichkeitsbereich] wird daher (unter anderem) mitbestimmt sein durch die Angabe eines Bereiches realer Gegebenheiten [...] Wir wollen diesen Bereich realer Gegebenheiten kurz den Grundbereich G von W nennen" (S. 47).

[209] „Die Basis für die Möglichkeit einer physikalischen Raumvermessung ist ein *Gerüst*. Ein solches Gerüst können die Wände des Zimmers sein, in dem ich mich befinde; es können aber auch markierte Ausgangspunkte zur Erdvermessung sein; ja es können auch – z.B. für die Astronomie – sehr künstlich konstruierte Bezugspunkte sein" (S. 12).

[210] „Wir betrachten zunächst *nur Ketten aus gleich geformten* Kettengliedern zwischen verschiedenen fixierten Stellen. Als Länge einer Kette zwischen zwei fixierten Stellen bezeichnen wir die Zahl der Kettenglieder. Wir versuchen nun, zwei fixierte Stellen durch eine möglichst kurze Kette zu verbinden. Die kleinste Zahl von Kettengliedern, die ausreicht, um die beiden fixierten Stellen zu verbinden, bezeichnen wir kurz als ‚Kettenabstand'" (S. 16).

Realtexte genannt, was die Assoziation mit lesbaren Texten hervorruft.[211]
Damit ist die Begrifflichkeit Ludwigs soweit geschildert, als es für die Behandlung des Begriffs der Kraft zweckmäßig ist.

ZUM KRAFTBEGRIFF

Der Begriff der Kraft wie auch der der Masse bereiten solche Schwierigkeiten, daß das Thema oft im dunkeln gelassen werde, so Ludwig. Kritisiert
werden dabei die Erläuterungen zum Newtonschen Gesetz, aufgrund deren
es undeutlich ist, ob es sich um ein physikalisches Gesetz, eine Definition
der Kraft oder eine Definition der Masse handelt.[212] Kraft und Masse bilden
also ein Problem, und hierfür legt Ludwig eine Lösung vor. Wir werden
zuerst deren Entwicklung verfolgen, um anschließend auf deren Voraussetzungen einzugehen.

Ludwig beginnt mit der Formulierung eines Axioms. Er nennt es zweites Newtonsches Gesetz, worunter er explizit nicht den Satz der *Principia*,
sondern die Aussage versteht, Kraft sei gleich Masse mal Beschleunigung.
Die zweiteilige Formulierung lautet folgendermaßen:

„Î. Eine Funktion, die jedem Massenpunkt eine reelle, positive Zahl
zuordnet, nennen wir eine Massenfunktion. Wenn wir die Massenpunkte durch Indizes i kennzeichnen, schreiben wir für eine Massenfunktion kurz m_i. Wir setzen als Axiom an:

$$(2.1.1) \quad m_i \frac{d^2 \mathbf{r}^i(t)}{dt^2} = \mathbf{k}_i \, ;$$

$\mathbf{k}_i$ heißt die Kraft auf den i-ten Massenpunkt.

---

[211] „Der Grundbereich [...] besteht *nicht* aus irgendwelchen Aussagen über physikalische
Vorgänge, sondern aus den vorgegebenen Vorgängen selbst. Genauso wie ein Text eines Buches vorliegt, so stellt G [der Grundbereich] einen Bereich von realen Sachver-
halten dar. Wegen der Ähnlichkeit mit dem Text eines Buches sollen konkret vorliegende Teilstücke von G in den folgenden Teilen des Buches kurz *Realtexte* genannt
werden" (S. 49f.).

[212] „Wir kommen nun zu einem sehr wichtigen, aber auch sehr schwierigen Punkt. Wegen
der Schwierigkeit wird dieser Punkt oft im Dunkeln gelassen. Es handelt sich um die
Begriffe von Masse und Kraft. Gerade ein Anfänger weiß am Ende mancher Erläuterungen nicht so recht, ob das bekannte *Newton*sche Grundgesetz: *Masse mal Beschleunigung gleich Kraft* ein physikalisches Gesetz (d.h. Axiom im mathematischen
Bild) darstellt oder nur eine Definition der Kraft oder eine Definition der Masse"
(S. 144).

ÎI. Axiomatische Gesetze für die k_i (sogenannte Kraftgesetze), die wir im Augenblick noch nicht aufschreiben" (S. 147).

Im ersten Teil wird die Grundgleichung der Mechanik als Axiom angegeben. Was Kraft oder Masse ist, wird aber nicht geklärt. Dies ist jedoch der Ludwigschen Auffassung nach auch nicht vorzunehmen bzw. nicht machbar, denn er charakterisiert das zweite Newtonsche Gesetz als eine für sich genommen „leere Aussage".[213]

Der erste Schritt der Ludwigschen Lösung besteht also darin, die Grundgleichung zu postulieren und damit folglich eine Beziehung zwischen Kraft, Masse und Beschleunigung herzustellen oder festzusetzen, ohne auf die Frage nach der physikalischen Bedeutung von Kraft oder Masse einzugehen. Sie wird durch die Charakterisierung des Axioms als eine „leere Aussage" außer acht gelassen, denn, wenn die Aussage leer ist, dann ist jede weitere Frage nach deren Bedeutung sinnlos. Dies ändert sich jedoch mit einem zweiten Schritt, welcher mit dem zweiten Teil der Formulierung zusammenhängt.

Im zweiten Satz der Formulierung wird auf Kraftgesetze hingewiesen. Das erste dargestellte lautet folgendermaßen: „Es gibt eine Vektorfunktion $k(r)$ über X (X = Menge der Raumpunkte im Inertialsystem), so daß die Kraft k_i auf den Massenpunkt i gleich $k(r^i)$ ist. $k(r)$ nennt man dann ein Kraftfeld" (S. 148). Zur Erläuterung dieses Satzes, auch Axiom genannt, wird hinzugefügt, er sei so zu verstehen, daß man im Experiment die verschiedenen Massenpunkte i nacheinander in das Kraftfeld $k(r)$ bringe und ihre Bewegung beobachte.[214] Tut man dies und zwar auch so, daß man verschiedene Körper zum selben Punkt nacheinander bringt, dann folgt, da die

---

[213] „Für manchen Leser, wird die in Î und ÎI gegebene Formulierung eine grobe Enttäuschung sein, da er hoffte, nun endgültig zu sehen, *was* denn die beiden Größen m_i und k_i in (2.1.1) bedeuten; statt dessen scheinen in (2.1.1) eigentlich nur ‚willkürliche' Faktoren m_i angebracht, um die k_i zu 'definieren'; (2.1.1) scheint also *eigentlich* vollkommen leer zu sein: Das *Newton*sche Grundgesetz eine leere Aussage!
Die Bedeutung des *Newton*schen Grundgesetzes wird eben häufig verdunkelt, indem man nicht zugeben will, daß (2.1.1) *für sich allein* (!) tatsächlich eine leere Aussage darstellt" (S. 147).

[214] „Das Axiom ÎI.1 a ist so zu verstehen, daß man im Experiment die verschiedenen Massenpunkte i nacheinander in das Kraftfeld $k(r)$ bringt und ihre Bewegung beobachtet" (S. 148).

betrachtete Kraft ortsabhängig ist, daß für irgendwelche zwei Körper die Produkte der jeweiligen Massen mit den jeweiligen Beschleunigungen gleich sind. Daraus leitet Ludwig einen Prozeß zur Messung der Masse ab, denn abgesehen von der Masse eines einzelnen Körpers könnten auf diese Weise die Massen aller anderen bestimmt werden.[215] Aufgrund dessen sei auch die Kraft bestimmbar, wobei hierzu auf die im Axiom festgehaltene Beziehung zwischen den Größen zurückgegriffen wird.[216]

Die Gleichung, die das genannte Kraftgesetz ausdrückt, lautet

$$m\ddot{\mathbf{r}} = \mathbf{k}(\mathbf{r}).$$

Sie wird von Ludwig als eine Zusammenfassung der im ersten Teil des Axioms angegebenen Gleichung und der Formulierung des Kraftgesetzes betrachtet.[217] Sie stellt in der Tat eine Spezifizierung der Grundgleichung dar. Sie selbst wird dann für den Fall einer Federbewegung konkretisiert: als Richtung der Bewegung wird die Koordinate x genommen, die Feder-konstante wird durch a dargestellt, und so nimmt die Gleichung die Form

$$m\ddot{x}(t) = -ax(t)$$

an. Dann schreibt Ludwig: „Das *Newton*sche Grundgesetz (2.1.1) plus Kraftgesetz ÎI,1a und dann speziell (2.2.4) [es handelt sich um die Feder-gleichung] sind keine leeren Aussagen mehr!" (S. 150). Betrachten wir die Gründe hierfür oder die Voraussetzungen seiner Feststellung.

Ludwig vertritt die These, Kraft und Masse seien nicht etwas, was man in der Wirklichkeit vorfinde. Sie seien, in seiner Terminologie, keine Stü-cke des Realtextes, mithin nicht etwas, was sich mathematisch umschreiben

---

[215] „Ist $\mathbf{k}(\mathbf{r})$ nicht identisch Null, so ist durch (2.2.1) [es handelt sich um die Gleichung, die das Kraftgesetz ausdrückt] die Massenfunktion m_i bis auf einen konstanten Faktor eindeutig bestimmt; Beweis [...]" (S. 148).

[216] „[...] nachdem wir gesehen haben, wie durch (2.2.1) die Massen und damit auch die Kräfte festgelegt sind [...]" (S. 149). (2.2.1) bezeichnet die Gleichung, die das Kraft-gesetz ausdrückt und stellt daher einen speziellen Fall der Grundgleichung dar.

[217] „Î. [der erste Teil des allgemeinen Axioms] und ÎI.1a [die Formulierung des Kraftge-setzes] zusammengefaßt lauten also:

$$m_i \frac{d^2 \mathbf{r}^i(t)}{dt^2} = m_i \mathbf{b}^i(t) = \mathbf{k}(\mathbf{r}^i(t)).\quad (S.\,148)$$

lasse.[218] Durch das axiomatische Kraftgesetz ist jedoch ein Verfahren entstanden, aufgrund dessen die Masse eine meßbare Größe geworden ist und daher zum Wirklichkeitsbereich gehöre.[219] Dasselbe gilt natürlich für die Kraft, welche ebenfalls dadurch eine meßbare Größe geworden ist.[220]

Wenn das axiomatische Gesetz auf den Fall der Federbewegung angewandt wird, ist eine Meßmethode für Masse und Kraft schon vorhanden, sie sind schon Elemente des Wirklichkeitsbereiches. Damit wird verständlich, daß Ludwig folgert, es handele sich dabei um keine leeren Aussagen mehr.

Überblickt man das gesamte Verfahren Ludwigs, läßt sich feststellen: zur Einführung der Begriffe der Masse und der Kraft in den Wirklichkeitsbereich dient die Meßbarkeit der Masse und der Kraft; beide Größen werden aufgrund eines axiomatischen Kraftgesetzes gemessen, welches eine

Konkretisierung der Grundgleichung bildet. Es ergibt sich also hieraus, daß die Grundgleichung zur Meßbarkeit der betrachteten Größen erforderlich ist.

Die Grundgleichung wird aber mittels Kraft, Masse und Beschleunigung aufgestellt, und dadurch, daß Kraft und Masse, wie gesagt, keine Stücke des

---

[218] „Der physikalische Begriff der Kraft beschreibt eben *nicht* etwas unmittelbar Feststellbares […]. Der Kraftbegriff gehört *nicht* zur Formulierung der Abbildungsprinzipien, die etwas im Realtext, d.h. an der Wirklichkeit […] Ablesbares in eine mathematische Form umzuschreiben gestatten. […]
Auch der Begriff der Masse beschreibt nichts, was man unmittelbar in der Wirklichkeit, d.h. im Realtext vorfindet" (S. 145).

[219] „[D]ie Masse ist physikalisch wirklich und gehört zum Wirklichkeitsbereich der Mechanik, denn es gibt *eine und nur eine* (bis auf einen Faktor willkürliche) Massenfunktion m_i (oder etwas präziser: Es gibt eine und nur eine Menge von Massenfunktionen, deren Elemente Vielfache eines ihrer Elemente sind), so wie es in III, § 9 von einer zum Wirklichkeitsbereich gehörigen Größe zu fordern ist" (S. 148).

[220] Vor der Darstellung des ersten Kraftgesetzes, also bevor die Masse als Teil des Wirklichkeitsbereiches betrachtet wird, schreibt Ludwig: „Wir werden uns dann *nach* Einführung von sogenannten Kraftgesetzen *zu fragen haben*, ob und wie die Massen m_i und damit nach (2.1.1) [es handelt sich um die Grundgleichung der Mechanik] dann auch die Kräfte k_i *bestimmt* sind und im Sinne von III, § 9 zu physikalisch wirklichen Größen werden" (S. 147).
Nachdem die Masse bestimmbar wurde, tritt wieder deren Beziehung zur Kraft aufgrund der Grundgleichung auf: „Zunächst aber wollen wir, nachdem wir gesehen haben, wie durch (2.2.1) die Massen und damit auch die Kräfte festgelegt sind, noch etwas näher […]" (S. 149).

Realtextes seien, läßt sich die Gleichung durch Hinweise auf die Erfahrung nicht gewinnen.[221] Wie aber eben gesehen, ist sie notwendig für die Entwicklung der Theorie. Unter diesen Bedingungen geht Ludwig folgendermaßen vor: er führt sie zu Beginn als Postulat ein, womit er also über sie verfügt, er schreibt ihr aber dabei keine physikalische Bedeutung zu – sie sei eine leere Aussage.

Ludwig nutzt also die Möglichkeit, daß in der Wissenschaft die ersten Aussagen postuliert werden können und stellt die Grundgleichung der Mechanik als Axiom dar. Für ein eindeutiges Verständnis der Gleichung wäre es jedoch notwendig, die Elemente, aus denen sie besteht, im voraus zu definieren. Bekanntlich gehören einem axiomatischen System nicht nur die Grundgesetze, sondern auch die Grundbegriffe an, durch deren Erläuterung dann klar wird, was als Elementarbestandteil der Grundgesetze verwendet wird. Eine solche Erläuterung tritt jedoch bei Ludwig nicht auf und konnte auch nicht vorkommen, weil die Grundbestandteile seines Axioms Kraft und Masse erst anhand eines Meßverfahrens eine physikalische Bedeutung gewinnen, welches auf dem Axiom selbst beruht. Eine physikalische Bedeutung für die Kraft wird jedoch vor der Einführung des Meßverfahrens vorausgesetzt.

Beim Übergang vom Axiom zum oben zitierten Kraftgesetz schreibt Ludwig: „[…] betrachten wir den Fall, daß die Kraft auf einen Massenpunkt ein Ausdruck für den Einfluß der ‚Umgebung' ist" (S. 148). Hier wird eine Beziehung zwischen Kraft und Einfluß der Umgebung vorausgesetzt, die in dem Axiom nicht angegeben ist. Sie konnte aber auch darin nicht angegeben werden, weil sonst die Charakterisierung der Grundgleichung als leere Aussage unangemessen wäre. Daraus aber, daß bei der Anwendung der Gleichung eine physikalische Bedeutung vorausgesetzt wird, folgt, daß die Charakterisierung der Grundgleichung nicht adäquat ist.

Wenn man darüber hinaus berücksichtigt, daß die Grundgleichung durch weitere Konkretisierungen zu den Kraftgesetzen führt, dann sieht man, daß sie eine große Tragweite besitzt, denn durch sie wird eine bedeutsame Menge von Phänomenen ausgedrückt. Daraus folgt also, daß sie in der

---

[221] „Die Begriffe von Masse und Kraft lassen sich also weder durch Hinweise auf Erfahrungen noch durch eine ähnliche Zusammenfassung von Erfahrungen definieren" (S. 145).

Theorie als allgemeine Gleichung fungiert. Dies steht jedoch ebenfalls nicht im Einklang mit ihrer Charakterisierung als leere Aussage.

Schlußbemerkung

Weder die Kraft noch die Masse konnten als Grundbegriffe eingeführt werden, weil Ludwig für sie keine Definition oder Erläuterung besitzt. Er bestimmt sie demnach von der Grundgleichung aus, wozu diese aber im voraus bestehen muß. Er führt sie dann als Axiom ein und charakterisiert sie als leere Aussage. Durch das Postulat verfügt er über die Beziehung zwischen Kraft und Masse, die für die Entwicklung der Theorie notwendig ist, und durch die Charakterisierung des Postulats als leere Aussage wird die Frage nach der physikalischen Bedeutung der Begriffe als sinnlos dargestellt und bleibt folglich unberücksichtigt. Die Charakterisierung spielt also eine Rolle bei der Strategie, von der Grundgleichung auszugehen, ohne ihre Grundbestandteile im voraus definieren zu müssen. Die Charakterisierung steht jedoch weder im Einklang mit der physikalischen Bedeutung, die bei der Anwendung der Grundgleichung vorausgesetzt wird, noch mit der Funktion derselben in der Theorie. Diese Diskrepanz zwischen dem Charakterisierten und der Charakterisierung zeigt, daß der eingeschlagene Weg nicht als erfolgreich betrachtet werden kann.

II. Bestimmung des Problems und Lösungsvorschlag

Angesichts der Schwierigkeiten, die der Kraftbegriff verursacht, stellt sich die Frage, worin das Kraft-Problem besteht. Eine Antwort ergibt sich aus der Bestimmung des Problems. Dieses läßt sich in zwei Thesen darstellen, deren Argumentation eine systematische und eine historische Komponente umfaßt. Nach der Bestimmung des Problems ist es notwendig, darauf einzugehen, welche Gründe für das Trägheitsgesetz angeführt oder welche Nachweise dafür erbracht worden sind. Anschließend wird die Begründung des Trägheitsgesetzes untersucht, entsprechend der historischen Folge im zweiten Paragraphen dieses Kapitels. Im dritten und letzten Paragraphen wird eine Lösung für das Kraft-Problem vorgeschlagen und die Übereinstimmung dieser Konzeption mit der Mechanik und ihrer Geschichte aufgezeigt.

II. § 1 Bestimmung des Problems

THESE 1

These 1: Nimmt man das Trägheitsgesetz an, folgt als logische Konsequenz, daß eine außerhalb des Körpers liegende Ursache bestehen muß, um dessen beschleunigte Bewegung zu rechtfertigen.

Das Trägheitsgesetz anzunehmen, bedeutet, davon auszugehen, daß ein Körper für sich in Ruhe oder in gleichförmig-geradliniger Bewegung verharrt. Wenn aber der Körper *für sich* eine gleichförmig-geradlinige Bewegung ausführt, dann folgt, daß, wenn dessen Bewegung keine gleichförmige oder keine geradlinige ist, sie nicht von dem Körper stammen kann und ihre Ursache daher außerhalb des Körpers liegen muß.

Nehmen wir hypothetisch an, daß diese Schlußfolgerung falsch ist. Wenn kein außerhalb des Körpers liegendes Etwas existiert, was die nicht gleichförmige oder nicht geradlinige Bewegung verursacht, und die eine oder die andere dieser Bewegungen stattfindet, dann stammt die jeweilige Bewegung von dem Körper selbst. Damit wird verneint, daß ein Körper für sich in Ruhe oder in gleichförmig-geradliniger Bewegung verharrt, da er auch eine andere Bewegung ausführen könnte. Daher muß man den Schluß ziehen, daß die beschleunigte Bewegung des Körpers nicht durch ihn selbst, sondern durch etwas anderes verursacht wird. Die Rückführung der beschleunigten Bewegung auf eine außerhalb des Körpers liegende Ursache ist also eine Folge des Gesetzes selbst, mithin der Festsetzung der gleichförmig-geradlinigen Bewegung als die eigene bzw. natürliche Bewegung des Körpers.

Da sich aus dem Trägheitsgesetz die erwähnte Folge logisch ergibt, reicht es hin, das Gesetz anzunehmen, um die Konsequenz zu ziehen. Im folgenden werden wir feststellen, daß diese Konsequenz aus Trägheitssätzen folgt, die seit Newton bis zum Ende des 20. Jahrhunderts formuliert worden sind. Dies bildet die historische Komponente der Argumentation für die vorliegende These.

NEWTON

Das erste Axiom der *Principia* lautet: „[1.] Corpus omne perseverare in statu suo quiescendi vel movendi uniformiter in directum, [2.] nisi quatenus illud a viribus impressis cogitur statum suum mutare."

Der erste Satz bezeichnet die zwei mechanischen Zustände, in welchen ein Körper verharrt. Im zweiten Satz wird der Grund für eine Veränderung dieser Zustände angegeben: Sie komme erst vor, wenn ein Körper durch eine eingedrückte Kraft dazu gezwungen werde. Gemäß der Definition sei die eingedrückte Kraft eine Einwirkung auf einen Körper, in welchem sie nach derselben nicht verbleibe. Sie muß daher aus dem außerhalb des Körpers liegenden Bereich stammen. Daraus folgt, daß, wenn die Bewegung des Körpers eine beschleunigte ist, hierfür eine außerhalb des Körpers liegende Ursache bestehen muß.[222] Das Newtonsche Gesetz bedingt also eine äußere Ursache, um die beschleunigte Bewegung zu rechtfertigen, wie in der These 1 ausgedrückt ist.

---

[222] In Übereinstimmung hiermit schreiben Thomson und Tait: „The last clause, *‚nisi quatenus,'* etc., admirably prepares for the introduction of the second law, by conveying the idea that *it is force alone which can produce a change of motion" (1890, S. 242).*

EULER

Die Erhaltung der Ruhe, der Gleichförmigkeit und der Geradlinigkeit der Bewegung wird in der *Mechanik* von Euler in drei Lehrsätzen ausgedrückt, wie im ersten Kapitel schon erwähnt wurde. Die Störung irgendeines dieser Zustände wird auf eine äußere Ursache zurückgeführt:

- „[1.] *Corpus absolute quiescens perpetuo in quiete perseverare debet*, [2.] *nisi a causa externa ad motum sollicitetur*" (Bd. I, § 56);
- „[1.] *Corpus absolutum habens motum aequabiliter perpetuo movebitur, [...]* [2.] *nisi causa externa in id agat aut egerit*" (Bd. I, § 63);
- Die Richtung der Bewegung sei eine Gerade, liest man in der entsprechenden Definition, „[1.] *in qua corpus motum uniformiter progredi conatur, et re ipsa progreditur*, [2.] *nisi a causis externis impediatur*" (Bd. I, § 72).[223]

Wenn keine äußere Ursache besteht, dann ruht der Körper oder bewegt sich gleichförmig und geradlinig. Dies sind also die dem Körper eigenen Zustände. Hieraus folgt dann, daß, wenn keiner dieser Zustände vorkommt, dafür eine äußere Ursache vorhanden sein muß. Dies bedeutet also, daß eine außerhalb des Körpers liegende Ursache zur Rechtfertigung der beschleunigten Bewegung benötigt wird.

Dazu sei angemerkt, daß sich das gerade Dargelegte auf andere Art und Weise erklären läßt. Wie bei Newton lassen sich die Eulerschen Formulierungen in zwei Sätzen systematisieren, welche durch 1. und 2. gekennzeichnet sind. Diese Sätze scheiden die mechanischen Zustände, welche dem Körper zugeschrieben werden, von allen anderen, die auf eine äußere Ursache zurückgeführt werden. So wird zugleich deutlich, daß aus der Annahme, ein Körper für sich führe eine bestimmte Bewegung aus, folgt, daß alle anderen nicht von dem Körper selbst sind bzw. von ihm nicht stammen können, daß also, wenn das Trägheitsgesetz akzeptiert wird, eine äußere Ursache bestehen muß, um die beschleunigte Bewegung zu rechtfertigen.

---

[223] Im Lehrsatz zur Geradlinigkeit der Bewegung (Bd. I, § 65) wird nicht ausdrücklich angegeben, wenn auch vorausgesetzt, wie sich aus dem jeweiligen Beweis entnehmen läßt, daß das Hindernis dafür, daß ein Körper keine Gerade zurücklegt, auf einer äußeren Ursache beruht. Dies wird im obigen Zitat ausgedrückt, und nur aus diesem Grund wird der Definition der Vorzug gegeben.

D'ALEMBERT

In der *Abhandlung über Dynamik* bildet das Trägheitsgesetz das erste Prinzip der Mechanik, wie wir gesehen haben. In den das Gesetz betreffenden Formulierungen heißt es, daß ein Körper die Ruhe oder die gleichförmig-geradlinige Bewegung beibehalte und die Veränderung dieser Zustände auf eine „fremde Ursache", mithin auf eine außerhalb des Körpers liegende Ursache zurückzuführen sei:

- „[1.] Un Corps en repos y persistera, [2.] à moins qu'une cause étrangere ne l'en tire" (S. 3f., § 3);
- „Un Corps mis une fois en mouvement par une cause quelconque, [1.] doit y persister toujours uniformément & en ligne droite, [2.] tant qu'une nouvelle cause, différente de celle qui l'a mis en mouvement, n'agira pas sur lui; c'est-à-dire, [2.] qu'à moins qu'une cause étrangere & différente de la cause motrice, n'agisse sur ce Corps, [1.] il se mouvra perpétuellement en ligne droite, & parcourra en tems égaux des espaces égaux" (S. 4, § 6).

Das Auftreten der Sätze des Types 1. und 2. führt natürlich zu denselben Konsequenzen wie in den vorherigen Fällen: Es gibt einen mechanischen Zustand, welcher dem Körper eigen ist, während alle anderen folglich nicht von ihm stammen können; die Beschleunigung beruht daher auf einer außerhalb des Körpers liegenden Ursache.

LAGRANGE

Der Lagrangeschen Auffassung nach liegen der Dynamik zwei Gesetze zugrunde, deren eines lautet: „[T]out mouvement imprimé à un corps est, par sa nature, uniforme et rectiligne" (Bd. I, S. 238). Wie im I. Kapitel gesehen, wird unter Kraft die Ursache verstanden, deren Wirkung in der Veränderung des trägen Zustandes des Körpers besteht, auf den sie angewandt wird. Es folgt dann, daß bei Lagrange die Bewegung eines Körpers für sich eine gleichförmig-geradlinige ist und das, was diese Bewegung verändert, die angewandte bzw. außerhalb des Körpers liegende Ursache ist. Es läßt sich also eine den anderen Konzeptionen ähnliche Unterscheidung feststellen, und zwar zwischen der eigenen Bewegung des Körpers und allen übrigen, die folglich nicht auf ihm beruhen können und daher auf eine äußere Ursache zurückgeführt werden.

LAPLACE

Laplace schreibt: „[N]ous regarderons l'inertie comme une loi de la nature, et lorsque nous observerons de l'altération dans le mouvement d'un corps, nous supposerons qu'elle est due à l'action d'une cause étrangère" (1799, S. 14). Unter Trägheit („inertie") versteht er die Neigung der Materie, in ihrem Zustand der geradlinig-gleichförmigen Bewegung oder der Ruhe zu verharren.[224] In Zusammenhang damit, daß dies bzw. die Trägheit als ein Naturgesetz betrachtet wird, steht die Voraussetzung, daß eine Veränderung der genannten mechanischen Zustände durch Fremdeinwirkung hervorgerufen wird. Die Annahme des Trägheitsgesetzes führt also zur Rückführung der Beschleunigung auf eine äußere Ursache.

CARNOT

Die erste seiner sieben Hypothesen, mithin der Sätze, von denen er ausgeht, sei, so Carnot, dem Trägheitsgesetz gleichwertig.[225] Dies bedeutet dann, daß sie dem folgenden Satz äquivalent ist, denn er wird als die „ordentliche" Formulierung des Gesetzes dargestellt: „[1.] […] tout corps persévère dans son état de repos ou de mouvement uniforme et rectiligne, [2.] jusqu'à ce qu'il reçoive l'action d'une puissance étrangère" (S. 53).

Bei der Argumentation für die Hypothese treten die beiden erwähnten Aspekte ebenfalls auf. Wenn ein Ball auf einem ebenen Tisch plaziert werde, werde er so bleiben, „jusqu'à ce qu'on vienne l'en tirer" (S. 51); wenn der Ball statt dessen in Bewegung gesetzt werde, werde er sich geradlinig und gleichförmig fortbewegen, „à moins qu'on ne vienne à la déranger par quelque nouvelle impulsion" (S. 52). Der Ball behält also die Ruhe oder die gleichförmig-geradlinige Bewegung bei, wenn er nicht gestört wird. Dementsprechend gibt es einen dem Ball eigenen Zustand, während die übrigen auf eine außerhalb desselben liegende Ursache zurückgeführt werden.

---

[224] „Cette tendance de la matière à persévérer dans son état de mouvement ou de repos, est ce que l'on nomme *inertie*. C'est la première loi du mouvement des corps" (S. 14).

[225] „Cette hypothèse est le principe connu sous le nom de *loi d'inertie*" (S. 53).

110

In den *Vorlesungen über analytische Mechanik*, die im Jahr 1847/48 in Berlin gehalten wurden, sagte Jacobi:

„Es ist vom rein mathematischen Standpunkt aus ein Cirkel, zu sagen, [I] die geradlinige Bewegung ist die eigene, [II] folglich ist zu jeder andern eine äußere Hinzuwirkung erforderlich: denn man könnte mit demselben Rechte jede andere Bewegung als Gesetz der Trägheit eines Körpers setzen, wenn man nur hinzufügt, wenn er sich nicht so bewegt, ist eine Außenwirkung daran Schuld" (S. 3f.).

In Satz I wird die eigene Bewegung des Körpers charakterisiert und in Satz II die logische Konsequenz aus der Annahme des ersteren gezogen. Hieraus, wie auch aus dem, was zur Begründung der Implikation angegeben wird, erschließt man, daß nach Jacobi die Annahme einer dem Körper eigenen Bewegung zur Folge hat, daß jede andere Bewegung auf eine äußere Ursache zurückgeführt wird. Dies läßt sich auf einfache Weise auf der Grundlage dessen erklären, was wir bisher gesehen haben.

Das Trägheitsgesetz setzt eine Trennung der Menge der möglichen Bewegungen voraus: zwischen einer bestimmten Bewegung, die dem Körper zugeschrieben wird, und allen übrigen, die auf äußere Ursachen zurückgeführt werden. Eine solche Disjunktion könnte auch vorgenommen werden, indem man dem Körper eine andere Bewegung zuschreibt, vorausgesetzt, daß die übrigen Bewegungen des Körpers auf äußere Ursachen zurückgeführt werden. Allerdings wird dabei nicht berücksichtigt, ob dies physikalisch nachvollziehbar ist, es handelt sich vielmehr um eine Betrachtung logischer Art. Dies steht aber im Einklang mit Jacobis Äußerung, sein Standpunkt sei dabei ein „rein mathematischer". Seiner Auffassung nach ist die Übereinstimmung mit der Natur erforderlich, damit von einer physikalischen Bedeutung die Rede sein kann.[226]

Von besonderem Interesse für die These 1 ist, daß Jacobi die Implikation selbst in den Vordergrund stellt: es reicht aus, eine eigene Bewegung des

---

[226] „Und wenn wir jedesmal, wenn der Körper abweicht, die äußere Einwirkung physikalisch aufweisen können, sind wir berechtigt, das Trägheitsgesetz, das nun zu Grunde lag, als Naturgesetz zu bezeichnen" (S. 4).

Körpers anzunehmen, um alle übrigen Bewegungen auf eine äußere Ursache zurückzuführen.

NEUMANN

Die akademische Antrittsvorlesung von Carl Neumann, *Ueber die Principien der Galilei-Newton'schen Theorie*, 1870 veröffentlicht, gab Anlaß für weitere Untersuchungen über das Bezugssystem und die Zeitmessung, die vom Trägheitsgesetz vorausgesetzt werden. Dieses Thema soll im nächsten Paragraphen behandelt werden, hier ist nur der Punkt von Interesse, daß die Annahme des Gesetzes zu einer äußeren Ursache für die nicht geradlinige oder nicht gleichförmige Bewegung führt.

Das Objekt der Untersuchung Neumanns bildet die folgende Formulierung des Gesetzes: „Ein in Bewegung gesetzter materieller Punkt läuft, falls keine fremde Ursache auf ihn einwirkt, falls er vollständig sich selber überlassen ist, in *gerader Linie* fort, und legt in gleichen Zeiten *gleiche Wegabschnitte* zurück" (1870, S. 14).

In diesem Kontext kommt es nur darauf an, daß ein materieller Punkt, falls keine fremde Ursache auf ihn einwirke und falls er sich selbst überlassen sei, eine bestimmte Bewegung ausführe. Denn hieraus folgt, daß, wenn der Punkt diese Bewegung nicht ausführt, eine fremde Ursache auf ihn einwirken muß. Es bedeutet also, daß dem materiellen Punkt eine bestimmte Bewegung zugeschrieben wird und daß alle anderen auf einer „fremden Ursache" beruhen.

Wenn auch Neumann eine Umformulierung des Trägheitsgesetzes vornimmt, bleibt der in Betracht stehende Aspekt unberührt: das Gesetz gilt nach wie vor für einen Körper, auf welchen keine fremde Ursache einwirkt, was Neumann sinngemäß durch *einen sich selbst überlassenen Punkt* ausdrückt. Man liest beispielsweise in seiner Fassung des Gesetzes, „dass ein sich selbst überlassener materieller Punkt in gerader Linie fortschreitet" (1870, S. 16).

LANGE

Lange hat sich intensiv mit dem Trägheitsgesetz beschäftigt und eine eigene Fassung vorgelegt. Hier verwendet er ebenfalls den Ausdruck „ein sich selbst überlassener Punkt:

- „In bezug auf ein Inertialsystem ist auch die Bahn eines *jeden vierten* sich selbst überlassenen Punktes *geradlinig.*"
- „Rücksichtlich einer Inertialzeitscala ist auch *jeder andere* sich selbst überlassene Punkt in seiner Inertialbahn gleichförmig bewegt" (1885, *Nochmals über...*, S. 545).

Der Lösungsvorschlag Langes für das Trägheitsgesetz soll im nächsten Paragraphen betrachtet werden. An dieser Stelle ist vor allem von Interesse, daß von einem sich selbst überlassenen Punkt die Rede ist, welchem eine bestimmte Bewegung zugeschrieben wird, denn dies führt dazu, daß alle anderen Bewegungen auf eine äußere Ursache zurückzuführen sind.

MACH

Mach schreibt in der *Mechanik*: „Ich glaube Recht zu haben, indem ich sage, daß mit dem Satze, daß die Kräfte beschleunigungbestimmend sind, und mit dem Satze der Trägheit, *dieselbe Tatsache zweimal formuliert ist*" (1933, S. 264).

Wenn dieselbe Tatsache in den Sätzen zweimal formuliert ist, dann folgt, daß die Formulierungen gleichwertig sind. Dies bedeutet, daß man vom einen Satz zum anderen logisch übergehen kann. Es folgt dann, daß, wenn das Trägheitsgesetz angenommen wird, man schließt, daß die Kräfte die Beschleunigungen bestimmen. Vorausgesetzt, daß die Kräfte den Körpern nicht innewohnen, was für Mach zutreffend ist, so wird durch diese Implikation ausgesagt, daß, wenn das Trägheitsgesetz angenommen wird, die beschleunigten Bewegungen auf ein außerhalb des bewegten Körpers liegendes Etwas zurückgeführt werden.

LEHRBÜCHER DES 20. JAHRHUNDERTS

Um einen Einblick in die Lehrbücher des 20. Jahrhunderts zu geben, wurde ein Exemplar pro Jahrzehnt und eines pro Jahr des letzten Jahrzehntes herangezogen. Daß diese Auswahl getroffen werden konnte, ist ein Zeichen dafür, daß hinsichtlich der für die These relevanten Aspekte Übereinstimmung unter den Physikern herrscht.

VOIGT sagt 1901, daß die gleichförmige geradlinige Bewegung diejenige sei, *„die ein Massenpunkt dann einschlägt, wenn er sich selbst überlassen,* *also keinerlei Einwirkungen ausgesetzt ist"* (S. 31). Ferner heißt es, eine Geschwindigkeitsänderung könne aus diesem Grund nicht ohne Ursache vor sich gehen.[227] Dies zeigt, daß das von ihm genannte Galileische Prinzip, mithin das Trägheitsgesetz, die Ursache für eine beschleunigte Bewegung bedingt.

PLANCK vertritt 1916 ebenfalls die These, „daß [2.] *ein allen Bewegungsursachen entzogener materieller Punkt* [1.] *sich gleichförmig und geradlinig, nach Gleichung (2), bewegt.* (Prinzip der Trägheit oder des Beharrungsvermögens, *Newtons* erstes Axiom)" (S. 9).

Wenn ein Körper sich ohne Bewegungsursache geradlinig und gleichförmig bewegt, dann folgt daraus logisch, daß, wenn er sich nicht so bewegt, er nicht allen Bewegungsursachen entzogen ist. Dies bedeutet also, daß eine beschleunigte Bewegung auf eine Bewegungsursache zurückgeführt wird.

Bei MÜLLER-POUILLETS liest man 1929: „Wie bewegt sich ein (punktförmiger) Körper, wenn auf ihn *keine* Kraft wirkt? Die Antwort gibt das *erste Newtonsche Axiom:* [1.] *Jeder Körper beharrt in seinem Zustand der Ruhe oder der gleichförmigen geradlinigen Bewegung,* [2.] *wenn er nicht durch einwirkende Kräfte gezwungen wird, seinen Zustand zu ändern"* (S. 225).

Dadurch, daß die Verfasser das Newtonsche Gesetz annehmen, lassen sich dieselben Schlüsse ziehen, die aus ihm bereits gezogen wurden. Dasselbe gilt natürlich für alle anderen Fälle, in denen das Gesetz angenommen wird.

Dies trifft auch bei ERIKSON 1936 zu, der ausdrücklich auf Newton bezogen[228] schreibt: „ [1.] *Every material body persists in a state of rest or uniform motion* [2.] *unless it is compelled by a force to change that state"* (S. 80).

SOMMERFELD weist 1947 schon durch den Begriff „Lex prima" auf die *Principia* hin: „**Lex prima:** [1.] *Jeder Körper beharrt in seinem Zustand*

---

[227] „Eine solche Aenderung der Geschwindigkeit kann nun nach dem S. 31 eingeführten GALILEI'schen Princip nicht ohne Ursache vor sich gehen" (S. 36).

[228] „The above two ideas, namely, of inertia and force, are summed up in the first of Newton's three laws of motion which is stated as follows […]" (S. 80).

der Ruhe oder gleichförmigen geradlinigen Bewegung, [2.] wenn er nicht durch einwirkende Kräfte gezwungen wird, seinen Zustand zu ändern" (S. 3).

WESTPHALL schreibt 1959: *„[2.] Ein kräftefreier Körper [1.] verharrt [...] in unbeschleunigter, d.h. geradliniger, gleichförmiger Bewegung (Sonderfall: in Ruhe)"* (S. 21).

Wenn ein kräftefreier Körper in unbeschleunigter Bewegung verharrt, dann folgt logischerweise, daß eine beschleunigte Bewegung einen nichtkräftefreien Körper bedingt. Dies trifft ebenfalls bei Westphall zu: *„Erfährt ein Massenpunkt eine Beschleunigung, so betrachten wir als deren Ursache eine an ihm angreifende Kraft"* (S. 21).

SCHAEFER erkennt 1962 ausdrücklich die in der These 1 ausgesprochene Implikation: „Wenn wir uns jetzt auf den Standpunkt des Trägheitsgesetzes stellen, den die glänzende Entwicklung der Mechanik seit *Galilei* als fruchtbar gerechtfertigt hat, so müssen wir die Beschleunigungen als die Folge der äußeren Einwirkungen annehmen" (S. 77).

In der deutschen Ausgabe des *PSSC-Physics* von 1974 liest man: *„Galileis* Trägheitsgesetz besagt: Ein Körper, auf den keine Kraft wirkt, bewegt sich mit unveränderter Geschwindigkeit. Ändert sich nun die Geschwindigkeit des Körpers, so können wir daraus auf das Einwirken einer Kraft schließen" (S. 211).

Es steht ebenfalls im Einklang mit der These 1, daß der Schluß, daß eine Einwirkung stattfindet, wenn eine Beschleunigung vorkommt, aus dem Trägheitsgesetz gezogen wird.

ATKINS legt 1986 die folgende Formulierung des ersten Newtonschen Gesetzes dar: „Bei Fehlen jeglicher Wechselwirkung mit dem Rest des Universums wird ein Körper entweder in der Ruhelage verbleiben oder sich gleichförmig mit einer konstanten Geschwindigkeit entlang ein und derselben geraden Linie bewegen" (S. 81).

Wenn auch die Formulierung mit dem Gesetz der *Principia* nicht übereinstimmt, wird an dem von uns betrachteten Aspekt nichts geändert: Ein Körper für sich, d.h. ohne Wechselwirkung mit dem übrigen Universum, hat keine Beschleunigung; wenn eine auftritt, dann kann eine Wechselwirkung nicht mehr fehlen, was also bedeutet, daß die beschleunigte Bewegung auf dem Rest des Universums beruht.

Joos führt 1989 das Trägheitsgesetz auf Kepler zurück. Jedoch lasssen sich auch bei ihm die uns schon bekannten zwei Aspekte ausmachen, die die Disjunktion der möglichen Bewegungen aufweisen und aus denen sich dieselben Schlüsse wie in den vorherigen Fällen ziehen lassen: „Das erste, bereits von Kepler klar ausgesprochene Gesetz lautet: [2.] *Ein jeder äußerer Einwirkung entzogener Körper [1.] verharrt in seinem Zustand der Ruhe oder der gleichförmig geradlinigen Bewegung*" (S. 90).

Bei Bergmann und Schaefer heißt es 1990: „Das Trägheitsgesetz sagt aus, daß ein Massenpunkt *keine Beschleunigung* erfährt – weder eine positive noch negative – *wenn keine äußere Einwirkung* vorhanden ist. Beschleunigung ist also immer das Anzeichen für das Vorhandensein einer solchen äußeren Einwirkung, und zwar das einzige, das die Mechanik kennt" (S. 56).

Der letzte Satz, der die Verbindung zwischen Beschleunigung und äußerer Einwirkung ausdrücklich herstellt, wird als Konsequenz („also") des Trägheitsgesetzes dargestellt. In der Tat folgt logischerweise aus dem ersten Satz, daß die Beschleunigung eine hinreichende Bedingung für die äußere Einwirkung ist.

In der deutschen Ausgabe des *Berkeley Physics Course* von Kittel, Knight und Ruderman liest man 1991 zum ersten Newtonschen Gesetz: „[1.] Ein Körper verharrt im Zustand der Ruhe oder der gleichförmigen Bewegung (keine Beschleunigung), [2.] falls keine äußeren Kräfte auf ihn wirken" (S. 37).

Wirkt auf den Körper eine äußere Kraft, ergibt sich gemäß der Formulierung eine Beschleunigung. Indem von „äußeren Kräften" die Rede ist, folgt, daß etwas außerhalb des Körpers die beschleunigte Bewegung hervorruft.

Alonso und Finn schreiben 1992: „The **law of inertia** states that *a free particle always moves with constant velocity, or (which amounts to the same thing) without acceleration*" (S. 95).

Da ein freies Teilchen nicht einer Wechselwirkung unterliegt,[229] folgt daraus, daß jede beschleunigte Bewegung eines Teilchens auf eine äußere Einwirkung zurückzuführen ist.

HÄNSEL und NEUMANN schreiben 1993: „[1.] *Ein Massenpunkt verharrt im Zustand der Ruhe oder der gleichförmig geradlinigen Bewegung,* [2.] *solange keine Kräfte auf ihn einwirken"* (S. 54).

Wirkt eine Kraft auf ihn ein, dann folgt daraus die Negation des ersten Satzes, es tritt eine Beschleunigung auf. Diese wird also auf eine Einwirkung auf den Körper zurückgeführt.

TIPLER schreibt 1994: „Eine heute verwendete Formulierung der Newtonschen Axiome lautet:

Erstes Newtonsches Axiom (Trägheitsprinzip): [1.] Ein Körper bleibt in Ruhe oder bewegt sich mit konstanter Geschwindigkeit weiter, [2.*] wenn keine resultierende äußere Kraft auf ihn einwirkt (die resultierende Kraft ist die Vektorsumme aller Kräfte, die an einem Körper angreifen)" (S. 71).

Der Sinn des Trägheitsgesetzes tritt hier als besonderer Fall auf: wenn keine resultierende äußere Kraft einwirkt, weil keine Kraft vorhanden ist. Dieser Fall kann aber in der Formulierung auch nicht nur formell gesehen werden, denn der Verfasser redet von der Trägheit als einer Eigenschaft des Körpers, nach der jeder seinen Bewegungszustand beibehalte.[230] Ist dies nicht der Fall bzw. ist dessen Bewegung eine beschleunigte, so wirkt auf ihn eine „äußere" Kraft ein. Demnach folgt aus der Annahme einer dem Körper eigenen Bewegung, daß die Beschleunigung auf einer äußeren Einwirkung beruht.

Bei GERTHSEN liest man 1995: „[2.] Ein sich selbst überlassener Körper [1.] bewegt sich geradlinig gleichförmig (*Galileisches* **Trägheitsprinzip**)" (S. 12).

---

[229] „A free **particle** is one that is not subject to any interaction" (S. 95).

[230] „Diese Eigenschaft eines Körpers, seinen Bewegungszustand beizubehalten, bezeichnet man als **Trägheit**. Deshalb wird das erste Newtonsche Axiom auch **Trägheitsgesetz** (oder Trägheitsprinzip) genannt" (S. 72).

Wenn ein sich selbst überlassener Körper eine bestimmte Bewegung ausführt, dann folgt, daß, wenn er sich nicht in diesem Bewegungszustand befindet, er kein sich selbst überlassener Körper ist. Das bedeutet wiederum, daß eine äußere Einwirkung statthat. Die beschleunigten Bewegungen werden also auf eine außerhalb des Körpers liegende Ursache zurückgeführt.

LEISI formuliert 1996 das Gesetz in einer Newtonschen Form, so daß sich daraus das das ergibt, was wir schon betrachtet haben: „[1.] *Jeder Körper beharrt im Zustand der Ruhe oder der gleichförmigen, geradlinigen Bewegung, [2.] wenn er nicht durch einwirkende Kräfte gezwungen wird, seine Bewegung zu ändern*" (S. 8).

Dasselbe gilt bei DANIEL 1997, wobei das Gesetz erstmals in der Originalfassung zitiert wird: „Das erste Newtonsche Axiom lautet in Newtons Originalformulierung:

LEX I. Corpus omne perserverare in statu suo quiescendi vel movendi uniformiter in directum, nisi quatenus a viribus impressis cogitur statum illum mutare.

Das können wir ins Deutsche etwa folgendermaßen übertragen [...]" (S. 51f.).

DRANSFELD, KIENLE und KALVIUS führen 1998 das Gesetz ebenfalls auf Newton zurück: „[1.] *Jeder Körper verharrt im Zustand der Ruhe oder gleichförmiger, geradliniger Bewegung, [2.] falls er nicht durch äußere Kräfte gezwungen wird, diesen Zustand zu verlassen*" (S. 71).

Sie beziehen sich darüber hinaus auf die Trägheit als die „allgemeine Eigenschaft aller Körper", welche zur Beibehaltung der erwähnten Zustände führt, und sprechen selbst die Konsequenz der Annahme des Trägheitsgesetzes in der Form aus:

„*Infolge der Trägheit von Materie ist also eine Kraft notwendig, um die Geschwindigkeit eines Körpers zu ändern, d.h. ihn zu beschleunigen (oder zu verzögern)*" (S. 71).

Schlußbemerkung

Die Argumentation zur These besteht aus einem logischen und einem historischen Teil. Im logischen wird gezeigt, daß es hinreicht anzunehmen, daß ein Körper für sich eine bestimmte Bewegung ausführt, um zu folgern, daß irgendeine andere Bewegung auf ein außerhalb des Körpers liegendes und auf ihn einwirkendes Etwas zurückzuführen ist. Im historischen Teil wird anhand von Formulierungen des Gesetzes, die sich über einen Zeitraum von Newton bis zum Ende des 20. Jahrhunderts erstrecken, gezeigt, daß sich aus ihnen derselbe Schluß wie im logischen Teil ziehen läßt. Dazu kann noch hinzugefügt werden, daß einige Autoren sogar auf die in der These ausgesprochene Implikation hinweisen.

Indem die aus dem Trägheitsgesetz gezogene Konsequenz eine logische ist, wie gezeigt wurde, und darüber hinaus eine Übereinstimmung mit der Geschichte der Mechanik wie auch mit deren Gegenwart besteht, scheint, daß die These als gültig betrachtet werden kann, und daher gehen wir zur nächsten über.

THESE 2

These 2: Der Ursache der Veränderung der eigenen Bewegung des Körpers wird in der Theorie Ausdruck gegeben, sie wird Kraft genannt. So wird die Theorie logisch kohärent, sie versagt aber in bezug auf die Phänomene, weil es keinen natürlichen Ausdruck für die von ihr bedingte Disjunktion gibt. Nachzuweisen ist also:

a) die Ursache der Veränderung wird Kraft genannt;

b) die Theorie wird kohärent;

c) die Theorie steht nicht im Einklang mit den Phänomenen.

Der erste Punkt betrifft die Geschichte und die Gegenwart der Mechanik, hier ist zu zeigen, daß die Kraft wie angegeben aufgefaßt wird; der 2. Punkt ist logischer Art; und der 3. Punkt betrifft die Beziehung der Theorie zur Erfahrung. Dieser Reihenfolge nach werden diese Aspekte nun behandelt.

a) *Die Ursache der Veränderung wird Kraft genannt.*

Wir haben im I. Kapitel gesehen, daß Newton, Euler und Lagrange unter eingedrückter Kraft, Potenz bzw. Kraft oder Potenz das verstanden haben, was auf einen Körper einwirkend dessen eigene Bewegung verändert. Die verwendeten Begriffe sind nicht dieselben, es ist ihnen aber gemeinsam, daß etwas außerhalb des Körpers Liegendes und auf ihn Einwirkendes gemeint ist, dessen Wirkung in der Veränderung des eigenen bzw. natürlichen Zustandes des Körpers besteht. Wie wir feststellen werden, hat die Theorie diese Charakterisierung der Kraft beibehalten.

POINSOT charakterisiert 1821 in seiner Abhandlung zur Statik die Kraft ausdrücklich als Ursache der Bewegung: „[…] si un corps en repos vient à se mouvoir, on peut être assuré que ce n'est qu'en vertu d'une cause étrangère qui agit sur lui. Cette cause, quelle qu'elle soit, qui ne nous est connue que par ses effets, nous l'appelons *Force*, ou *Puissance*. *La force est donc une cause quelconque de mouvement"* (S. 2).

POISSON äußert sich 1833 in ähnlicher Weise: „On donne, en général, le nom de *force* à la cause quelconque qui met un corps en mouvement, ou seulement qui tend à le mouvoir, lorsque son effet est suspendu ou empêché par une autre cause" (Bd. I, S. 2).
Die Kraft ist also das, was außerhalb des Körpers liegt und auf ihn einwirkt.

Dasselbe gilt für WEISBACH, der 1855 schreibt: „*Kraft* (franz. *force*; engl. *force*) ist die Ursache der Bewegung oder der Bewegungsveränderung materieller Körper. Jede Bewegungsveränderung, z.B. jede Veränderung in der Geschwindigkeit eines Körpers ist als die Wirkung einer Kraft anzusehen." (S. 110)

STURM definiert die Kraft 1868 folgendermaßen: „On appelle *force* toute cause qui met un corps en mouvement ou qui tend à le mouvoir" (S. 1).

Bei MAXWELL liest man 1881 in der deutschen Übersetzung von *Matter and Motion*, Dynamik heiße die Lehre der Bewegung, „wenn die *Kraft* als Ursache der Bewegung speciell berücksichtigt wird" (S. 30, Art. XXXVI).

F. NEUMANN schreibt 1883 ebenfalls deutlich: *„Die Ursache der Bewegung oder der Veränderung ist eben das, was wir **Kraft** nennen"* (S. 5).

THOMSON und TAIT beziehen sich 1890 ausdrücklich auf den natürlichen Zustand des Körpers, dessen Veränderung durch die Kraft verursacht wird:

„Force is any cause which tends to alter a body's natural state of rest, or of uniform motion in a straight line" (S. 223).

WÜLLNER schreibt 1895: „Die äußeren Ursachen, welche den Bewegungszustand der Materie ändern, nennen wir Kräfte" (S. 51).

Hier wird durch das Adjektiv „äußere" betont, daß die Kräfte außerhalb des Körpers liegen.

Bei diesen Autoren des 19. Jahrhunderts wird also die Kraft als das aufgefaßt, was außerhalb des Körpers liegt und auf ihn einwirkt, wobei ihre Wirkung in der Veränderung des eigenen Zustandes des Körpers besteht.

LEHRBÜCHER DES 20. JAHRHUNDERTS

Wie im vorigen Abschnitt wird hier ein Exemplar eines Lehrbuches pro Jahrzehnt und eines pro Jahr des letzten Jahrzehntes betrachtet.

WEBSTER schreibt 1904 unmittelbar nach der Formulierung des ersten Newtonschen Gesetzes: „The property of persistence thus defined is called *Inertia.*

This gives a criterion for finding whether a force is acting on a body or not, or in other words a negative definition of force. Force is acting on a body when its motion is not uniform" (S. 21).

Hier wird deutlich, daß die Kraft auf den Körper einwirkt und, dadurch, daß der Körper ohne deren Einwirkung in einen bestimmten mechanischen Zustand verharre, daß sie außerhalb des Körpers liegt.

Bei PLANCK heißt es 1916: „Wir bezeichnen also nun ganz allgemein bei jeder beliebigen Bewegung die Ursache der Bewegung als Kraft und setzen ihre Größe proportional der durch sie bewirkten Beschleunigung. Dieselbe entspricht derjenigen Anstrengung, die wir verspüren würden, wenn wir die nämliche Bewegung, anstatt durch den betreffenden Körper, durch unsere Muskeln hervorrufen würden" (S. 10).

Aus der Ursache-Wirkung-Beziehung, in der Planck die Kraft betrachtet, geht hervor, daß sie als das gedacht wird, was außerhalb des Körpers liegt und auf ihn einwirkt. Diese Charakterisierung des Begriffs läßt sich ebenfalls der Erklärung der Kraft mittels unserer muskulären Einwirkung entnehmen, denn dabei sind wir es selbst, die eine Veränderung des mechanischen Zustandes des Körpers verursachen.

BRILL schreibt 1928: „Wenn sich ein Körper an einer Stelle seiner geraden Bahn beschleunigt oder verzögert bewegt, so ist die Ursache dieser Geschwindigkeitsänderung eine äußere [...]. Man nennt diese Ursache *Kraft*" (S. 18).

Danach sei die Kraft eine äußere Ursache der Geschwindigkeitsänderung, und daher wird sie als das aufgefaßt, was außerhalb des Körpers liegt und auf ihn einwirkt. Eben dies läßt sich auch auf den nächsten Physiker übertragen.

Bei LENARD liest man 1936: „Bei alleinigem Wirken der Trägheit wären alle Bewegungen in der Natur höchst einfach; jeder Körper, ja jedes Atom würde in gradlinig gleichförmiger Bewegung begriffen bleiben. Daß die tatsächlich zu beobachtenden Bewegungen anders sind, hat besondere Ursachen, die geschwindigkeits-abändernd wirken. Jede solche, in ihrem Wesen bekannte oder auch unbekannte *Ursache einer Geschwindigkeitsänderung* – d.i. einer Beschleunigung – wird Kraft genannt. *Es ist dies die Definition des Begriffes ‚Kraft'*" (S. 43).

SOMMERFELD weist 1947 die Lösungsvorschläge für die Kraft von Kirchhoff und Hertz zurück[231] und schlägt selbst vor, die Kraft mittels unserer muskulären Anstrengung zu konzipieren: „Wir meinen, daß wir in unserem Muskelgefühl eine unmittelbare, wenigstens *qualitative* Vorstellung des Kraftbegriffs besitzen. Darüber hinaus steht uns überall auf der Erde als Vergleichs-Standard die Schwere zur Verfügung, durch die wir alle anderen Kräfte *quantitativ* messen können. Wir brauchen ja nur die Wirkung einer gegebenen Kraft durch ein geeignetes Gewicht zu kompensieren. [...] Indem wir uns überdies eine Anzahl gleicher Körper, einen ‚Gewichtssatz',

---

[231] „Wir müssen uns nun über den so oft diskutierten *Kraftbegriff* Klarheit zu schaffen suchen. KIRCHHOFF wollte ihn zu einer durch Masse x Beschleunigung gegebenen Definitionsgröße degradieren. Auch HERTZ suchte ihn in seinem posthumen Werk zu eliminieren und durch Koppelung zwischen dem betrachteten System und anderen mit ihm in Wechselwirkung stehenden, im allgemeinen verborgenen Systemen zu ersetzen. HERTZ hat dies Programm mit meisterhafter Konsequenz durchgeführt. Aber zu fruchtbaren Folgerungen ist seine Methode kaum gelangt" (S. 5).

verschaffen, erhalten wir eine provisorische Skala als quantitatives Kräfte-
maß" (S. 5).

Wenn durch den Rückgriff auf das Gewicht die Gleichheit zweier Kräfte
einwandfrei definiert werden könnte, dann hätte Poincaré nicht den Schluß
gezogen, man wisse nicht, was Kraft und Masse sei. Die hierfür vorgebrachten Gründe werden von Sommerfeld nicht widerlegt, der aber keine
Analyse des Kraft-Meßverfahrens in der Art durchführt, wie sein Vorgän-
ger es getan hat.[232]

Was die Charakterisierung der Kraft betrifft, geht aus der „qualitativen
Vorstellung" des Begriffes, die auf unser Muskelgefühl zurückgeführt wird,
wie auch daraus, daß in bezug auf den quantitativen Aspekt von der „Wirkung" einer Kraft die Rede ist, hervor, daß die Kraft als das aufgefaßt wird,
was außerhalb des Körpers liegt und auf ihn einwirkt.

WESTPHALL schreibt 1959: „Wir beginnen mit der *Bewegungslehre* (*Kinematik*), die nur die Bewegungen von Massenpunkten behandelt, ohne
nach den Ursachen von Bewegungsänderungen zu fragen. Das geschieht
dann anschließend in der *Lehre von den Kräften* (*Dynamik*)" (S. 7).

Es kommt häufig vor, daß infolge der Charakterisierung der Dynamik
die Auffassung der Kraft als Ursache zum Ausdruck gebracht wird. Dies,
was wir bei Maxwell schon gesehen haben, tritt beim nächsten Verfasser
wieder auf. Westphall schreibt aber beispielsweise auch noch: „Der Grund-
gedanke der NEWTONschen Dynamik ist die Einführung des Begriffs der
Kraft als Ursache aller Beschleunigungen" (S. 21). Als Ursache aufgefaßt,
wird die Kraft als das vorausgesetzt, was auf den Körper einwirkt und außerhalb desselben liegt.

Bei SCHAEFER liest man 1962: „Der Teil der Mechanik ferner, der die Bewegungen in Verbindung mit den sie hervorbringenden Ursachen, den
Kräften, untersucht, heißt die *Dynamik*" (1962, S. 12).

Ferner schreibt er: „*Wir wollen von jetzt ab die Ursache einer Beschleunigung als eine Kraft bezeichnen, indem wir unter „Kraft" gewisse objektive
äußere Verhältnisse und Bedingungen verstehen [...].* Jedesmal also, wenn

---

[232] In Zusammenhang mit der zitierten Stelle schreibt Lüscher: „Diese Sommerfeldsche
Diskussion des Kraftbegriffes ist im Grunde rein utilitär" (1967, S. 187).

derselbe substantielle Punkt denselben äußeren Bedingungen unterstellt wird, ist nach unserer Auffassung dieselbe Kraft wirksam" (S. 77f.).

Die Kraft wirkt also auf einen Körper ein. Durch den ausdrücklichen Zusammenhang der Kraft mit den „äußeren" Bedingungen wird diese Komponente der Charakterisierung des Begriffes deutlich hervorgehoben – die Kraft liegt außerhalb des Körpers.

FEYNMAN schreibt 1974: „The Second Law gave a specific way of determining how the velocity changes under different influences called *forces*" (§ 9-1).

Hier tritt der Begriff der Kraft mit dem Begriff des Einflusses verbunden auf. Aus letzterem geht ebenfalls die Idee hervor, daß es sich um etwas handelt, das außerhalb des beeinflußten, mithin des bewegten Körpers liegt und auf ihn einwirkt. Dies wird auch in der folgenden Erklärung pädagogischer Art ausgedrückt: „If an object is accelerating, some agency is at work" (§ 9-4).

EISBERG und LERNER äußern sich 1981 in ähnlicher Weise: „An agency acting on a body which leads to a change in its momentum is called a **force**. Thus we say that *the momentum of a body changes when it is acted on by a force*" (S. 138).

BLATT schreibt 1989: „Intuitively, we know what a force is: It is a push or pull acting on a body" (S. 53). Hier wird zur Erklärung der Kraft, wie schon mehrmals gesehen, auf unsere muskuläre Anstrengung zurückgegriffen. Jedoch heißt es weiter: „If a net force acts on a body, it will cause an acceleration of that body" (S. 53).

Ferner wird sogar von dem Begriff Ursache-Wirkung-Beziehung Gebrauch gemacht: „Whereas the first law characterizes the motion of bodies in the absence of forces, the second law addresses itself to the cause-and-effect relation between forces and motion" (S. 53).

Der folgenden Passage BERGMANNs und SCHAEFERs von 1990 entnimmt man die Komponenten der Charakterisierung des Kraftbegriffs, wie sie bisher aufgetreten sind: „Jede äußere Einwirkung, die eine positive oder negative Beschleunigung hervorruft, wird **Kraft** genannt. [...] **Man definiert** die Kraft als Ursache einer Beschleunigung. Eine Kraft ruft stets eine Beschleunigung hervor, sofern keine Gegenkraft wirkt" (S. 56).

Im *Berkeley Physik Kurs* von KITTEL, KNIGHT und RUDERMAN liest man 1991 zum zweiten Newtonschen Gesetz: „Die zeitliche Änderung des Impulses eines Körpers ist proportional zur äußeren Kraft, die auf den Körper wirkt" (S. 37).

Daraus geht die Einwirkung einer Kraft auf einen Körper hervor, wie auch deren Wirkung und daß sie außerhalb des Körpers liegt.

ALONSO und FINN schreiben 1992 zur Gleichung

$$F = \frac{d\mathbf{p}}{dt},$$

wobei **F** die Kraft, **p** den Impuls und *t* die Zeit darstellen, folgendes: „This relation constitutes **Newton's second law of motion**: *the time rate of change of momentum of a particle is equal to the force acting on the particle.*

Expressed in another way, Newton's second law says that the force on a particle determines the rate of change of its momentum.

If the particle is free,

$$p = const. \quad and \quad F = \frac{d\mathbf{p}}{dt} = 0$$

Hence we can say that no force acts on a free particle, which means that the particle is either at rest or moves with constant velocity with respect to any inertial frame, which is Newton's first law" (S. 107).

Hier wird sowohl der Fall der Wirkung der Kraft als auch der der Bewegung ohne Krafteinwirkung mathematisch ausgedrückt. Im letzten Fall sei das Teilchen frei, in dem anderen nicht, woraus zu entnehmen ist, daß die Kraft außerhalb des Körpers liegt.

HALLIDAY und RESNICK schreiben 1993: „In diesem und dem nächsten Kapitel besprechen wir die Ursachen und Einflüsse, die zu einer Bewegung führen, d.h., wir befassen uns mit dem Teilgebiet der Mechanik, das man *Dynamik* nennt" (S. 85).

Die meisten der bisher betrachteten Autoren verwenden in Verbindung mit Kraft den Begriff Ursache. In Zusammenhang mit der Kraftauffassung Feynmans haben wir gesehen, daß durch den Begriff Einfluß die Charakterisierung der Kraft nicht verändert wird. Halliday und Resnick machen sogar von beiden Begriffen Gebrauch.

Bei TIPLER liest man 1994: „Das erste und zweite Newtonsche Axiom können wir als Definition der Kraft ansehen. Eine **Kraft** ist die Größe, die einen Körper dazu veranlaßt, seine Geschwindigkeit zu ändern, das heißt zu beschleunigen. Die Kraft und die von ihr verursachte Beschleunigung zeigen in dieselbe Richtung. [...] Diese Definition der Kraft stimmt mit unserer intuitiven Vorstellung überein, nach der die Kraft einem Ziehen oder Schieben gleichkommt, das durch unsere Muskeln ausgeübt wird" (S. 74).

Wir sehen hier von der Schwierigkeit ab, die sich damit verbindet, daß eine Größe, die man prinzipiell mathematisch denkt, eine physikalische Folge haben soll, wie die Veränderung einer Geschwindigkeit eine ist. Die Kraft wird sowohl dadurch, daß sie eine Beschleunigung verursache, als auch durch den Einbezug unserer Empfindung in derselben Form charakterisiert wie bisher.

GERTHSEN beginnt 1995 den Abschnitt zur Dynamik folgendermaßen: „Jetzt fragen wir auch nach der Ursache der Bewegung, besser nach der Ursache einer Änderung des Bewegungszustandes" (S. 12).

Hier heißt es beispielsweise auch: „Um einen Körper zu veranlassen, seinen geradlinig gleichförmigen Bewegungszustand aufzugeben, also um ihn zu beschleunigen, muß eine **Kraft** auf ihn wirken" (S. 12).

Die Komponenten der Charakterisierung der Kraft werden bei Gerthsen ebenfalls beibehalten.

KNUDSEN und HJORTH schreiben 1996: „The change in the momentum of a body is proportional to the force that acts on the body and takes place in the direction of that external force" (S. 28).

Daraus entnimmt man die zwei bisherigen Aspekte bzw. Komponenten der Charakterisierung des Kraftbegriffs. Ferner heißt es noch: „In the form (2.4) the law states that an impressed force **F** *causes* an acceleration **a** which is directly proportional to that force; the constant of proportionality [...] is the inertial mass *m* of the object" (S. 28).

„An important property of the concept of a force acting on a given object is that the force has its origin in some other material body.

Thus, Newton introduced the concept of *mechanical force* as the cause of the acceleration of an object. This causal description of the motion of an object constitutes what we call *dynamics*" (S. 29).

Bei NOLTING liest man 1997: „Der physikalische Begriff der Kraft läßt sich nur indirekt durch seine Wirkungen definieren. Wollen wir den **Bewegungszustand oder die Gestalt eines Körpers** z.B. durch Einsatz unserer Muskeln **ändern**, so bedarf es einer Anstrengung, die um so größer ist, je größer die zeitliche Geschwindigkeitsänderung (Beschleunigung) oder je stärker die Deformation sein soll. Diese Anstrengung heißt **Kraft**. [...] Nun beobachten wir überall in unserer Umgebung Änderungen in den Bewegungszuständen gewisser Körper, ohne daß unsere Muskeln direkten Einfluß hätten. Ihre Ursache sehen wir ebenfalls in **Kräften**, welche in gleicher Weise wie unsere Muskeln auf die Körper einwirken" (S. 109).

Aus der hier vorgenommenen Analogie zwischen unseren Muskeln und den Kräften geht hervor, daß die Kraft als das aufgefaßt wird, was außerhalb des Körpers liegt und auf ihn einwirkt, schon deshalb, weil wir das selbst beim Einsatz unserer Muskeln erfahren.

DEMTRÖDER schreibt 1998: „Da wir die Ursache der Impulsänderung in der auf das Teilchen wirkenden Kraft sehen, definieren wir diese Kraft als

$$\mathbf{F} = \frac{d\mathbf{p}}{dt}\text{``}\ (\text{S. 51})$$

Die Kraft wird also als das aufgefaßt, was von außen auf den Körper einwirkt.

Schlußbemerkung

Das, was unter Kraft verstanden wird, wird durch Begriffe ausgedrückt wie Ursache, äußere Ursache, Ursache der Beschleunigung, Ursache der Bewegung und Einfluß, wobei als Wirkung der Kraft die Veränderung der Ruhe oder der gleichförmig-geradlinigen Bewegung angegeben wird. Man erkennt, daß, wie bereits wiederhollt festgestellt worden ist, die Kraft als das aufgefaßt wird, was außerhalb des Körpers liegt und auf ihn einwirkt.[233]

In Übereinstimmung mit dieser Charakterisierung des Begriffs steht die häufige Erklärung der Kraft mittels unserer Empfindung: Dies gibt uns in einer besonders intuitiven bzw. direkten Form das Externe und die Aktivität, die den Begriff charakterisieren, denn dabei sind wir selbst die Handelnden.

In der Auffassung der Kraft in der klassischen Theorie seit Newton bis gegen Ende des 20. Jahrhunderts herrscht somit die Idee vor, sie sei ein auf einen Körper einwirkendes und außerhalb desselben liegendes Etwas, dessen Wirkung in einer Veränderung der Geschwindigkeit bzw. des eigenen oder natürlichen Zustandes des Körpers besteht.

b) *Die Theorie wird kohärent.*

Die These 1 besagt, daß eine außerhalb des Körpers liegende Ursache, um die beschleunigte Bewegung zu rechtfertigen, eine logische Konsequenz des Trägheitsgesetzes ist. Da aber die Theorie das Gesetz annimmt, wird sie dadurch logisch kohärent, daß sie jenes außerhalb des Körpers liegende und auf ihn einwirkende Etwas ebenfalls annimmt, dessen Wirkung in der Veränderung des körpereigenen Zustandes besteht, die Kraft.

Bemerkung 1. Wir haben im vorigen Kapitel gesehen, daß verschiedene Autoren die Definition der Kraft als Ursache der Bewegung kritisiert haben. Obwohl es Gründe dafür gibt, von einem solchen Begriff abzusehen, folgt daraus, daß es einen logischen Grund dafür gibt, ihn zu akzeptieren, und zwar wenn das Trägheitsgesetz angenommen wird, was bei fast allen Autoren zutrifft. So wird verständlich, daß die meisten Autoren Kraft als Ursache auffassen, denn dies ist eine Form, das auszudrücken, was außerhalb des Körpers liegt und auf ihn einwirkt. Einige verwendeten in diesem Zusammenhang nicht den Begriff „Ursache", sondern andere Ausdrücke, jedoch mit einer gleichwertigen Bedeutung, was ebenfalls eine logische Kohärenz beim Konzipieren der Kraft zeigt.

Bemerkung 2. Mit der Annahme der Kraft wird die Theorie auch vollständig in bezug auf die Erklärung der Bewegungen. Denn diese können

---

[233] Selten wird als Wirkung für die Kraft explizit die Verformung eines Körpers angegeben. Dies ändert jedoch nichts an der erwähnten Charakterisierung der Kraft.

entweder geradlinig-gleichförmig oder beschleunigt sein, und die Theorie, die sie so systematisiert, erklärt beide Arten. Der Zusammenhang der beiden Erklärungen ist darüber hinaus kohärent, wie oben gesehen wurde.

Bemerkung 3. In der Newtonschen Theorie tritt – von einem bestimmten Gesichtspunkt aus gesehen – ein zusätzlicher Aspekt der Kohärenz auf. Während in der späteren Mechanik die Ruhe und die geradlinig-gleichförmige Bewegung als die eigenen bzw. natürlichen Zustände der Körper angesehen worden sind, sind sie bei Newton eine Folge der Trägheitskraft, mithin der den Körpern innewohnenden Kraft. Die Veränderung dieser Zustände wird als Folge der eingedrückten Kraft angesehen. So ist bei Newton jeder mechanische Zustand eine Folge einer Kraft. In der späteren Mechanik wollte man den Körpern keine Kräfte zuschreiben, und es wurden andere Versuche zur Rechtfertigung des Trägheitsgesetzes vorgenommen. Jedoch wird die Kraft nach wie vor in Newtonscher Manier konzipiert.

c) *Die Theorie steht nicht im Einklang mit den Phänomenen.*

Für die Argumentation ist hier entscheidend, zu zeigen, daß die Interpretation eines Phänomens durch die Theorie mit dem Phänomen selbst nicht übereinstimmt. Entsprechend wird dies vorgenommen: durch die Analyse eines Phänomens wird man feststellen können, daß es keinen natürlichen Ausdruck für die Disjunktion zwischen der Kraft und ihrer Wirkung gibt, die die Theorie impliziert. Da nun aufgrund der Erfolge der Mechanik bei den Voraussagen der Resultate keine Schwierigkeit in bezug auf die Beziehung der Theorie zu den Phänomenen zu erwarten ist, soll anhand eines Beispiels gezeigt werden, daß die Voraussagen von der Diskrepanz zwischen Theorie und Erfahrung nicht betroffen sind. Zunächst soll versucht werden, plausibel zu machen, daß das Problem, die Diskrepanz hinsichtlich der Phänomene, in die Theorie eingedrungen ist. Dies führt uns auf die Newtonsche Konzeption zurück.

Newton definiert eingedrückte Kraft (*vis impressa*) als eine Einwirkung auf einen Körper, die auf eine Veränderung seiner Ruhe oder seiner geradlinig und gleichförmigen Bewegung ziele. Er erklärt dabei, die Kraft trete nur während der Einwirkung auf und verbleibe anschließend nicht im Körper. In Übereinstimmung hiermit läßt sich ein Körper vorstellen, der sich mit konstanter Geschwindigkeit bewegt, auf den während eines bestimmten Zeitraumes eine eingedrückte Kraft wirkt, infolge deren er eine von der ersten verschiedene Endgeschwindigkeit erwirbt. Diese letzte ist wie die erste eine konstante Geschwindigkeit, da der Körper gemäß der Auffassung nach der Einwirkung der Kraft in seinem neuen Zustand aufgrund der Trägheitskraft verharre.

Die Abbildung stellt ein erläuterndes Beispiel schematisiert dar: ein Körper besitzt eine Anfangsgeschwindigkeit v_0; in dem Zeitraum t_1, t_2 steigt die Geschwindigkeit, was auf die Aktion der eingedrückten Kraft zurückzuführen ist; ist die Einwirkung beendet, bewegt er sich mit der Endgeschwindigkeit v_1.

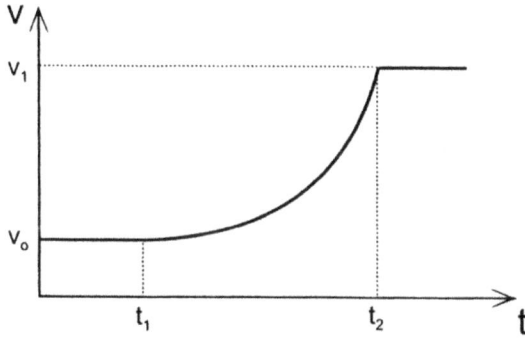

Da infolge der eingedrückten Kraft ein Unterschied zwischen der Geschwindigkeit vor und nach der Einwirkung vorliegt, wird verständlich, daß die Kraft als Ursache der Veränderung angesehen wird. Der Satz, die Kraft sei die Ursache der Veränderung, sagt in zusammengefaßter Form aus, daß aufgrund der eingedrückten Kraft die Geschwindigkeit des Körpers von v_0 zu v_1 übergeht. Da das 2. Newtonsche Axiom ferner besagt, die Bewegungsänderung sei der eingedrückten Kraft proportional, ist dann die Kraft anhand des Unterschieds zwischen der Anfangs- und Endgeschwindigkeit einzuschätzen. Dies kann man so interpretieren, daß die Kraft quantitativ gesehen aufgrund der erzeugten Wirkung zu betrachten ist. Auch von diesem Gesichtspunkt aus ist es wie zuvor adäquat, die Kraft als Ursache der Bewegung anzusehen.

Die Wissenschaftshistoriker stimmen jedoch nicht hinsichtlich der Gleichung überein, durch welche das 2. Newtonsche Gesetz auszudrücken ist.[234] Ein historischer Grund dafür ist ein Artikel von Euler, betitelt „Découverte d'un nouveau principe", von 1750. Hier wird das Prinzip durch einen mathematischen Ausdruck wiedergegeben, der die Form der Grundgleichung der Mechanik hat.[235] Wenn es nun ein neues Prinzip gibt, das diese Form annimmt, dann bestand ein solches vorher nicht, auf keinen Fall drückt Euler das 2. Newtonsche Gesetz durch dieselbe Gleichung aus. Unabhängig davon, was die historische Forschung ergeben wird, ist es eine Tatsache, daß sich diese Gleichung in der Mechanik durchgesetzt hat. In diesem Kontext ist bezeichnend, daß sie Grundgleichung der Mechanik genannt wird. Da nach ihr die Kraft eine Funktion der Masse und der Beschleunigung ist, folgt, daß die Auffassung der Kraft aus der beschleunigten Bewegung zu entnehmen ist, in Zusammenhang beispielsweise damit, was im Zeitraum t_1, t_2 geschieht, wenn man auf das angeführte Beispiel zurückgreift. Hiermit stellen sich aber andere Anforderungen an die Erklärung der Kraft.

Während man zuvor über drei Phasen der Bewegung verfügt – bis t_1, zwischen t_1 und t_2 und nach t_2 – und man durch den Vergleich der dritten mit der ersten feststellt, daß eine Veränderung der Bewegung während der zweiten stattfand, geht es jetzt darum, die 2. Phase selbst zu klären. Tatsache ist, daß in den anderen Phasen keine Beschleunigung stattfindet, wohingegen die Kraft durch sie zu erklären ist. Während man aus den drei

---

[234] Hierüber bestehen die folgenden drei Thesen: $F = ma$; $F = \cap (mv)$; $F = \cap (mv)Ec$, wobei c, „Newtonische Konstante" genannt, die Dimension einer Geschwindigkeit habe. Letztere ist im Vergleich mit den anderen neu; sie wird von Dellian (1985, S. 401) vertreten. Zu den anderen beiden läßt sich beispielsweise auf Cohen (1970, S. 144ff.) bzw. auf *La storia di «F=ma»* von Maltese verweisen (1992, S. 26ff.).

[235] Euler schreibt erstmals die Gleichung nur in bezug auf die Koordinate x, dabei stellt er die entsprechende Kraft durch P und die Masse des Körpers durch M dar. „Après l'élément du tems dt, soit $x + dx$ la distance du corps au plan et prenant cet élément dt pour constant, il sera

$$2Mddx = \pm P\, dt^2,$$

selon que la force P tend ou à éloigner ou à approcher le corps du plan. Et c'est cette formule seule, qui renferme tous les principes de la Mécanique" ([1750] 1752, *Decouverte d'un...*, Opera Omnia, S. 89).

Phasen erschließen kann, daß die Kraft die Ursache der Veränderung der eigenen Bewegung des Körpers ist, da als Wirkung ein Unterschied zwischen den Geschwindigkeiten in der 3. und in der 1. Phase besteht, ist die Lage jetzt eine andere, denn die Phasen fehlen, die als Vergleichsobjekte dienten. Die Veränderung dessen, was zu erklären war, stellt an das Erklären andere Anforderungen, und wie wir feststellen werden, ist die bestehende Erklärung für den neuen zu erklärenden Sachverhalt nicht adäquat. Gehen wir nun zur Analyse eines Phänomens über.

Nehmen wir an, daß man einen Körper an eine Feder anschließt und die übliche oszillatorische Bewegung stattfindet. In der folgenden Abbildung sind einige Lagen schematisiert, die als Beispiel dienen.

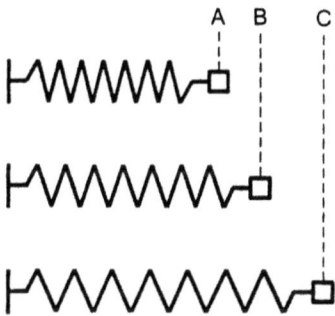

Im Rahmen der klassischen Theorie sagt man, es liege eine Kraft vor, weil eine beschleunigte Bewegung feststellbar sei. In der Tat folgt aus der Annahme des Trägheitsgesetzes, mithin aus der Annahme einer eigenen Bewegung des Körpers, daß, wenn der Körper diese Bewegung nicht ausführt, es etwas gibt, was nicht vom Körper stammen kann und was die beschleunigte Bewegung verursacht. Hiervon ausgehend wird man also, um die Kraft durch die Phänomene zu erfassen, im Rahmen der klassischen Theorie dazu geführt, das Phänomen mit dem Ziel zu betrachten, die Frage zu beantworten, was den eigenen Zustand des Körpers stört.

Die Feder erfüllt die sich aus dem Trägheitsgesetz ergebende Forderung, die Störung müsse außerhalb des Körpers liegen. Sie wird an den Körper angeschlossen, Körper und Feder waren daher getrennt und sind folglich eindeutig unterscheidbar. Zweitens beobachtet man ein Berührungsfeld, was den Einfluß rechtfertigt. Darüber hinaus geschieht die Veränderung des mechanischen Zustandes des Körpers aufgrund des Anschlusses, was natürlich darauf hindeutet, die Feder als störende Ursache des natürlichen oder eigenen Zustandes des Körpers zu betrachten.

Man nimmt dann an, die Feder sei die äußere Ursache, die die Theorie erfordert und die durch Kraft bezeichnet wird. Man fragt sich dann, wo die Wirkung, die die Feder hervorruft, in dem Phänomen selbst liegt. Daß der Körper aufgrund des Anschlusses an die Feder eine Bewegung ausführt, die er zuvor nicht hatte, stellt man fest. Um die gestellte Frage zu beantworten, kommt es jedoch darauf an, zu wissen, was für eine Wirkung die Feder im Phänomen selbst hat, in dem Beschleunigung vorkommt: Ist das die beschleunigte Bewegung von A zu C oder von B zu C oder von A zu B? In diesen Lagen und in allen anderen tritt die Feder als an den Körper angeschlossen auf. Wie kann man dann die Wirkung bestimmen, so daß man sagen kann, bis hier sei es die Aktion der Feder und ab hier deren Wirkung? Feder und Körper sind *beide in die Bewegung verwickelt*, und das Phänomen, das ein einziges ist, findet ohne Feder/Körper oder durch irgendeine andere Veränderung nicht statt. Die Kraft, die die Theorie bedingt oder voraussetzt, findet also keinen Ausdruck im Phänomen, sie ist in ihm nicht bestimmbar. Daher kann geschlossen werden, daß die Interpretation der Kraft als Ursache der Veränderung nicht adäquat ist, es gelingt nicht, sie in Übereinstimmung mit den Phänomenen zu bringen. Die Theorie steht also nicht im Einklang mit den Phänomenen, was hinsichtlich der formulierten These nachzuweisen war.

Im Rahmen des zuvor angeführten Beispiels wurde gesagt, daß der Körper an die Feder angeschlossen wurde und daß er so eine beschleunigte Bewegung erworben hat. Wenn er sie jedoch erworben hat, hatte er sie vorher nicht; nehmen wir an, daß er ruhte. Nehmen wir auch an, daß der Anschluß so durchgeführt wurde, daß er unterbrochen werden kann und auch unterbrochen wurde, so daß der Körper begonnen hat, eine gleichförmig geradlinige Bewegung auszuführen, wobei er sich folglich von der Feder entfernte. Hieraus schließt man, daß Körper und Feder miteinander verbunden eine bestimmte Bewegung ausführen und der Körper allein, ohne den Anschluß, eine andere. Aus dem Vergleich dieser beiden Zustände ergibt sich, daß die beschleunigte Bewegung mit der Feder zusammenhängt, und es wird daher verständlich, daß man in diesem Kontext sagt, die Feder sei die Ursache der beschleunigten Bewegung oder verallgemeinernd und technisch formuliert, die Kraft sei die Ursache der beschleunigten Bewegung. Dieser Ausdruck gibt also eine Information wieder, die aus einem Vergleich mehrerer Phänomene stammt; bei dem angeführten Fall von der ersten Phase, in der der Körper ruht, mit der zweiten, in der eine beschleunigte Bewegung statthat, und mit der dritten, welche durch die Theorie so erklärt wird wie die 1. Phase. Die Kraft ist jedoch mit der Beschleunigung verbunden und infolgedessen ist das zu interpretierende Phänomen dasjenige, in welchem eine Beschleunigung stattfindet. Da weder in der 1. noch in der 3. Phase eine Beschleunigung besteht, bildet die 2. Phase den einzigen Gegenstand der Interpretation. Es ist jedoch so, daß die Schlußfolgerung bzw. die Information, die aufgrund des Vergleichs der drei Phasen erlangt wird, nicht adäquat ist, um die 2. Phase zu interpretieren. So wird die Unangemessenheit des Begriffs der Kraft für die Phänomene verständlich: Er schließt mehr ein, als er dürfte; was durch ihn ausgesagt wird, trifft auf das Ganze, aber nicht auf den zu betrachtenden Teil zu.

In der 1. und 3. Phase befindet sich der Körper in einem trägen Zustand, wie angenommen wurde, und in der zweiten ist die Bewegung eine beschleunigte. Wenn man nicht die drei Phasen im Hinterkopf hat, sondern die aus dem Trägheitsgesetz stammende Idee, der Körper für sich verharre in seinem Zustand der Ruhe oder der geradlinig gleichförmigen Bewegung, dann bildet diese Idee eine Art virtueller Phase – wenn der Körper nicht angeschlossen wäre und also für sich bestehen würde –, der das Vergleichsobjekt zu der reellen Phase bildet, in der die Beschleunigung statthat. Dadurch wird auch verständlich, und zwar aus demselben Grund wie zuvor, daß die Kraft als eine auf den Körper einwirkende Ursache angesehen wird.

So stellt man ebenfalls fest, daß der genannte Kraftbegriff für einen bestimmten Sachverhalt in dem Sinn adäquat ist, daß durch ihn eine Information gegeben wird. Da aber der Sachverhalt nicht dem entspricht, was aufgrund der Grundgleichung der Mechanik als Gegenstand der Interpretation zu nehmen ist, befremdet es nicht, sondern es wird im Gegenteil verständlich, daß der Begriff dem zu erklärenden Sachverhalt nicht adäquat ist. Daraus wird ersichtlich, daß die in der These vertretene Unangemessenheit zutrifft.

Wir kommen jetzt zum letzten der zu betrachtenden Aspekte: wie läßt sich erklären, daß die Theorie trotz ihrer Unangemessenheit für die Phänomene bei den Voraussagen der Resultate Erfolg hat? Durch ein Beispiel wird gezeigt, wie trotz dieses Problems die Theorie gültige Ergebnisse hervorbringt.

Nehmen wir an, man spannt eine Feder durch Zusammendrücken und lehnt einen Körper an sie an. Dann löst man die Spannung und registriert die dadurch entstandene Bewegung, so daß man in der Lage ist, die Beschleunigung des Körpers zu bestimmen. Nachher wiederholt man das ganze Verfahren, dieses Mal mit einem Körper, dessen Masse unbekannt ist. In Übereinstimmung mit der herkömmlichen Mechanik sagt man, man könne, da die Masse vom ersten Körper bekannt sei und die Beschleunigung gemessen werde, die Kraft bestimmen, die auf ihn von der Feder ausgeübt werde.[236] Da diese Kraft einmal bekannt sei und da die Beschleunigung beim zweiten Experiment auch gemessen werde, könne man die Masse des

---

[236] Eine so einfache mechanische Konfiguration wie die geschilderte findet man bei Hänsel und Neumann bei der Einführung der Grundgleichung der Mechanik (irrtümlicherweise 1. Newtonsches Axiom genannt (1993, S. 54f.): „Wir betrachten zunächst die Beschleunigung eines als Massenpunkt aufgefaßten Körpers zum Beispiel durch Entspannen einer zusammengedrückten Schraubenfeder [...] *Nach der experimentellen Erfahrung* besteht zwischen der von der Feder ausgeübten Kraft **F** und der dem Körper erteilten Beschleunigung **a** Proportionalität [...]" (S. 51). Die Proportionalitätskonstante wird dann als träge Masse bzw. Masse bezeichnet, und so ergibt sich die Grundgleichung der Mechanik (S. 53).
Als Basis zur Aufstellung der Grundgleichung werden bei French ebenfalls Experimente mit Federn herangezogen, wobei sie jedoch anders eingesetzt werden. Man lege ein Objekt auf einen waagerechten Tisch mit Löchern, durch die von unten Luft geblasen werde. „Man kann dann eine Zugkraft in horizontale Richtung am Objekt angreifen lassen und Beobachtungen wie die folgenden machen [...]
1 Eine Feder, die um einen bestimmten Betrag auseinandergezogen ist, ruft eine *lineare* Veränderung der Geschwindigkeit mit der Zeit hervor – d.h., die Beschleunigung eines gegebenen Objektes durch eine gegebene Kraft ist konstant.
2. Wenn eine zweite Feder, identisch mit der ersten und um denselben Betrag auseinandergezogen, parallel zur ersten benutzt wird, verdoppelt sich die Beschleunigung [...]
3. Wenn wir auf dem ersten Objekt ein zweites identisches Objekt anbringen, reduziert sich die Beschleunigung bei gleicher Spannung der Federn auf die Hälfte" (1995, S. 142ff.).
Hiervon ausgehend wird dann die Grundgleichung der Mechanik aufgestellt.

zweiten Körpers bestimmen.[237] Führen wir eine Analyse dessen durch, was hier vorgenommen wird, wobei man aber zwischen dem, was aus der Erfahrung stammt, und dem, was ein Resultat der Interpretation ist, unterscheidet.

Das, was man in den beiden Fällen mißt, ist die Beschleunigung: das, was uns die Erfahrung durch Beobachtung der Bewegung zu messen erlaubt. Daß von dem Produkt der gemessenen Beschleunigung mit der Masse gesagt wird, es sei gleich der Kraft bzw. es sei die Kraft, die die Feder ausübe, geht über die Erfahrung hinaus.

Beim Experiment greift man auf Maßstäbe, Chronometer und auf einen geeigneten Apparat zur Aufnahme der Bewegung des Körpers zurück, wodurch man zum Schluß kommt, der Körper legt unterschiedliche Wegstücke in gleichen Zeiträumen zurück. Dies wird dadurch ausgedrückt, daß die Bewegung des Körpers eine beschleunigte ist.[238] Der Theorie nach ist

---

[237] In Zusammenhang mit diesen Experimenten schreibt French: „Unsere Beobachtungen erlauben uns die Annahme, daß eine um denselben Betrag gedehnte Feder immer dieselbe Kraft auf ein Objekt ausübt – weil wir eine reproduzierbare Beschleunigung beobachten. Wir können nun eine Anzahl verschiedener Objekte auswählen (bezeichnet mit 1, 2, 3, ...) und mit derselben Kraft daran ziehen (d.h. mit unserer um denselben Betrag gespannten Feder). Wir messen die einzelnen Beschleunigungen a_1, a_2, a_3, ... Wir können mit diesen experimentellen Daten jetzt eine träge Massenskala festlegen, indem wir setzen:

$$F = m_1 a_1 = m_2 a_2 = m_3 a_3 ...,$$

also

$$\frac{m_2}{m_1} = \frac{a_1}{a_2} \quad \frac{m_3}{m_1} = \frac{a_1}{a_3} \quad usw.\text{``} (1995, S. 148).$$

Im Rahmen der Auseinandersetzung mit dem Kraftbegriff bezieht sich Ludwig ausdrücklich auf die Bestimmung der Masse eines Körpers anhand einer Feder bzw. der oszillatorischen Bewegung. Er schreibt: „Betrachten wir verschiedene Massenpunkte i an derselben Feder, so erhält man $m_i = a/w_i^2$ mit w_i als Kreisfrequenz für den i-ten Massenpunkt. Die Messung der w_i [...] kann man dann als indirekte Messung der Massen m_i auffassen" (1985, S. 150).
Der gewöhnlichen Auffassung nach sagt man, die Feder übe auf die verschiedenen Massenpunkte m_i dieselbe Kraft aus, welche anhand der Federkonstante charakterisiert wird. Infolge der Beziehung dieser Konstanten mit der Kreisfrequenz und der Masse des Körpers läßt sich letztere kalkulieren, wenn die Kreisfrequenz bestimmt wird.

[238] Im *PSSC-Physik* wird bei der Einführung der Grundgleichung der Mechanik von Experimenten berichtet, wobei sich die folgende Reihenfolge feststellen läßt: Zuerst werden Stroboskop-Aufnahmen von den Experimenten reproduziert; aufgrund der Maßstäbe, die dabei zu sehen sind, und der Blitzintervalle, die im voraus bekannt sind,

die Beschleunigung eine Folge der Kraft. Aber aufgrund der Messung, wenn man nämlich von dem ausgeht, was gemessen wird, läßt sich dieser Schluß nicht ziehen.

Darüber hinaus ist zu berücksichtigen, daß die durchgeführte Messung bereits eine Auswahl beinhaltet, denn wir konzentrieren unsere Aufmerksamkeit auf den Körper; dabei führt aber auch einer der Ringe der Feder eine beschleunigte Bewegung aus. Wir konzentrieren uns auf einen „Teil des Phänomens", was bei einer Untersuchung legitim ist. Diesen Teil als Konsequenz des Übrigen anzusehen – die Bewegung des Körpers werde von der Feder verursacht – ist jedoch der Natur zuzuschreiben, was eine Interpretation der Erfahrung durch die Theorie ist.

In bezug auf das zweite Phänomen sagt man gemäß der Theorie, die Masse des Körpers sei durch den Quotienten der von der Feder ausgeübten Kraft und der gemessenen Beschleunigung zu bestimmen. Der Übergang von einem Phänomen zum anderen setzt voraus, daß die von der Feder ausgeübte Kraft in beiden Fällen dieselbe ist. Aufgrund dieser Voraussetzung gilt, daß die beim ersten Experiment berechnete, „von der Feder ausgeübte Kraft" für das zweite auch gültig ist. Betrachten wir zuerst den Übergang von einem Phänomen zum anderen und anschließend den von der Theorie eingeschlagenen Weg.

Genau genommen gibt es keine zwei gleichen Phänomene. Es ist beispielsweise bekannt, daß in dem betrachteten Fall die Elastizität der Feder für die Bewegung wichtig ist und daß sie von gewissen Faktoren abhängt, ein Temperaturunterschied kann sich etwa als bedeutungsvoll für die Bewegung erweisen. Ebenfalls bedeutsam kann die Anzahl der schon vorgenommenen Spannungen bzw. die Zeit des Gebrauchs der Feder sein. Wenn in einem gewissen Zeitraum Veränderungen der Feder festzustellen sind, ist es nicht auszuschließen, daß sie allmählich zustande kommen. Diese Gründe, denen sich andere hinzufügen lassen, führen zu der Vorstellung, daß die

---

wird die Beschleunigung bestimmt; hieraus werden Schlußfolgerungen gezogen, die die Kraft und dann die Masse betreffen (1974, S. 211ff.). Dies dient als Beispiel für die Vorgehensweise: Die Schlußfolgerungen beruhen auf den Bestimmungen der Beschleunigungen, welche ihrerseits den Messungen der zurückgelegten Bahnen und der dabei gebrauchten Zeiten entnommen werden.

Feder, an die der zweite Körper angelehnt wird, nicht „dieselbe" ist wie die, an die der erste angelehnt wurde. Wenn dies der Grund wäre, um Schlußfolgerungen aus dem ersten Experiment nicht ins zweite zu übertragen, dann könnten wir ebenfalls keine Schlüsse vom zweiten zu einem dritten, von diesem zu einem vierten usw. ziehen, womit wir im Endeffekt die Wissenschaft selbst vernichten würden. Nehmen wir jedoch an, daß man in bezug auf die beeinflussenden Faktoren der Bewegung der Feder keine meßbare Veränderung feststellt, so daß eine mit dem ersten Körper durchgeführte dritte Bewegung eine Beschleunigung aufweist, welche mit der beim ersten Experiment gemessenen Beschleunigung übereinstimmt etc. Dies bedeutet, daß man im Rahmen dessen, was gemessen wird, Veränderungen nicht feststellt, d.h., daß die Veränderungen, die infolge des vorherigen Gedankengangs geschehen könnten, nicht nachweisbar sind. Wenn wir nun Schlußfolgerungen aus Meßergebnissen ziehen und sich Veränderungen im genannten Sinn nicht nachweisen lassen, dann besteht kein Hindernis für einen Übergang von einem zum anderen Phänomen bzw. Experiment. Hiermit wird der Übergang legitimiert und gleichzeitig seine Gültigkeit dadurch beschränkt, daß sie davon abhängt, was und wie gemessen wird. Eine Verbesserung der Meßverfahren kann zu einer Veränderung des Übergangs beitragen. Betrachten wir jetzt den Übergang innerhalb der Theorie.

Die Masse des zweiten Körpers werde durch den Quotienten der von der Feder ausgeübten Kraft und der gemessenen Beschleunigung bestimmt. Das, was die Theorie unter einer von der Feder ausgeübten Kraft versteht, stammt aus dem ersten Phänomen, es ist das Produkt aus der Masse des ersten Körpers und der gemessenen Beschleunigung; drücken wir dies durch $m_1 a_1$ aus. Aufgrund der Voraussetzung, die Feder übe *dieselbe* Kraft aus, wird dieses Produkt dem das zweite Experiment betreffenden Produkt, $m_2 a_2$, gleichgesetzt. Da dann

$$m_1 a_1 = m_2 a_2$$

gilt, folgt, daß die Masse des zweiten Körpers gleich

$$\frac{m_1 a_1}{a_2}$$

ist.

Die Theorie kommt zu der Gleichung $m_1a_1 = m_2a_2$ aufgrund einer Voraussetzung, die über das hinaus geht, was die Erfahrung an Folgerungen erlaubt. Die Gleichung aber, die besagt, größere Massen haben kleinere Beschleunigungen, stimmt mit der Erfahrung überein. Es wird also ein gültiger Schluß erlangt, wenn auch der zu ihm führende Weg nicht einwandfrei ist. So werden die gezogenen praktischen Schlußfolgerungen nicht davon betroffen, daß eine Diskrepanz zwischen der Interpretation und der Messung besteht. Dadurch wird verständlich, daß die Theorie trotz ihrer Unangemessenheit für die Erfahrung in der Voraussage der Resultate Erfolg hat. Das in dieser Beziehung liegende Problem taucht erst auf, wenn man versucht, die Kraft anhand der Phänomene zu begreifen.

Wenn sich der Begriff der Kraft nicht in Übereinstimmung mit den Phänomenen bringen läßt, dann ist es verständlich, daß bei der Herstellung einer Verbindung zur Erfahrung Schwierigkeiten auftreten. Im folgenden wird man feststellen können, daß mit der Herstellung dieser Verbindung die Probleme, die die Kraft betreffen, zusammenhängen, was sich nicht nur anhand der Schwierigkeiten mit dem Begriff, sondern auch anhand der vorgeschlagenen Lösungen für die Kraft zeigen läßt. Dies bildet die historische Komponente der Argumentation.

D'Alembert und Carnot zeigen eine ähnliche Schwierigkeit auf, welche darin liegt, zu wissen, was in der Natur dem Begriff der Kraft entspricht. Wenn d'Alembert sagt, die Kraft sei uns, abgesehen von den Stoßphänomenen, unbekannt, kann man schlußfolgern, daß er nicht weiß, womit sich der Begriff der Kraft verbindet. Dasselbe gilt für Carnot, wenn er keine Antwort auf die Frage gibt, was die Kraft in den Lebewesen ist, die Bewegungen erzeugen, wie im I. Kapitel gesehen wurde. Das Problem bei den beiden Autoren liegt also in der Herstellung der Verbindung des Begriffes mit den Phänomenen. Beide gehen davon aus, daß ein Körper für sich in seinem Zustand der Ruhe oder der geradlinig-gleichförmigen Bewegung verharrt und daß eine äußere Ursache, Kraft genannt, notwendig ist, wenn eine Beschleunigung auftritt. Was jedoch diese Ursache, mithin die Kraft in der Natur, bedeutet, bildet das Problem.

Der Reechsche Lösungsvorschlag besteht grundsätzlich darin, die Kraft mittels unserer Empfindung zu konzipieren bzw. Kräfte-Phänomene mittels unserer muskulären Anstrengungen zu interpretieren. Hier wird deutlich, daß die Empfindung zwischen den Phänomenen und unserer Konzeption derselben angesiedelt wird, was auf die Schwierigkeit weist, eine direkte Verbindung der Phänomene mit ihrer Konzeption herzustellen. Saint-Venant und Mach definieren zuerst die Masse und dann die Kraft. Die Definition der ersteren hängt mit der Erfahrung zusammen, wohingegen die der zweiten als Produkt der Masse und der Beschleunigung dargestellt wird. Zur Lösung des Kraft-Problems wird also die Verbindung der Erfahrung mit der Theorie durch den Begriff der Masse hergestellt, dagegen wird die Verbindung durch die Kraft abgelehnt.

Die Lösungsvorschläge von Kirchhoff und Hertz haben gemeinsam, daß die Kraft innerhalb der Theorie auftritt: In bezug auf den Kraftbegriff ist bei Kirchhoff von einer Konstruktion die Rede und wird bei Hertz eine Vorstellung für die Kraft ausgearbeitet. Hiermit verschwindet die in der damaligen Mechanik bestehende direkte Beziehung des Begriffs zu den Phänomenen, wobei die Kraft als Ursache der Bewegung bzw. der Veränderung einer Bewegung angesehen wurde. Indem mit den erwähnten Lösungen darauf abgezielt wurde, Probleme zu überwinden, deren Ursachen auf den Kraftbegriff zurückgeführt wurden, schließt man, daß die Beseitigung der Probleme damit verbunden ist, das Begreifen der Kraft durch eine direkte Beziehung zur Erfahrung zu vermeiden.

Der Poincaréschen Auffassung nach ist der Kraftbegriff aufgrund der Meßverfahren zu definieren. Dies bedingt, den Begriff in Verbindung mit den Phänomenen zu bringen, und dabei treten die Probleme auf, wie im I. Kapitel gesehen wurde. Es ist in diesem Kontext von Interesse zu bemerken, daß er kritisiert, die Kräfte würden so vorausgesetzt, als ob sie Lokomotiven wären, die an- und abgehängt würden. In Übereinstimmung mit der zuvor vorgenommenen Analyse des Problems ist seine Kritik durchaus verständlich, denn die Idee, die Kraft sei ein außerhalb des Körpers liegendes und auf ihn einwirkendes Etwas, steht nicht im Einklang mit den Phänomenen. Wenn aber die Kraft mit den Phänomenen nicht im Einklang steht, weil sie als äußere Ursache angesehen wird, wie läßt sie sich dann anders begreifen, wenn sie der Theorie nach eine Bewegung rechtfertigt, welche keine dem Körper eigene ist und dementsprechend nur von einem außerhalb desselben liegenden Etwas stammen kann. Es besteht also eine Inkompatibilität zwischen dem Begriff und den Phänomenen. Aufgrund dessen wird verständlich, daß Poincaré zum Schluß kommt, es sei unmöglich, eine zufriedenstellende Auffassung von Kraft in dem klassischen System zu geben, denn wenn eine echte Inkompatibilität, wie die angegebene, besteht, ist es nicht möglich, die Kraft aufgrund der Phänomene zu begreifen.

Die Ludwigsche These, die Kraft sei im Realtext nicht vorfindbar bzw. sie sei nicht etwas, was sich mathematisch umschreiben lasse, weist schon darauf hin, daß ein Versuch, welchem die Voraussetzung zugrunde liegt, es gebe in der Natur etwas dem Kraftbegriff Entsprechendes, nicht erfolgreich sein kann.

Bis jetzt wurden die Kritiker des Kraftbegriffs betrachtet, die Autoren haben jedoch zum großen Teil unter Kraft eine äußere Ursache verstanden und den Begriff in ihre mechanischen Theorien übernommen. Es stellt sich dann die Frage, ob sie in bezug auf die Beziehung des Begriffs zu der Erfahrung auf Schwierigkeiten gestoßen sind. Die Antwort lautet, daß das Problem auftritt, wenn die Frage nach der Konzeption gestellt wird. Es ist aber so, daß sie nicht gestellt werden muß, denn die Theorie ist logisch kohärent, und die Unangemessenheit der Konzeption trifft auf die Messung nicht zu, wie wir gesehen haben. Das Problem tritt erst dann auf, wenn über die Meßverfahren nachgedacht wird, wie etwa Poincaré es getan hat, oder wenn versucht wird, die Kraft aufgrund der Phänomene zu konzipieren. Die *Mechanik* von Euler ist ein Beispiel dafür, daß das Problem auftritt, wenn die Frage gestellt wird; bei Lagrange wird die Frage nicht gestellt, und sie drängt sich auch nicht auf.

Euler strukturiert das Werk aufgrund der Konzeption, deren Kern darin besteht, daß der Körper für sich einen bestimmten Zustand beibehält und seine Veränderungen auf Kräfte zurückgeführt werden. In Übereinstimmung mit dieser Konzeption wird die Zerlegung der Kraft durchgeführt und werden die Aufgaben behandelt. Wenn er nun die Frage nach der Herkunft der Kräfte stellt, deren Antwort das Einbeziehen der Erfahrung voraussetzt, dann treten die Schwierigkeiten auf; er sagt von vornherein, es sei unsicher, ob die Kraft von der Bewegung stammt oder andersherum.[239]

---

[239] „Intelligitur hinc, quod iam supra innuimus libro primo [§ 102], incertum esse, utrum motus potentiis debeatur an vero potentiae motui" (1736, Bd. II, § 29). Hierzu siehe auch Kap. II, § 2.

Der Kern der *Analytischen Mechanik* ist eine Methode zur Vereinfachung der Lösung der Probleme. Daher besteht das Wesentliche des Werkes in der Behandlung der mechanischen Aufgaben. Hierfür braucht die Theorie nicht die Frage nach der Beziehung des Kraftbegriffs zur Erfahrung zu stellen, da vorausgesetzt wird, daß die Kräfte zu den Angaben der Aufgaben gehören. Lagrange verfährt im Einklang damit, was die Theorie benötigt. Zu Beginn seiner Dynamik sagt er, die Kräfte bzw. ihre Wirkungen seien als bekannt vorauszusetzen.[240] Eine Auseinandersetzung mit der Interpretation der Phänomene durch den Kraftbegriff hat also nicht statt, sie ist auch nicht notwendig, und daher tritt das Problem nicht auf.

In bezug auf andere Autoren lassen sich die die Kraft betreffenden Schwierigkeiten in zwei Gruppen kategorisieren: Eine Gruppe umfaßt diejenigen, die von den Verfassern ausgesprochen wurden; und eine andere diejenigen, die sich aus der Erklärung der Kraft entnehmen lassen.

Die Autoren, die die Schwierigkeiten angesprochen haben, sind unter anderem: Laplace, der sagt, die Kraft sei und werde uns unbekannt sein;[241] Schell im 19. Jahrhundert, der die These vertritt, die physische Existenz von

---

[240] „[Q]uand l'équilibre n'a pas lieu, les corps doivent nécessairement se mouvoir, en obéissant en tout ou en partie à l'action des forces qui les sollicitent. La détermination des mouvements produits par des forces données est l'objet de cette seconde Partie. [...] Il faut dans la Mécanique, prendre les effets simples des forces pour connus, et l'art de cette science consiste uniquement à en déduire les effets composés qui doivent résulter de l'action combinée et modifiée des mêmes forces. 2. Nous supposerons donc que l'on connaisse, pour chaque force accélératrice, la vitesse qu'elle est capable d'imprimer à un mobile en agissant toujous de la même manière, pendant un certain temps que nous prendrons pour l'unité des temps, et nous mesurerons la *force accélératrice* par cette même vitesse" (S. 263f.).

[241] „La nature de cette modification singulière, en vertu de laquelle un corps est transporté d'un lieu dans un autre, est et sera toujours inconnue; on l'a désignée sous le nom de *force*; on ne peut déterminer que ses effets et les loix de son action." [1799, S. 4] Als Beispiel für eine Konsequenz unserer Unkenntnis der Kraft läßt sich anführen, man könne deren Wirken nicht kennen: „Considérons maintenant, le mouvement d'un point sollicité par des forces qui semblent agir d'une manière continue, telles que la pesanteur. Les causes de cette force et des forces semblables qui ont lieu dans la nature, étant inconnues, il est impossible de savoir si elles agissent sans interruption, ou si leurs actions successives sont séparées par des intervalles de temps, dont la durée est insensible" (S. 19).

Kräften könne nicht behauptet werden;[242] Westphall, der die Kraft als ein vermittelndes Etwas zwischen dem beschleunigten Körper und dessen Umgebung ansieht, welches von uns darin eingeschaltet werde;[243] Hahn, der sagt, die Kraft entziehe sich der unmittelbaren Beobachtung.[244]

Unter den Erklärungen für die Kraft, aus denen sich entnehmen läßt, daß die Kraft ein Problem darstellt, ist hier diejenige heranzuziehen, bei der auf unsere muskuläre Anstrengung zurückgegriffen wird. Denn hier wird versucht, die Kraft in Zusammenhang mit der Erfahrung zu begreifen und dafür wird sie anthropomorph aufgefaßt, was in wissenschaftlicher Hinsicht unzweckmäßig ist.[245]

Die Rückführung der Kraft auf unsere Empfindung bzw. auf unsere muskuläre Anstrengung und die hiermit zusammenhängende Aufstellung einer Mechanik ist das Werk von Reech, wie im I. Kapitel gesehen wurde. Sein am meisten beachteter Nachfolger, Andrade, hat dann die These vertreten, die Mechanik sei anthropomorph.[246] Den Anthropomorphismus hat Poincaré 1900 kritisiert.[247] Im 20. Jahrhundert hat jedoch die genannte

---

[242] „In den Anwendungen der Mechanik auf die Bewegungen der materiellen Welt treten sie [die Kräfte] als Hypothesen auf, deren Zulässigkeit nur durch die grössere oder geringere Uebereinstimmung der aus ihnen folgenden Bewegungszustände mit der Beobachtung allein gestützt wird. Die physische Existenz von Kräften kann nicht behauptet werden" (1879, S. 8).

[243] „Zwar sind nur die Lagebeziehungen eines beschleunigten Körpers zu den Körpern seiner Umwelt für uns unmittelbar erkennbare Ursachen seiner Beschleunigungen. Aber wir schalten zwischen diese Körper mit ihren Lagen und Eigenschaften und den beschleunigten Körper als ein vermittelndes Etwas eine Kraft ein, die von jenen Körpern ausgeht und auf diesen wirkt. Tatsächlich können wir von diesen Kräften nie auf anderem Wege etwas erfahren, als eben durch die hervorgerufenen Beschleunigungen" (1959, S. 21).

[244] „Die Kraft ist eine physikalische Größe, die sich der unmittelbaren Beobachtung entzieht. Man kann aber sehr wohl die Wirkungen von Kräften erkennen" (1992, S. 2).

[245] In den *Prinzipien der Mechanik* hat Hertz Auffassungen anthropomorpher Natur grundsätzlich zurückgewiesen (siehe 1894, S. 37–38, §§ 363-6, 615, 643) und darauf abgezielt, „aus der Mechanik der leblosen Welt jede Andeutung einer Absicht, einer Empfindung, der Lust und des Schmerzes, als fremdartig auszuscheiden" (S. 45).

[246] „[L]a notion vulgaire de la force est la notion féconde; la mécanique, avouons-le hautement, est essentiellement *anthropomorphique*" (1898, S. 138).

[247] „L'Anthropomorphisme a joué un rôle historique considérable dans la genèse de la Mécanique; peut-être fournira-t-il encore quelquefois un symbole qui paraîtra commode à quelques esprits; mais il ne peut rien fonder qui ait un caractère vraiment scientifique, ou un caractère vraiment philosophique" (1900, S. 468).

Kraftauffassung an Boden gewonnen. Hierfür lassen sich Autoren anführen wie etwa Planck oder Sommerfeld, die hochgeschätzt und viel beachtet werden, Joos oder Grimsehl, deren Lehrbücher schon 15 bzw. 27 Auflagen erlebten, sowie Tipler oder Nolting, deren Werke innerhalb des letzten Jahrzehntes erschienen. Die Verbreitung der anthropomorphen Auffassung der Kraft ist ebenfalls ein Zeichen für die Schwierigkeit, eine Verbindung des Kraftbegriffes mit der Erfahrung herzustellen, denn tatsächlich schlagen mehrere Autoren einen wissenschaftlich unangemessenen Weg ein.

Schlußbemerkung

Die Konzeption der Kraft als das, was außerhalb des Körpers liegt und auf ihn einwirkt, ist durch die Annahme bedingt, der Körper habe für sich eine bestimmte Bewegung. Da nun ein solcher Begriff der Kraft zu einer Inkompatibilität mit den Phänomenen führt und darüber hinaus Probleme hervorgerufen hat, die von Physikern erfolglos behandelt wurden, ist die Frage zu stellen, ob man annehmen muß, daß es eine Bewegung des Körpers für sich gibt. Deshalb sollen im folgenden die hierfür vorgebrachten Argumente betrachtet werden.

II. § 2 Zur Begründung des Trägheitsgesetzes

In der Wissenschaftsgeschichte wird Descartes das Verdienst zugeschrieben, zum ersten Mal den Satz als physikalisches Gesetz formuliert zu haben, der üblicherweise Trägheitsgesetz genannt wird.[248] Der Grund hierfür liegt darin, daß man im 1. Cartesischen Naturgesetz liest, jeder Körper verharre in seinem Zustand der Ruhe oder der gleichförmigen Bewegung, und im 2., die Körper streben danach, sich gerad- und nicht krummlinig zu

---

„M. ANDRADE, dans ses *Leçons de Mécanique Physique*, a rajeuni la Mécanique Anthropomorphique. A l'école de mécaniciens dont fait partie Kirchhoff, il oppose ce qu'il appelle assez bizarrement l'école du fil" (S. 469).

[248] „Le plus beau titre de gloire de Descartes-physicien est, sans doute, d'avoir donné du principe d'inertie une formule «claire et distincte»; et de l'avoir mis à sa place" (Koyré 1966, S. 161).

bewegen.[249] Wenn jedoch die Gesetze zusammen mit den Folgen interpretiert werden, die Descartes selbst aus ihnen zog, dann offenbaren sie eine Bedeutung, die mit der des Trägheitsgesetzes nicht übereinstimmt. Die Beibehaltung der Ruhe oder der gleichförmigen Bewegung wird bei Descartes nämlich auf zwei verschiedene und sogar entgegengesetzte Kräfte zurückgeführt, auf die Kraft der Ruhe bzw. auf die Kraft der Bewegung. Darüber hinaus sind Bewegung und Richtung voneinander getrennt, mit anderen Worten, in der Cartesischen Mechanik ist die Geschwindigkeit keine vektorielle Größe. Diese Aspekte stehen im Widerspruch zur späteren Auffassung der Mechanik, was ebenfalls auf die Folgen der Naturgesetze zutrifft: nur eine der sieben Stoßregeln stimmt mit der späteren Mechanik überein.

NEWTON postuliert eine einzige Kraft, durch die erklärt wird, daß ein Körper für sich in seinem Zustand der Ruhe oder der geradlinig-gleichförmigen Bewegung verharre. Es handelt sich um die Trägheitskraft, welche die einzige den Körpern innewohnende Kraft sei, die in der Theorie angenommen werde.[250] Schon im 18. Jahrhundert nimmt man jedoch Abstand davon, den Körpern innewohnende Kräfte zuzuschreiben.

Bei EULER wird die Erhaltung des Zustands der Ruhe, der Gleichförmigkeit und der Geradlinigkeit der Bewegung eines Körpers, wenn er durch äußere Ursachen nicht beeinflußt wird, in der *Mechanik* in drei Sätzen – Propositionen 7, 8 und 9 des I. Bandes – formuliert. Deren Beweise, mit denen wir uns jetzt zu befassen haben, schließen zwei argumentative Komponenten ein, wobei eine von ihnen, welche zuerst betrachtet wird, auf dem Prinzip des zureichenden Grundes beruht. Euler stellt sich dann einen Körper im „leeren, endlichen Raum" vor und schließt daraus, daß es keinen hinreichenden Grund für eine Veränderung der Ruhe, der Gleichförmigkeit oder

---

[249] Im 1. Cartesischen Gesetz heißt es: „[…] chaque chose en particulier continue d'être en même état autant qu'il se peut, & que jamais elle ne le change que par la rencontre des autres" (Teil II, § 37); und im 2.: „[…] chaque partie de la matiere, en son particulier, ne tend jamais à continuer de se mouvoir suivant des lignes courbes, mais suivant des lignes droites" (Teil II, § 39).
Der französischen Ausgabe der *Prinzipien der Philosophie* ist hier der Vorzug gegeben, weil sie in bezug auf die Stoßregeln vollständiger als die lateinische ist.

[250] „Per vim insitam intelligo solam vim inertiae" (1726, S. 389).

der Geradlinigkeit der Bewegung gebe, da sie Unterschiede im Raum voraussetzen würden und diese nicht bestünden.[251]

Die zweite argumentative Komponente tritt explizit in den Beweisen zu den Sätzen 7 und 9 auf, die zweite Komponente von Satz 8 wird aus Satz 7 hergeleitet. Sie besteht in der Rückführung der Beibehaltung der Zustände auf die *Natur* der Körper, d.h., es liege in ihrer Natur, daß sie in solchen Zuständen beharren.[252] Dank dieser zweiten Komponente gilt dann auch für die reelle Welt das, was aufgrund des Prinzips des zureichenden Grundes für den leeren Raum galt.

Bei der ersten Komponente der Argumentation wird vorausgesetzt, daß die Veränderungen der angegebenen Zustände eine Folge der Umgebung

---

[251] In bezug auf die Erhaltung der Ruhe liest man: „Concipiamus corpus hoc existere in spatio infinito atque vacuo, perspicuum est nullam esse rationem, quare potius in hanc vel illam plagam moveatur. Consequenter ob defectum sufficientis rationis, cur moveatur, perpetuo quiescere debebit" (Bd. I, § 56).
Die Gleichförmigkeit der Bewegung betreffend heißt es: „[...] si hoc corpus in spatio infinito et vacuo positum concipiatur eiusque via, qua est ingressum et ingredietur, consideretur, nulla est ratio, quare potius in hoc maiorem minoremve habeat celeritatem quam in illo loco, quocirca perpetuo eadem moveri debebit celeritate" (Bd. I, § 63).
Zur Geradlinigkeit der Bahn äußert er sich wie folgt: „Nulla est enim ratio, si corpus hoc in spatio infinito et vacuo positum concipiatur, quare in hanc potius quam aliam regionem a linea recta declinaret" (Bd. I, § 65).
In diesen Zitaten ist von einem Grund bzw. einem hinreichenden Grund die Rede, aber nicht ausdrücklich von dem Prinzip des hinreichenden Grundes. Nun drückt Euler später aus, daß dieses Prinzip seiner Argumentation zugrunde liegt: „Quanquam enim permansionem in quiete motusque uniformem continuationem in directum ex principio sufficientis rationis demonstravimus" (Bd. I, § 75).

[252] Im Beweis zum Lehrsatz zur Erhaltung der Ruhe liest man: „Etenim non est credendum in spatio infinito illo et vacuo defectum sufficientis rationis ad motum unicam esse causam permansionis in quiete; sed nullum est dubium, quin in ipsa corporis natura sita sit causa huius phaenomeni" (Bd. I, § 56).
Im Beweis zur Geradlinigkeit heißt es: „Ex quo concludendum est, hoc ab ipsa corporis natura pendere, ut motum in linea recta progrediatur" (Bd. I, § 65).
In Beweis zum 8. Lehrsatz, zur Gleichförmigkeit der Bewegung, verwendet Euler eine der Folgen des Lehrsatzes 7 (§ 62): „Si enim corpus motum celeritatem non conservaret semper eandem, tum vel augeri deberet vel diminui eius celeritas. Hoc autem casu ad quietem inclinaret, quod, quia nunquam quietem consequi potest (§ 62), accidere nequit. Illo casu vero ex quiete provenisse censendum esset, quod aeque foret absurdum" (Bd. I, § 63).

sind, denn in einem homogenen Raum besteht kein Grund für eine Veränderung. Bei der zweiten Komponente ist die Umgebung des Körpers nicht homogen, die Beibehaltung der Zustände wird aber dann auf die Körper selbst zurückgeführt. Hierdurch wird verständlich, daß die Beibehaltung der erwähnten Zustände als eine Eigenschaft der Körper angesehen wird.

Bei D'ALEMBERT wird die Erhaltung der Zustände der Ruhe bzw. der gleichförmig-geradlinigen Bewegung eines Körpers, wenn auf ihn keine äußere Ursache einwirkt, in drei Sätzen, zwei Gesetzen und einem Korollarium, thematisiert. Das erste Gesetz, das die Beibehaltung der Ruhe betrifft, wird dadurch gerechtfertigt, daß es keinen Grund dafür gebe, daß sich ein Körper mehr zu einer Seite als zur anderen bewege, und daher wird ein ruhender Körper in Ruhe bleiben.[253] Aus diesem Gesetz wird erschlossen, daß es keinen Grund für das Hinstreben eines sich bewegenden Körpers in die Richtung der Bewegung oder in die entgegengesetzte Richtung gebe und daß die Bewegung daher weder beschleunigt noch verzögert sei, sondern gleichförmig.[254] Diese Folgerung aus dem ersten Gesetz, die im erwähnten Korollarium fixiert wird, wird in die Formulierung des zweiten Gesetzes eingeschlossen, welches für sich allein betrachtet die Geradlinigkeit der Bewegung betrifft. Das Argument hierfür besagt, es gebe keinen Grund für die Abweichung des sich bewegenden Körpers nach rechts oder nach links, und deshalb werde er die Anfangsrichtung beibehalten.[255]

Durch eine „Bemerkung" über die Beziehung der Sätze zur Erfahrung läßt sich in bezug auf das erste Gesetz und dessen Korollarium feststellen, daß das, was in der Argumentation als Gesetz bezeichnet wird, in der Erfahrung dem entspricht, was beobachtbar ist, und daß, was in der Argumentation als Folge dargestellt wird, dasjenige betrifft, was der Erfahrung durch

---

[253] „Un Corps en repos y persistera, à moins qu'une cause étrangere ne l'en tire. Car un Corps ne peut se déterminer de lui-même au mouvement, puisqu'il n'y a pas de raison pour qu'il se meuve d'un côté plutôt que d'un autre" (S. 4, § 3).

[254] „Delà il s'ensuit, que si un Corps reçoit du mouvement par quelque cause que ce puisse être, il ne pourra de lui-même accélérer ni retarder ce mouvement" (S. 4, § 4).

[255] „[I]l n'y a pas de raison pour que le Corps s'écarte à droite plutôt qu'à gauche" (S. 5, § 6).

Überlegungen entnommen wird.[256] Der Auffassung d'Alemberts liegt also die Erfahrung mit den Körpern zugrunde, daher rührt die Auffassung, ein Körper initiiere keine Bewegung. Aus der Form, in der das Argument vorgetragen wird – es gebe keinen Grund für eine Änderung der Bewegung – wird ersichtlich, daß man sich nichts anderes vorstellen konnte.

LAGRANGE redet von dem „Prinzip der Kraft der Trägheit", aber ebenfalls nicht im Sinne Newtons, sondern vielmehr bezogen auf eine Eigenschaft. Er schreibt: „[...] tout mouvement imprimé à un corps est, par sa nature, uniforme et rectiligne" (S. 238).

Bei LAPLACE läßt sich die Begründung des Trägheitsgesetzes auf die Vorstellung zurückführen, in einem Körper liege kein Grund dafür, sich in Bewegung zu setzen. Die Beibehaltung der Ruhe wird dadurch gerechtfertigt, daß ein Körper in sich selbst keinen Grund trage, sich in die eine oder andere Richtung zu bewegen.[257] Die Geradlinigkeit der Bewegung wird daraus gefolgert, daß es keinen Grund gebe, daß ein Körper von seiner ursprünglichen Richtung nach rechts oder links abweiche.[258] Die Gleichförmigkeit der Bewegung sei nicht so evident wie die Geradlinigkeit, so Laplace, der sie auf die Unfähigkeit eines Körpers, eine Veränderung der Bewegung hervorzurufen, zurückführt.[259]

---

[256] „L'expérience est d'accord avec le raisonnement pour prouver le principe de la *force d'inertie*: 1°. Nous voyons *que les corps qui nous environnent restent en repos, tant que rien ne les en tire*; & s'il arrive quelquefois qu'ils parroissent se mouvoir sans que nous en voyons la cause, nous avons lieu de juger par l'analogie, par l'uniformité des loix de la nature, & par l'incapacité de la matiere à se mouvoir d'elle-même, que cette cause n'en est pas moins réelle pour nous être cachée. 2°. Quoiqu'il n'y ait point de corps qui conserve éternellement son mouvement, puisqu'il y a toujours des causes qui le ralentissent peu-à-peu, comme le frottement & la résistance de l'air, cependant nous voyons qu'un corps en mouvement y persiste d'autant plus long-tems que les causes qui retardent ce mouvement sont moindres; d'où nous pouvons conclure que le *mouvement ne finiroit point, si les causes retardatrices étoient nulles*" (S. 9, § 8).

[257] „Un point en repos ne peut se donner aucun mouvement, puisqu'il ne renferme pas en lui-même de raison pour se mouvoir dans un sens plutôt que dans un autre" (S. 14).

[258] „La direction du mouvement en ligne droite, suit évidemment de ce qu'il n'y a aucune raison pour que le point s'écarte plutôt à droite qu'à gauche de sa direction primitive" (S. 14).

[259] „[L]'uniformité de son mouvement n'est pas de la même évidence. La nature de la force motrice étant inconnue, il est impossible de savoir *à priori* si cette force doit se

Seiner Ansicht nach wird das Trägheitsgesetz durch die Erfahrung bestätigt. Hier handelt es sich darum, aufgrund von bestimmten Phänomenen die Gültigkeit des Gesetzes zu erschließen; beispielsweise wird aus der Feststellung, daß die Bewegung desto länger erhalten bleibt, je geringer die Hindernisse werden, der Schluß gezogen, daß ohne Hindernisse die Bewegung erhalten bleiben würde.[260]

Bei CARNOT wird der Inhalt des Trägheitsgesetzes in der 1. Hypothese wiedergegeben, deren Begründung „durch Erfahrung" und „durch Überlegung" durchgeführt wird. Der Erfahrung entnimmt er einen besonderen Fall und verallgemeinert ihn für alle Körper: Ein ruhender Ball auf einem ebenen Tisch werde in der Stellung verharren; in Bewegung allerdings, werde er sich fortbewegen;[261] dasselbe gelte für alle anderen, sich in ähnlichen Umständen befindlichen Körper. Die Argumentation qua Überlegung läßt sich folgendermaßen wiedergeben: Es gibt keinen Grund dafür, daß sich ein Körper für sich in irgendeine Richtung bewegt.[262]

Die Argumentation beruht also auf der Erfahrung, denn aus ihr wird entnommen, daß sich ein Körper nicht von sich aus bewegt; zudem wird deutlich, daß alles andere die Grenzen des Vorstellbaren übersteigt.[263]

---

conserver sans cesse. A la vérité, un corps étant incapable de se donner aucun mouvement à lui-même, il paroît également incapable d'altérer celui qu'il a reçu" (S. 14).

[260] „[E]lle [la loi d'inertie] est d'ailleurs confirmée par l'expérience: en effet, nous observons sur la terre que les mouvemens se perpétuent plus long-temps, à mesure que les obstacles qui s'y opposent viennent à diminuer; ce qui nous porte à croire que, sans ces obstacles, ils dureroient toujours. Mais l'inertie de la matière est principalement remarquable dans les mouvemens célestes qui, depuis un grand nombre de siècles, n'ont point éprouvé d'altération sensible" (S. 14).

[261] „L'expérience prouve, que si sur une table horizontale parfaitement unie, on place une boule sans lui imprimer aucun mouvement, cette boule restera en repos jusqu'à ce qu'on vienne l'en tirer. [...] ce qui a lieu pour un globe placé sur une table horizontale, doit s'étendre à tous les corps possibles, dans toutes les positions possibles, pourvu qu'ils soient dégagés de toute influence étrangère" (S. 51f.).
Ähnlicherweise verfährt er in bezug auf die Beibehaltung der gleichförmiggeradlinigen Bewegung (S. 52).

[262] „[À] ne considérer la chose que sous le rapport du seul raisonnement, ou [on] ne voit pas pourquoi ce corps prendroit de lui-même un mouvement plutôt d'un côté que de l'autre" (S. 51).

[263] Der Carnotschen Auffassung nach gilt das Trägheitsgesetz auch für Lebewesen: „Un animal est assujéti comme les corps inanimés à la loi d'inertie" (S. 246).

POISSON vertritt die These, ein Körper bewege sich von sich aus nicht. Auch er argumentiert, es gebe keinen Grund dafür, daß sich ein materieller Punkt mehr in eine Richtung als in eine andere bewege. Er fügt hinzu, in der Tat erkenne man beim Übergang von der Ruhe zur Bewegung, daß die Veränderung auf einer fremden Ursache beruhe.[264] Hieraus entnimmt man, daß im Endeffekt der Grund für die These in der Erfahrung liegt bzw. in der Feststellung, daß sich ein Körper in der Umgebung, in der er sich befindet, nicht von sich aus bewegt.

Ferner redet er auch von der Trägheit der Materie. Das, was durch diesen Begriff ausgedrückt wird, wonach es unmöglich sei, daß sich ein Körper in Bewegung setze oder seine Bewegung verändere, weist ebenfalls auf die schon erwähnte Erfahrung hin.[265]

JACOBI vertritt die These, vom Standpunkt der reinen Mathematik aus seien die Bewegungsgesetze bloße Konventionen. Hiermit wird aber nur ausgedrückt, daß sie mathematisch betrachtet nicht beweisbar sind. Die Gründe für die Gesetze seien dann durch eine Entsprechung mit der Erfahrung aufzufinden.[266] Dies trifft auf das Trägheitsgesetz zu: der Grund dafür, es als Naturgesetz zu bezeichnen, wird, wie wir schon gesehen haben, ebenfalls auf eine Übereinstimmung mit der Erfahrung zurückgeführt.

Auch bei REECH tritt der Begriff der Konvention auf, dessen Bedeutung hier jedoch eine andere ist. In seiner *Mechanik* schreibt er der geradlinig-gleichförmigen Bewegung eine Funktion zu, die derjenigen ähnlich ist, die

---

[264] „Tous les corps sont *mobiles*; mais la matière ne se meut jamais spontanément; car il n'y aurait pas de raison pour qu'un point matériel se dirigeât plutôt d'un côté que de l'autre; et, en effet, si nous considérons un corps à l'instant où il passe de l'état de repos à l'état de mouvement, nous reconnaissons toujours que ce changement est dû à l'action d'une cause étrangère ou sans laquelle nous concevons que ce corps pourrait d'ailleurs exister" (S. 2).

[265] „L'impossibilité où sont tous les points matériels de se mettre en mouvement ou de changer le mouvement qui leur a été communiqué, sans le secours d'une force, est ce qu'on entend par l'*inertie* de la matière. [...] chaque point matériel trouve [...] jamais en lui-même, le principe de son mouvement" (S. 208f.).

[266] „Vom Standpunkt der reinen Mathematik aus sind diese Gesetze nicht zu beweisen, bloße Conventionen, sie sind aber so angenommen, daß sie der Natur entsprechen – daher nicht a priori darzuthun, sondern [es ist] durch Experimente die Art der Entsprechung zu zeigen" (S. 3). (Im Original mit eckigen Klammern.)

ihr in der klassischen Theorie zufällt. Deren Einführung in seine Theorie beruht jedoch nicht darauf, daß sie die natürliche Bewegung sei, sondern wird statt dessen auf eine Konvention zurückgeführt, welche seiner Ansicht nach getroffen werden müsse. Der Grund für die Auswahl, d.h. die Wahl der geradlinig und gleichförmigen Bewegung liege in ihrer Einfachheit.[267]

RIEMANN kritisiert die Newtonsche Unterscheidung zwischen Axiom und Hypothese, denn er betrachtet den Trägheitssatz vielmehr als Hypothese: „Das Trägheitsgesetz ist die Hypothese: Wenn ein materieller Punkt allein in der Welt vorhanden wäre und sich im Raum mit einer bestimmten Geschwindigkeit bewegte, so würde er diese Geschwindigkeit beständig behalten" (S. 493).

Damit weist Riemann darauf hin, daß die Rahmenbedingungen, die vom Trägheitsgesetz vorausgesetzt werden bzw. die zu einer Feststellung der Beibehaltung der Geschwindigkeit führen könnten, nicht nachvollziehbar sind. Eine Erklärung des Trägheitssatzes aufgrund des Prinzips des zureichenden Grundes, wie sie uns schon begegnet ist, weist er ausdrücklich zurück.[268]

C. NEUMANN vertritt die These, das Trägheitsgesetz könne nicht als Fundament eines wissenschaftlichen Gebäudes dienen, denn es sei „vollständig unverständlich".[269] Der Grund hierfür liegt darin, daß das Gesetz besagt,

---

[267] „Mais alors, il y aura une convention à faire. Il s'agira de savoir quelle sorte de mouvement, rectiligne ou curviligne, uniforme ou varié, nous devrons admettre, comme étant celui d'un point matériel entièrement libre en apparence, et parce que nous aurons une entière latitude à cet égard, ainsi que nous l'avons déjà fait pressentir dans la dernière section de la première partie, avec le seul avantage ou inconvénient d'en voir résulter de plus ou moins grandes simplifications dans les relations mécaniques des systèmes, nous serons conduits naturellement à faire servir à un tel usage l'état de mouvement rectiligne uniforme, et à rencontrer cette fameuse *loi d'inertie* de la matière, qui ne sera plus un principe ni un fait d'expérience, mais une pure convention, la plus simple de toutes celles parmi lesquelles nous nous trouverons obligés de choisir" (S. 49). Vgl. auch S. 55, 170 und 175.

[268] „Dieses Bewegungsgesetz kann nicht aus dem Princip des zureichenden Grundes erklärt werden" (S. 496).

[269] „Ein in Bewegung gesetzter materieller Punkt läuft, falls keine fremde Ursache auf ihn einwirkt, falls er vollständig sich selber überlassen ist, in *gerader Linie* fort, und legt in gleichen Zeiten *gleiche Wegabschnitte* zurück. – So lautet das von *Galilei* ausgesprochene Trägheitsgesetz.

daß ein sich selbst überlassener Punkt in *gerader Linie* fortläuft und *in gleichen Zeiten* gleiche Wegabschnitte zurücklegt, ohne das Bezugssystem anzugeben und die Frage zu beantworten, wie die Zeit zu messen ist. Denn, so lautet die Argumentation, ohne die erste Angabe sei die Richtung des sich selbst überlassenen Punktes je nach Bezugssystem unterschiedlich und, was die Zeit anbetrifft, könnten wir uns nicht auf die übliche Messung verlassen, da die Sterntage keine hinreichende Sicherheit gewährleisten würden.[270] Daher sind die im Gesetz ausgesprochene Geradlinigkeit und Gleichförmigkeit der Bewegung unbestimmbar, weshalb es kritisiert wird.

Als Lösung für das Problem legt Neumann fünf Sätze vor, drei Prinzipien und zwei Definitionen, die wie folgt geordnet sind: Das erste Prinzip drückt die Annahme aus, ein unbekannter, absolut starrer Körper sei an einer unbekannten Stelle des Weltalls vorhanden.[271] Dieser sogenannte Körper Alpha[272] dient dann als universales Bezugssystem. Anschließend tritt die Definition der Bewegung auf, als Ortsveränderung in bezug auf den Körper Alpha.[273] In Relation zum Körper Alpha wird dann die Geradlinigkeit der Bewegung eines sich selbst überlassenen Punktes postuliert, dies

---

In dieser Fassung kann der Satz als *Grundstein* eines wissenschaftlichen Gebäudes, als *Ausgangspunkt* mathematischer Deductionen unmöglich stehen bleiben. Denn er ist vollständig *unverständlich*" (1870, S. 14).

[270] „Wir wissen ja nicht, was unter einer Bewegung *in gerader Linie* zu verstehen ist; oder wir wissen vielmehr, dass diese Worte in sehr verschiedenartiger Weise interpretiert werden können, unendlich vieler Bedeutungen fähig sind" (1870, S. 14). Nach der Auseinandersetzung mit den Sterntagen schreibt er: „Absurd also würde es sein, wenn wir sagen wollten: Zwei gegebene Zeitintervalle sind gleich lang, sobald beide gleich viel Sterntage, oder gleich viel Sternsecunden umfassen" (S. 17f.).

[271] „Als *erstes Princip* der *Galilei-Newton*'schen Theorie würde daher der Satz hinzustellen sein, dass an irgend einer unbekannten Stelle des Weltraumes ein unbekannter Körper vorhanden ist, und zwar ein *absolut starrer* Körper, ein Körper, dessen Figur und Dimensionen für alle Zeiten unveränderlich sind" (1870, S. 15).

[272] „Es mag mir gestattet sein, diesen Körper kurzweg zu bezeichnen als den Körper *Alpha*" (1870, S. 15).

[273] „Hinzuzufügen würde sodann sein, dass unter der *Bewegung* eines Punktes nicht etwa seine Ortsveränderung in Bezug auf Erde oder Sonne, sondern seine Ortsveränderung in Bezug auf jenen Körper Alpha zu verstehen ist" (1870, S. 15f.).

bildet das zweite Prinzip.[274] Die Gleichförmigkeit der Bewegung wird ebenfalls als Prinzip dargestellt, als drittes; danach stimmten die Wegabschnitte
von zwei sich jeweils selbst überlassenen Punkten miteinander überein.[275]
Aufgrund dieses Prinzips wird die Definition gleicher Zeitintervalle gegeben, sie werden auf die Gleichheit der Wegabschnitte zurückgeführt, welche von einem sich selbst überlassenen Punkt zurückgelegt werden.[276]

Die Ansatzpunkte für die Kritik in Betracht ziehend, hat Neumann in
seine Fassung des Gesetzes ein Bezugssystem und eine Meßmethode für die
Zeit eingeschlossen. Er hat sich also mit den Bedingungen dafür beschäftigt, daß man von der Ruhe oder der geradlinig und gleichförmigen Bewegung eines Körpers sprechen kann. Der Kern des Gesetzes, wonach ein
Körper für sich solche Zustände beibehalte, wird nicht berührt, sondern
vielmehr vorausgesetzt; dies wird als Prinzip dargestellt, also postuliert.

MACH erklärt in seiner historischen Schrift zur Erhaltung der Arbeit, er sei
auf dieselben Probleme wie Neumann gestoßen, stimme jedoch nicht mit
dessen Lösung überein.[277] Der Hauptgrund hierfür liegt darin, daß durch die
Körper-Alpha-Lösung die absolute Bewegung vorausgesetzt wird, so Mach,
während er auf der Relativität der Bewegung besteht. Hierauf geht er in der
Mechanik ausführlicher ein, die einige Jahre später erschien. Dort vertritt er
die These, zur Beurteilung der Bewegung eines Körpers seien andere

---

[274] „[...] *zweites Princip*, darin bestehend, dass ein sich selbst überlassener materieller
Punkt in gerader Linie fortschreitet, also in einer Bahn dahingeht, die geradlinig ist in
Bezug auf jenen Körper Alpha" (1870, S. 16).

[275] „Zwei materielle Punkte, von denen jeder sich selbst überlassen ist, bewegen sich in
solcher Weise fort, dass gleiche Wegabschnitte des einen immer mit gleichen Wegab-
schnitten des andern correspondiren" (1870, S. 18).

[276] „In Uebereinstimmung mit dem Geiste *Galilei*'s und *Newton*'s [...] können wir näm-
lich jetzt (nachdem das dritte Princip in der angegebenen Weise festgestellt ist) *gleiche
Zeitintervalle* als diejenigen definiren, innerhalb welcher ein sich selbst überlassener
Punkt gleiche Wegabschnitte zurücklegt" (1870, S. 18).

[277] „Nun muss ich noch hinzufügen, dass wenn auch die Schwierigkeiten, die ich in dem
Trägheitsgesetze gefunden [habe], ganz mit jenen *Neumann*'s übereinstimmen, doch
meine Auflösung derselben eine andere ist. *Neumann* meint die Schwierigkeiten
dadurch zu heben, dass er alle Bewegung als eine absolute betrachtete, bestimmt durch
einen hypothetischen Körper a. Allein damit bliebe alles beim Alten" (1872, S. 48).

Körper notwendig; absoluter Raum und absolute Bewegung werden als „bloße Gedankendinge" dargestellt.

Mach ist also nicht nur der Auffassung, daß das Gesetz ein Bezugssystem bedingt, sondern auch, daß jenes System nur aus anderen Körpern bestehen kann. Dies bringt Folgen für das Gesetz selbst mit sich, denn vorausgesetzt, wie es in der klassischen Theorie geschieht, daß die Körper sich gegenseitig beeinflussen, übt das Bezugssystem selbst einen Einfluß auf den in Betracht stehenden Körper aus. Als ein Versuch, diese beiden Aspekte miteinander in Einklang zu bringen, läßt sich die von Mach eingefügte Bedingung ansehen, die ein Bezugssystem bildenden Körper befänden sich in einem „großen" Abstand von den beobachteten Körpern.[278] Hiermit wird jedoch stillschweigend vorausgesetzt, daß von bestimmten Abständen ab eine Wechselwirkung zwischen den Körpern nicht mehr vorkommt, was eine Einschränkung der vorher erwähnten Voraussetzung der Theorie bedeutet. Die Annahme dieser Einschränkung bringt die Notwendigkeit der Bestimmung des Wertes für einen „großen" Abstand mit sich, welcher nicht für alle Körper derselbe sein muß, denn es scheint hierfür keinen Grund zu geben. Dies ist aber nicht alles.

Aus demselben Grund, aus dem der Abstand zwischen dem Bezugssystem und dem in Beobachtung stehenden Körper „groß" sein muß, ist es auch notwendig, daß der Abstand zwischen einem zu beobachtenden Körper und allen übrigen ebenfalls groß ist. Genau genommen wäre es notwendig, den erwähnten Körper zu isolieren.

Damit läßt sich schließen: Mach stimmt mit Neumann darin überein, daß das Trägheitsgesetz ein Bezugssystem voraussetzt; den Körper Alpha wie auch den absoluten Raum, die keine realen Dinge sind, weist er jedoch zurück und schlägt statt dessen ein physikalisches Bezugssystem vor. Hierin zeigt sich sein Versuch, dem Trägheitsgesetz eine physikalische Bedeutung zu geben. Sein Vorschlag ist jedoch nicht einwandfrei, denn das, was er als

---

[278] „Voneinander sehr ferne Körper, welche in bezug auf andere ferne festliegende Körper sich mit konstanter Richtung und Geschwindigkeit bewegen, ändern ihre gegenseitige Entfernung der Zeit proportional" (1933, S. 228).
In der Schrift von 1872 liest man: „Sofern die Körper so weit von einander entfernt sind, dass sie sich keine merklichen Beschleunigungen ertheilen, ändern sich sämmtliche Entfernungen einander proportional" (S. 50).

eine zu betrachtende Bedingung voraussetzt, kann nicht konsequent ausgeführt werden.

STREINTZ

Der hier mehrmals erwähnte Vortrag von Neumann war auch die erste Anregung für die 1883 veröffentlichte Untersuchung von Streintz,[279] welche sich mit der Frage befaßt, in bezug auf welches Koordinatensystem das Trägheitsgesetz gelte.[280] Er schlägt hierfür den sogenannten Fundamental-Körper vor, mit welchem ein Koordinatensystem fest verbunden gedacht und welches analog als Fundamental-Koordinatensystem bezeichnet wird.[281]

Ein Fundamental-Körper wird dadurch charakterisiert, daß er keine Rotation ausführe und von den ihn umgebenden Körpern unabhängig sei.[282] In der Anmerkung zur Charakterisierung des Fundamental-Körpers liest man aber das Folgende: „Es ist selbstverständlich, dass die für den Fundamentalkörper gestellte Forderung, er solle keine Rotation ausführen und keiner fremden Einwirkung unterworfen sein, nur den Idealfall bildet, der in der Praxis nicht wird erreicht werden können" (S. 25).

Betrachtet man die Frage, mit der sich Streintz auseinandersetzt, und die von ihm gefundene Lösung, wird deutlich, daß er, um dem Trägheitsgesetz Gültigkeit zu verleihen, auf eine Vorstellung zurückgreift, die physikalisch betrachtet nicht nachvollziehbar ist.

LANGE

Wie oben gesehen, hat Neumann die Bewegung eines sich selbst überlassenen Punktes für die Zeitmessung verwendet. Lange erweitert diese Verfah-

---

[279] „[...] Carl Neumann in Leipzig, durch dessen später citierten Vortrag (3. November 1869) ich die erste Anregung zu dieser Arbeit empfangen habe [...]" (S. VI).

[280] *„Mit Bezug auf welchen Körper oder welches Coordinatensystem gilt das Trägheitsprincip, oder gelten die Differentialgleichungen der Bewegung eines materiellen Systemes?"* (S. III).

[281] „Unter *Fundamental-Coordinatensystem* (FS) soll analog ein solches verstanden werden, das mit einem Fundamental-Körper in fester Verbindung ist oder in solcher gedacht werden kann" (S. 25).

[282] *„Zur Vereinfachung der Ausdrucksweise werde ich künftig einen Körper, der keine Rotation ausführt und der als vollkommen unabhängig von allen umgebenden Körpern betrachtet werden kann, als Fundamental-Körper (FK) bezeichnen"* (S. 24f.).

rensweise hinsichtlich der Konstruktion des Bezugssystems. Er stellt sich drei sich selbst überlassene Punkte vor, die von demselben Raumpunkt aus in verschiedene Richtungen geschleudert werden. Diese drei Punkte, von denen angenommen wird, daß sie sich geradlinig bewegen, werden mit einem vierten Raumpunkt verbunden. Wenn die so entstandenen drei Geraden, die nicht auf einer Ebene liegen sollten, als starr gedacht werden, dann dient diese Konstruktion als Bezugssystem.[283] So wie für die Messung der Zeit, die eindimensional ist, die Bewegung eines sich selbst überlassenen Punktes gedient hat, werden für die Messung des Raumes drei sich selbst überlassene Punkte verwendet.[284]

Lange legt dann eine Fassung des Trägheitsgesetzes vor, in der eine deutliche Parallele zwischen deren räumlichem und zeitlichem Teil erkennbar ist. Jeder dieser Teile besteht aus zwei Sätzen: einer Definition und einem Theorem. Die Theoreme drücken die Geradlinigkeit bzw. die Gleichförmigkeit der Bewegung eines sich selbst überlassenen Punktes aus, also die Eigenschaften der Bewegung, die im Trägheitsgesetz ausgesprochen werden. Die Definitionen führen die jeweiligen Bezugssysteme ein, d.h. diejenigen, in bezug auf die jene Eigenschaften feststellbar sind, das „Inertialsystem" bzw. die „Inertialzeitscala".[285]

---

[283] „Die *ideale Construction* des Inertialsystemes würde also etwa folgendermaßen auszuführen sein. Drei materielle Punkte P_1, P_2, P_3 werden gleichzeitig vom selben Raumpunkte ausgeschleudert und dann sich selbst überlassen. Sobald man sich vergewissert hat, dass sie nicht in einer geraden Linie gelegen sind, verbindet man sie einzeln mit einem *ganz beliebigen* vierten Raumpunkte Q. Die Verbindundslinien, welche bez. G_1, G_2, G_3 heißen mögen, bilden zusammen eine dreiseitige Ecke. Lässt man nun diese Ecke *in unveränderlicher Starrheit ihre Gestalt bewahren* und verfügt man über ihre Lage beständig so, dass P_1 auf der Kante G_1, P_2 auf G_2, P_3 auf G_3 stetig fortschreitet¹), so ist ein Coordinatensystem, worin die Ecke ihre Lage beibehält, ein Inertialsystem. Die drei Kanten können auch gleich selbst als Achsen eines Inertialsystemes benutzt werden, nur dürfen sie dann nicht in einer Ebene liegen" (1885, Nochmals über..., S. 543).

[284] Lange hebt diese Analogie selbst hervor: „Genau ebenso nun, wie die *eindimensionale* Inertialzeitscala definirt werden konnte an Hand *eines einzelnen* sich selbst überlassenen Punktes, so lässt sich das *dreidimensionale* Inertialsystem definiren an Hand *dreier* sich selbst überlassener Punkte" (1885, Ueber das Beharrungsgesetz, S. 336f.).

[285] „*Definition I*:»Inertialsystem« heißt ein jedes Coordinatensystem von der Beschaffenheit: dass mit Bezug darauf die in einem Punkte zusammenlaufenden stetig beschriebenen Bahnen *dreier* gleichzeitig von demselben Raumpunkte projicirter und dann

Mit seiner Konstruktion des Bezugssystems zielt Lange darauf ab, das Gesetz unabhängig von astronomischen Körpern zu machen, weshalb er auf „dynamische Begriffe", mithin auf die Bewegung der sich selbst überlassenen Punkte zurückgreift.[286] Damit aber behauptet werden kann, ein sich selbst überlassener Punkt führe eine geradlinig gleichförmige Bewegung aus, muß dies schon für drei Punkte vorausgesetzt werden, weshalb auch Lange von Konvention redet.[287] Darüber hinaus sagt er zum Gesetz, es sei kein Erfahrungssatz, sondern eine Hypothese.[288]

HERTZ wird in diesem Kontext nicht als Kritiker des Trägheitsgesetzes betrachtet, sondern wegen der Art und Weise, wie er sein Axiom ansieht, welches als ein Trägheitsgesetz für Systeme betrachtet werden kann. Vom

---

sich selbst überlassener Punkte (die aber nicht in einer Geraden liegen sollen) sämmtlich *geradlinig* sind.

Theorem I: In bezug auf ein Inertialsystem ist auch die Bahn eines *jeden vierten* sich selbst überlassenen Punktes *geradlinig*.

Definition II. »Inertialzeitscala« heißt eine jede Zeitscala, in Bezug auf welche irgend *ein* sich selbst überlassener Punkt in seiner Inertialbahn *gleichförmig* bewegt ist.

Theorem II. Rücksichtlich einer Inertialzeitscala ist auch *jeder andere* sich selbst überlassene Punkt in seiner Inertialbahn gleichförmig bewegt" (Ib., S. 544f.).

[286] „Es drängt sich also das Bedürfniss nach einer Fassung des Trägheitsgesetzes auf, welche von den soeben angegebenen Bezugsobjecten keinen Gebrauch macht. Vielleicht wird in Jahrhunderten die Astronomie eine concrete, an die Materie gebundene Construction eines allen Anforderungen gerechten Bezugssystemes zu leisten im Stande sein. Jedenfalls aber muss ihr hier die abstracte Mechanik vorarbeiten. Und diese wird mit Recht eine Fassung des Gesetzes verlangen, welche von den Zufälligkeiten des Weltalls unabhängig ist, welche sich an kein bestimmtes Object der physischen Astronomie anlehnt, sondern vielmehr aus *rein dynamischen* Begriffen sich zusammensetzt" (1885, Ueber die wissenschaftliche Fassung..., S. 269).

[287] „*Für drei oder weniger als drei Punkte ist die geradlinige Bewegung in Bezug auf ein Coordinatensystem Sache einer bloßen Convention; erst für mehr als drei Punkte ist sie mehr als Convention, ist sie Forschungsergebniss*" (1885, Nochmals über..., S. 542).

[288] „Betrachten wir nun die Stellung des Gesetzes zu dem durch Beobachtung unmittelbar oder mittelbar gewonnenen empirischen Material, so erscheint es nicht correct, ihm den Charakter eines eigentlichen *Erfahrungssatzes* zuzusprechen. Vielmehr ist und bleibt das Trägheitsgesetz eine physikalische *Hypothese*, wenngleich sicher diejenige, welche am ersten den Anspruch auf Permanenz erheben darf" (1885, Ueber die wissenschaftliche Fassung..., S. 270).

logischen Gesichtspunkt aus gelte für das Grundgesetz folgendes: Was den Inhalt betrifft, stamme das Gesetz aus der Erfahrung,[289] es besteht also aus einer Induktion; in der Theorie wird es als Axiom gesetzt,[290] womit dessen Wahrheit bzw. dessen allgemeine Gültigkeit postuliert wird. Infolgedessen betont Hertz, das Gesetz sage mehr aus, als durch sichere Erfahrung erwiesen werden könne, und betrachtet dann sein einziges Prinzip als eine Hypothese.[291]

Die bei Hertz zu findenden Aspekte des Grundgesetzes – zum einen die Herkunft aus der Erfahrung, zum anderen sein axiomatischer Wert in der Theorie – treten ebenfalls in der von Poincaré durchgeführten Analyse der Prinzipien der Mechanik auf, in die das Trägheitsgesetz natürlich eingeschlossen ist.

POINCARÉ betrachtet die Prinzipien der Mechanik als Konventionen. Der Grund hierfür liegt in dem Unterschied, der zwischen dem, was zulässig aufgrund der Erfahrung auszusagen ist, und dem, was mit der Setzung eines Satzes als Prinzip angenommen wird, besteht.[292] Der konventionelle Charakter eines Gesetzes ist also darauf zurückzuführen, daß als logische Wahrheit das angenommen wird, was aus einer Induktion herrührt. Dies

---

[289] „Wie jenes Grundgesetz in unserem Bilde der erste Erfahrungssatz der eigentlichen Mechanik ist, so ist es auch der letzte" (1894, S. 33).

[290] „Aus ihm [...] leiten wir den übrigen Inhalt der Mechanik rein deduktiv ab. Um ihn gruppieren wir die übrigen allgemeinen Prinzipien nach ihrer Verwandtschaft zu ihm und untereinander, als Folgerungen oder als Teilaussagen" (S. 33).

[291] „Das Grundgesetz betrachten wir als das wahrscheinliche Ergebnis allgemeinster Erfahrung. Genauer gesprochen ist das Grundgesetz eine Hypothese oder Annahme, welche viele Erfahrungen einschließt, welche durch keine Erfahrung widerlegt wird, welche aber mehr aussagt, als durch sichere Erfahrungen zurzeit erwiesen werden kann" (§ 315).

[292] „Les principes de la Mécanique se présentent donc à nous sous deux aspects différents. D'une part, ce sont des vérités fondées sur l'expérience et vérifiées d'une façon très approchée en ce qui concerne des systèmes presque isolés. D'autre part, ce sont des postulats applicables à l'ensemble de l'univers et regardés comme rigoureusement vrais.
Si ces postulats possèdent une généralité et une certitude qui faisaient défaut aux vérités expérimentales d'où ils sont tirés, c'est qu'ils se réduisent en dernière analyse à une simple convention que nous avons le droit de faire, parce que nous sommes certains d'avance qu'aucune expérience ne viendra la contredire" (1900, S. 491).

betrifft das Trägheitsgesetz vom logischen Gesichtspunkt aus, es ist aber nicht der einzige Grund dafür, daß dabei Probleme auftreten.

Es dürfe nicht behauptet werden, so Poincaré, ein den Kräften entzogener Körper bewege sich gleichförmig-geradlinig fort, denn es sei nicht möglich, einen Körper allen Kräften zu entziehen.[293] Er schlägt dann eine Umformulierung des Gesetzes entsprechend den Erfahrungstatsachen vor, die dem Gesetz zugrunde gelegt werden. Der umformulierte Satz besagt dann, die Beschleunigung eines Körpers hänge nur von seiner Lage und der Lage der ihn umgebenden Körper und ihren Geschwindigkeiten ab.[294] Dies sei jedoch noch nicht einwandfrei.

Damit die Aussage nachgewiesen werden könne, so fährt Poincaré fort, wäre es notwendig, daß eine mechanische Unveränderlichkeit des Universums bestünde,[295] welche aber nicht festzustellen sei. Andererseits könne man die Beschleunigung eines Körpers immer anderen Wesen zuschreiben, da in der Physik verborgene Teilchen angenommen werden. Infolgedessen schließt Poincaré, das Gesetz sei geschützt, d.h., es könne behauptet werden, denn es lasse sich immer rechtfertigen.[296]

---

[293] „Mais a-t-on jamais expérimenté sur des corps soustraits à l'action de toute force, et si on l'a fait, comment a-t-on su que ces corps n'étaient soumis à aucune force? On cite ordinairement l'exemple d'une bille roulant un temps très long sur une table de marbre; mais pourquoi disons-nous qu'elle n'est soumise à aucune force? Est-ce parce qu'elle est trop éloignée de tous les autres corps pour pouvoir en éprouver aucune action sensible? Elle n'est pas cependant plus loin de la Terre que si on la lançait librement dans l'air; et chacun sait que dans ce cas elle subirait l'influence de la pesanteur due à l'attraction de la Terre" (1900, S. 460).

[294] Der von Poincaré vorgeschlagene Satz lautet: „L'accélération d'un corps ne dépend que de la position de ce corps et des corps voisins et de leurs vitesses" (1900, S. 460).

[295] „Tout d'abord, pour que cette épreuve fût complète, il faudrait qu' après un certain temps tous les corps de l'univers reviennent à leurs positions initiales avec leurs vitesses initiales. On verrait alors si, à partir de ce moment, ils reprennent les trajectoires qu'ils ont déjà suivies une fois" (1900, S. 464).

[296] „Mais en Physique, il n'en est pas de même: si les phénomènes physiques sont dus à des mouvements, c'est aux mouvements de molécules que nous ne voyons pas. Si alors l'accélération d'un des corps que nous voyons nous paraît dépendre d'*autre chose* que des positions ou des vitesses des autres corps visibles ou des molécules invisibles dont nous avons été amenés antérieurement à admettre l'existence, rien ne nous empêchera de supposer que cette *autre chose* est la position ou la vitesse d'autres molécules dont nous n'avions pas jusque-là soupçonné la présence. La loi se trouvera sauvegardée" (1900, S. 465).

Im Artikel wird die These vertreten, die Mechanik solle experimentell gelehrt werden, denn dies diene dazu, die objektive Seite der Prinzipien in den Vordergrund zu stellen, also das, was in der Erfahrung dem jeweiligen Prinzip entspricht.[297] Wenn man berücksichtigt, daß im Trägheitsprinzip von einem den Kräften entzogenen Körper die Rede ist und daß es nicht nachvollziehbar ist, wie Poincaré betont, dann wird der Nutzen der experimentellen Lehre der Mechanik verständlich. Denn derjenige, der auf die Formulierungen der Prinzipien beschränkt ist, wird eine Idee bilden, die der Realität nicht angepaßt ist: Er denkt beispielsweise, ein den Kräften entzogener Körper könne existieren, während ein solcher nicht vorhanden ist. Es besteht also eine Diskrepanz zwischen dem Prinzip und der Menge der Experimente, die es subsumiert bzw. die dessen Formulierung zugrunde gelegt werden. Aus der These, der Student sollte in unmittelbare Berührung mit der Erfahrung gebracht werden, um das wahrnehmen zu können, was im Prinzip ausgesprochen wird, wird geschlossen, daß das Prinzip die Erfahrung nicht wiedergibt und folglich daß eine Diskrepanz zwischen Theorie und Erfahrung besteht.

LEHRBÜCHER DES 20. JAHRHUNDERTS

Das Trägheitsgesetz wird auf Klassiker zurückgeführt, meistens auf Newton, aber auch auf Galilei, seltener auf Descartes oder auf Kepler.[298] Wenngleich die meisten Autoren das Gesetz auf Newton zurückführen und manchmal sogar den Satz der *Principia* wiedergeben, wird doch die Newtonsche Begründung desselben nicht übernommen. Wir haben daher zu

---

[297] „D'ailleurs, si on étudie la Mécanique, c'est pour l'appliquer; et on ne peut l'appliquer que si elle reste objective. Or, ainsi que nous l'avons vu, ce que les principes gagnent en généralité et en certitude, ils le perdent en objectivité. C'est donc surtout avec le côté objectif des principes qu'il convient de se familiariser de bonne heure, et on ne peut le faire qu'en allant du particulier au général, au lieu de suivre la marche inverse" (1900, S. 494).

[298] Beispiele für die Zurückführung des Gesetzes auf Newton, Galilei und Kepler kommen in der vorliegenden Arbeit vor, das folgende Zitat verweist auf Descartes. Bei Christiansen und Müller liest man 1921: „Schon *Galilei* ist zu der Folgerung gekommen, daß eine von Bewegungshindernissen freie und dem Einfluß der Schwere nicht unterworfene Bewegung dauernd gleichförmig bleiben müsse. Die volle Tragweite dieses Satzes und die Bedeutung desselben als Fundamentalprinzip der Physik erkannte zuerst *René Descartes*" (S. 14).

berücksichtigen, wie in den Lehrbüchern das Gesetz gerechtfertigt wird. Hierfür wird wie in den vorigen Paragraphen ein Lehrbuch jedes Jahrzehntes und eines jedes Jahres des letzten Jahrzehntes in Betracht gezogen werden.

VOIGT nimmt 1901 den Trägheitssatz an, wie schon gesehen wurde, und schreibt dazu: „[E]r ist hypothetisch, weil man keinen Körper in voller Strenge von *jeder* Einwirkung zu befreien vermag" (S. 31).

Hier wird auf das Problem hingewiesen, daß die Rahmenbedingungen eines Experiments, das das Trägheitsgesetz belegen soll, nicht verwirklicht werden können.

Voigt befaßt sich auch mit der Trägheit: „Die fundamentale Erfahrungsthatsache, an die wir in der theoretischen Mechanik anknüpfen, ist die Beobachtung, dass die Körper unseren Versuchen, sie mit Hülfe unserer Muskelkraft vom Ort zu bewegen, einen Widerstand entgegensetzen, dass sie, einmal in Bewegung gesetzt, diese Bewegung in scheinbar selbstständiger Weise fortsetzen und auch unserem Bestreben, auf diese Bewegung verändernd einzuwirken, nicht widerstandslos Folge leisten. Wir führen diese Erscheinungen auf eine Eigenschaft der die Körper erfüllenden Masse zurück, die wir ihre *Trägheit* nennen" (S. 27).

Die sogenannte „fundamentale Erfahrungstatsache" läßt sich stichwortartig durch die Begriffe Muskelkraft, Widerstand des Körpers und Veränderung seines mechanischen Zustands kennzeichnen. Diesen Begriffen entsprechen in der Mechanik die Begriffe der Kraft, der Masse bzw. der Beschleunigung: Die erwähnte Veränderung der Zustände ist eine Beschleunigung; die Muskelkraft entspricht einer Kraft in der üblichen Auffassung; und die Beziehung zwischen Widerstand eines Körpers und Masse wird dadurch hergestellt, daß die Masse die Körper erfülle und die Trägheit als Eigenschaft besitze. Man sieht hier den Versuch, die Trägheit mittels einer Erfahrung zu rechtfertigen, die üblicherweise mit dem zweiten Newtonschen Gesetz verbunden wird. Indem aber die Trägheit der Masse zugeschrieben wird und diese daher mit einer Beschleunigung verbunden wird, wird durch sie nichts ausgesagt, wenn die Bewegung keine beschleunigte ist, worauf es jedoch ankommt, wenn es sich um das Trägheitsgesetz handelt.

PLANCK weist 1916 auf dasselbe Problem hin, also auf die experimentelle Umsetzung dessen, was im Trägheitsgesetz ausgesprochen wird. Er schreibt: „Die erste Frage, die wir beantworten wollen, ist nun die: Wie bewegt sich ein materieller Punkt, ohne Rücksicht auf seine Vorgeschichte, wenn alle etwa früher wirksamen Ursachen seiner Bewegung beseitigt sind, wenn er sich also vollkommen isoliert, in unendlicher Entfernung von allen anderen Körpern, im leeren Raume befindet? Selbstverständlich läßt sich dies Experiment nicht rein anstellen; vor allem kann man die Erde nicht beseitigen. Ja, man darf zweifeln, ob die gestellte Frage überhaupt einen Sinn hat" (S. 8).

Bei MÜLLER-POUILLETS wird 1929 die Trägheit als Eigenschaft herangezogen. Nach der Formulierung des ersten Newtonschen Gesetzes liest man: „Man drückt diesen Sachverhalt oft in der Form aus: Die Materie besitzt „Beharrungsvermögen" oder „Trägheit" und bezeichnet das erste Axiom als *„Trägheitsprinzip"*" (S. 225).

Der im Trägheitssatz ausgesprochene Sachverhalt schreibt jedoch der Materie eine Eigenschaft zu. Es stellt sich aber die Frage, woher man sie erfährt bzw. wie man wissen kann, daß die Materie ein Beharrungsvermögen besitzt. Man könne sagen, dies sei der Grund dafür, daß ein Körper für sich die Ruhe oder die gleichförmige und geradlinige Bewegung beibehalte. Mehrere Autoren haben jedoch darauf hingewiesen, daß sich ein adäquates Experiment, um diesen Satz zu belegen, nicht durchführen läßt. Wenn das so ist, dann entfällt der Grund, der Materie die genannte Eigenschaft zuzuschreiben, denn man kann nicht einmal wissen, ob die Folgen der genannten Eigenschaft, durch welche sie erkennbar ist, zutreffend sind.

NIELSEN weist 1935 ebenfalls auf dieses Problem hin. Nach der Formulierung des Trägheitsgesetzes schreibt er: „Da man keine Mittel hat, einen Massenpunkt jeder Wechselwirkung mit anderen Körpern zu entziehen, ist das Trägheitsgesetz für sich allein genommen keiner direkten experimentellen Kontrolle zugänglich" (S. 194).

SOMMERFELD vertritt 1947 das Newtonsche Gesetz, zu dem er schreibt, er stelle fest, „daß in diesem Gesetz die *Zustände der Ruhe* und der *gleichförmigen (geradlinigen) Bewegung* einander gleichgesetzt und als natürliche Zustände des Körpers betrachtet werden. Das Gesetz postuliert ein *Behar-*

rungsvermögen der Körper in diesem natürlichen Zustande. Dieses Beharrungsvermögen nennen wir auch die *Trägheit des Körpers*" (S. 2).

Sommerfeld formuliert das Trägheitsgesetz in der Form: „Jeder Körper beharrt in seinem Zustand der Ruhe [...]". Indem er sagt, das Gesetz postuliere ein Beharrungsvermögen der Körper, folgt, daß dieses Beharren eines Körpers auf dessen Beharrungsvermögen zurückgeführt wird. Diese Rückführung ruft die Frage nach ihrer Legitimität hervor. Aber vorher stellt sich noch die Frage, ob jeder Körper für sich in den genannten Zuständen beharrt, denn nur wenn diese Frage bejaht wird, besteht ein Grund für das Postulieren eines Beharrungsvermögens. Dieser zentrale Aspekt ist jedoch nicht zu klären, denn die Rahmenbedingungen des dafür benötigten Experimentes lassen sich, wie schon gesehen, nicht verwirklichen.

Bei BECKER heißt es 1954, das Trägheitsgesetz sei das 1. Newtonsche Gesetz, wobei er das hinlänglich bekannte Problem umreißt: „It is impossible to outline an experiment in which no forces are acting, since, to do so, an isolated body would be required" (S. 24).

Die Trägheit verbindet er mit der Masse, wenn auch anders als Voigt: „*Inertia* is the property of a body by means of which the body resists a change in its motion. The term is a qualitative one and is conventionally employed in a qualitative sense. The quantitative measure of inertia is *mass*, which we shall shortly define more carefully by means of the third law" (S. 24).

Wenn die Masse die Trägheit quantitativ wiedergeben würde, dann würde ein Verhältnis zwischen beiden bestehen und infolgedessen müßten sich Körper verschiedener Massen in bezug auf die Trägheit voneinander unterscheiden. Eine solche Unterscheidung darf aber im Rahmen des Trägheitsgesetzes keine Bedeutung haben, denn die in ihm ausgesprochene Beibehaltung der Zustände gilt für jeden Körper, weshalb sie nicht je nach der Masse des Körpers größer oder kleiner sein kann. Der vom Verfasser vorausgesetzte Begriff der Trägheit stimmt also nicht mit der Trägheit überein, die in der Tradition dem Trägheitsgesetz zugrunde gelegt wird.

SCHAEFER führt 1962 die Trägheit als Eigenschaft der Körper auf unser Kausalbedürfnis zurück: „Um dieses Verhalten der Körper, eine einmal vorhandene gleichförmige geradlinige Bewegung beizubehalten, unserem

Kausalbedürfnis näher zu bringen, hat man ihnen die Eigenschaft der „*Trägheit*" oder des „*Beharrungsvermögens*" zugeschrieben, und daher nennt man den oben ausgesprochenen Satz auch das *Trägheitsgesetz*" (S. 77).

Das, was im Trägheitssatz ausgesprochen wird, führt er auf anthropomorphe Erwägungen zurück: „„*Unter welchen Umständen* behält in der Natur ein substantieller Punkt eine ihm erteilte Anfangsgeschwindigkeit der Größe und Richtung nach bei ?' […] Die Antwort, die man in der Mechanik seit *Galilei* darauf zu geben pflegt, ist im Grunde aus folgenden anthropomorphen Erwägungen hervorgegangen: Wir können durch Eingreifen unserer Muskeltätigkeit den Bewegungszustand eines substantiellen Punktes verändern […]. Dies führt dazu, die Beschleunigung allgemein als Folge oder Wirkung äußerer Eingriffe anzusehen. Akzeptiert man vorläufig einmal diese Formulierung, so ist Fehlen von Beschleunigung gleichbedeutend mit dem Fehlen äußerer Einwirkungen, und somit lautet die Antwort auf die gestellte Frage: ‚Ein substantieller Punkt verharrt in seinem Zustande der gleichförmigen Bewegung auf geradliniger Bahn, wenn keine äußeren Einwirkungen vorhanden sind'" (S. 76).

Der Schaeferschen Auffassung nach beruht also das Trägheitsgesetz auf anthropomorphen Erwägungen und die Trägheit bzw. das Beharrungsvermögen der Körper auf unserem Kausalbedürfnis. Wenn es aber so ist, dann darf von einer Begründung des Gesetzes kaum die Rede sein, denn weder ist der Anthropomorphismus geeignet, ein physikalisches Gesetz zu begründen, noch ist es zweckmäßig, den Körpern Eigenschaften zuzuschreiben, um unser Kausalbedürfnis zu befriedigen.

Budó formuliert 1974 das Trägheitsgesetz und schreibt anschließend zur Trägheit das Folgende: „Die Eigenschaft der Körper, ihre Geschwindigkeit bzw. ihren Ruhezustand unverändert beizubehalten, sofern sie nicht unter der Einwirkung anderer Körper stehen, wird *Beharrungsvermögen* oder *Trägheit*, das Axiom auch *Trägheitsgesetz* genannt" (S. 32).

Daraus ergibt sich natürlich die Frage, ob die genannte Eigenschaft feststellbar ist. Budó weist jedoch auf das mit dem Gesetz verbundene Problem hin: „Das Axiom ist nicht etwas Selbstverständliches, sondern stellt eine Extrapolation vieler Erfahrungen für einen idealen Grenzfall dar. Es kann

164

nicht Gegenstand einer unmittelbaren experimentellen Überprüfung sein, da ein Körper nicht vollständig jeder Einwirkung anderer Körper entzogen werden kann" (S. 32).

SEARS, ZEMANSKY und YOUNG stellen 1985 eine Verbindung zwischen Trägheit und Masse her. Sie schreiben: „When a large force is needed to give a body a certain acceleration [...], the mass of the body is large; if only a small force is needed for the same acceleration, the mass is small. Thus the mass of a body is a quantitative measure of the property described in everyday language as *inertia*" (S. 61).

Wie sich auch hier zeigt, ist die Masse mit der Kraft verbunden. Das Trägheitsgesetz wird jedoch für kräftefreie Körper formuliert.[299] Wenn ein Zusammenhang zwischen Trägheit und Trägheitsgesetz bestehen soll, dann muß die Trägheit ihren Ausdruck in den Rahmenbedingungen des Gesetzes finden können, wenn also keine Kräfte vorhanden sind. Verhält es sich aber so, dann kann sie durch die Masse nicht wiedergegeben werden. Der nächste Verfasser stellt aber schon eine andere Beziehung zwischen Masse und Trägheit her.

BLATT schreibt 1989: „Mass is the property that lends a body its inertia, its reluctance to change its state of motion. To cause a change of motion we must exert a force, and that force must be greater the greater the mass. This is true in equal measure on the surface of our planet and in deep space. *Mass is an inherent property of a particular body*" (S. 55).

Während im vorherigen Fall die Masse eine quantitative Messung für die Eigenschaft Trägheit ist, ist die Masse bei Blatt die innewohnende Eigenschaft des Körpers, die ihm seine Trägheit verleiht. Die Masse ist also hier primär gegenüber der Trägheit. In diesem Punkt ist diese Auffassung der Voigtschen von 1901 ähnlicher als der vorigen.

Bei BERGMANN und SCHAEFER tritt 1990 in Zusammenhang mit der Bezeichnung Trägheitsgesetz die Trägheit als Eigenschaft der Körper auf:

---

[299] Die Verfasser beziehen sich ausdrücklich auf die *Principia* und geben für deren erstes Gesetz eine Übersetzung an. Zu diesem Gesetz schreiben sie: „This law asserts that in the absence of any applied force a body either remains at rest or moves uniformly in a straight line" (S. 22).

„Das soeben beschriebene Verhalten aller Körper, den Zustand der Ruhe oder einer einmal vorhandenen gleichförmigen geradlinigen Bewegung beizubehalten, führt man zurück auf eine als **Trägheit** oder **Beharrungsvermögen** bezeichnete Eigenschaft der Körper. Daher wird der oben ausgesprochene Satz als **Trägheitsgesetz** bezeichnet" (S. 54).

Was das Gesetz selbst betrifft, so wird auf das wiederholt vorkommende Problem hingewiesen: „[...] unter welchen Umständen ein Körper eine ihm erteilte Anfangsgeschwindigkeit nach Größe und Richtung beibehält [...]. Nötig ist dazu, wie schon Galilei erkannte, das Fehlen jeglicher äußeren Einwirkung. [...] *Experimentell verwirklichen läßt sich dieser Grenzfall natürlich niemals*" (S. 54).

Bei GRIMSEHL liest man 1991: „Die allen Körpern innewohnende Eigenschaft, vermöge deren sie das Trägheitsgesetz befolgen, heißt die *Trägheit* oder das *Beharrungsvermögen* der Körper.

Ein unmittelbarer Nachweis der Richtigkeit dieses Satzes ist unmöglich, da wir keinen Körper äußeren Einflüssen völlig entziehen können. Es muß als hinreichende Begründung gelten, daß alle aus diesem Satz gezogenen Schlußfolgerungen durch die Erfahrung bestätigt werden" (S. 38).

Der Verfasser vertritt eine These, deren Verifizierung unmöglich sei. Jedoch fügt er hinzu, es müsse als hinreichende Begründung gelten, daß die aus dem Satz gezogenen Schlußfolgerungen durch die Erfahrung bestätigt würden. Diese Begründung gilt jedoch logisch betrachtet nicht, denn wenn die Folgen eines Satzes wahr sind, kann der Satz wahr, aber auch falsch sein.

ALONSO und FINN formulieren 1992 das Trägheitsgesetz aufgrund eines freien Teilchens,[300] dem jedoch hinzugefügt wird: „Strictly speaking, there is no such thing, because each particle is subject to interactions with the rest of the particles in the world" (S. 95).

Wenn es also ein solches Teilchen nicht gibt, dann kann man natürlich nicht sagen, wie es sich bewegt: die hinlänglich bekannte Problematik.

---

[300] Das Trägheitsgesetz lautet: „*a free particle always moves with constant velocity, or (which amounts to the same thing) without acceleration*" (S. 95). Das freie Teilchen wird folgendermaßen definiert: „A **free particle** is one that is not subject to any interaction" (S. 95).

HALLIDAY und RESNICK stoßen 1993 auf dasselbe Problem, einen den Kräften entzogenen Körper experimentell umzusetzen: „Will man diese Vorstellungen experimentell überprüfen, so muß man zunächst versuchen, den Körper von allen Einflüssen seiner Umgebung frei zu halten, d.h., alle auf ihn wirkenden Kräfte zu beseitigen. Das läßt sich nur schwer verwirklichen, man kann aber in bestimmten Fällen die Kräfte immer kleiner werden lassen" (S. 87).

Hierfür führen die Autoren als Beispiel die Bewegung eines Blocks auf einer glatten Ebene an. In einem zweiten Schritt findet die Bewegung auf einer glatteren Oberfläche und unter Verwendung eines Gleitmittels statt. Werden noch glattere Oberflächen und bessere Gleitmittel verwendet, dann lege die Beobachtung die „idealisierende" Behauptung nahe, so die Verfasser, gebe es keine Reibung, so werde sich der Block geradlinig und gleichförmig bewegen.[301]

Wenn auch die Reibungskräfte die einzigen sind, die beim Beispiel betrachtet werden, ergibt sich aus den Experimenten nur eine idealisierende Behauptung, was einen Ausdruck für die mit dem Gesetz verbundenen Schwierigkeiten darstellt.

Bei TIPLER liest man 1994: „Diese Eigenschaft eines Körpers, seinen Bewegungszustand beizubehalten, bezeichnet man als **Trägheit**. Deshalb wird das erste Newtonsche Axiom auch **Trägheitsgesetz** (oder Trägheitsprinzip) genannt" (S. 72).

Wie die genannte Eigenschaft bezeichnet und in Zusammenhang hiermit das Newtonsche Gesetz benannt wird, bildet einen zweiten Schritt, welcher ohne den ersten Schritt, die Aussage zu belegen, ein Körper behalte seinen Bewegungszustand bei, ohne Bedeutung ist.

FRENCH thematisiert 1995 wieder die mangelnde Überprüfbarkeit: „Wir müssen begreifen, daß das Trägheitsgesetz nicht in einem experimentellen Test „überprüfbar" ist, weil man niemals sicher sein kann, daß das betrachtete Objekt wirklich von allen äußeren Kräften frei ist, wie sie z.B. extrem

---

[301] „Diese Beobachtung legt die (idealisierende) Behauptung nahe: Gibt es überhaupt keine Reibung, so wird sich der Block, nachdem er einmal angestoßen wurde, auf einer Geraden mit gleichbleibender Geschwindigkeit unendlich lange bewegen" (S. 87).

massereiche Objekte in sehr großer Entfernung ausüben" (S. 142). In diesem Zusammenhang redet er nicht von der Gültigkeit des Trägheitsgesetzes, sondern von unserem Glauben an dieselbe: „[E]s ist eine mögliche Interpretation der beobachteten Bewegungen, und unser Glaube an seine Gültigkeit wächst mit der Zahl der Erscheinungen, die mit seiner Hilfe erfolgreich zueinander in Beziehung gebracht werden können" (S. 142).

Auch KNUDSEN und HJORTH weisen 1996 auf dasselbe Problem hin: „It is by no means simple to grasp the physical content of the law of inertia. We have (almost by definition) no experience with objects that are not subject to some external influence" (S. 28).

NOLTING formuliert 1997 das Trägheitsgesetz anhand eines kräftefreien Körpers.[302] Ein solcher Körper wird definiert als *„ein Körper, der* **jeder** *äußeren Einwirkung entzogen ist"* (S. 109). Hier tritt dann das Problem auf: „In dieser Definition steckt eine recht gewagte, wenn auch plausible Extrapolation unserer Erfahrung. Den restlos isolierten Körper gibt es nicht" (S. 109).

Wenn es so ist und der Körper, von dessen Bewegung die Rede ist, folglich nicht existiert, dann kann man nicht wissen, wie er sich bewegt.

CUTNELL und JOHNSON schreiben 1998: „Inertia is the natural tendency of an object to remain at rest or in motion at a constant speed along a straight line. The mass of an object is a quantitative measure of inertia" (S. 87).

Wenn man berücksichtigt, daß sich das Trägheitsgesetz experimentell nicht umsetzen läßt, worauf mehrere Autoren hingewiesen haben, und wenn man von der Erfahrung ausgehen will, dann besteht kein Grund für die erwähnte „natürliche Tendenz", und folglich darf von keiner Messung derselben die Rede sein.

Schlußbemerkung

In der Cartesischen Physik hängt die Beibehaltung der Ruhe oder der gleichförmigen Bewegung mit zwei Kräften zusammen, mit der Kraft der

---

[302] *„Es gibt Koordinatensysteme, in denen ein kräftefreier Körper (Massenpunkt) im Zustand der Ruhe oder der geradlinig gleichförmigen Bewegung verharrt. Solche Systeme sollen* **Inertialsysteme** *heißen"* (S. 109).

Ruhe bzw. mit der der Bewegung. Newton führt das Beharren in der Ruhe bzw. in der gleichförmig-geradlinigen Bewegung auf eine einzige, den Körpern innewohnende Kraft zurück, auf die Trägheitskraft. D'Alembert kritisiert jede Annahme von den Körpern innewohnenden Kräften. Bei Euler spielt die Trägheitskraft in der Mechanik eine Nebenrolle, später weist er den Begriff als widersprüchlich zurück.[303] Statt der Rückführung der genannten mechanischen Zustände auf eine Kraft tritt im 18. Jahrhundert die Auffassung auf, es handele sich um eine Eigenschaft der Körper. Dies wird aber im Jahrhundert darauf zur Frage führen, wie sich diese Eigenschaft feststellen läßt. Damit sind zwei Probleme aufgetreten: Das eine betrifft das Bezugssystem und die Messung der Zeit, das andere die Isolierung des zu beobachtenden Körpers.

Neumann führt den genannten Körper Alpha als Bezugssystem ein. Streintz schlägt hierfür den sogenannten Fundamental-Körper vor. Lange stellt eine ebenfalls ideale Konstruktion auf. Mach vertritt die These, nur andere reale Körper könnten als Bezugssystem dienen. In physikalischer Hinsicht scheint es hierzu keine Alternative zu geben. Der Vorschlag Machs paßt aber nicht mit der Voraussetzung zusammen, daß sich die Körper gegenseitig beeinflussen. Hiermit hängt auch das zweite Problem zusammen, die Isolierung des zu beobachtenden Körpers.

Bei Newton, Euler oder d'Alembert z.B. ist von einem *Körper* die Rede, der von äußeren Ursachen nicht beeinflußt wird. Neumann oder Lange formulieren das Gesetz für *einen sich selbst überlassenen Punkt*, also für einen Punkt ohne äußere Wirkung. Im 20. Jahrhundert wird das Gesetz auch für ein *freies Teilchen* formuliert, mithin für ein von Kräften nicht beeinflußtes Teilchen. Diese Zusammenstellung der Objekte, für die das Trägheitsgesetz formuliert wird, spiegelt die Tendenz wider, das Gesetz durch das Minimalwesen der Physik in der jeweiligen Epoche auszudrücken, was mit der

---

[303] „A l'occasion de cette définition du terme de force, je remarque, que c'est très mal à propos, que quelques-uns nomment l'inertie la force d'inertie. Car, puisque l'effet de l'inertie consiste dans la conservation du même état, et que celui des forces tend à changer l'état des corps, il est évident que ces deux effets sont directement contraires entr'eux, et que l'inertie marque plutôt une chose tout à fait opposée à l'idée des forces. Cette remarque paroit d'autant plus nécessaire, que cette dénomination si peu juste n'a pas peu contribué à brouiller la théorie des premiers principes des corps et du mouvement" ([1750] 1752, *Recherches sur...*, Opera Omnia, S. 112, § 9).

Idee eines isolierten Körpers, die das Gesetz voraussetzt oder bedingt, über-einstimmt. Da aber ein den Kräften entzogener Körper, ein sich selbst über-lassener Punkt und ein freies Teilchen gemeinsam haben, daß sie niemals existieren können, ist die geschilderte Verfeinerung eine anscheinende: So-lange eine Wechselwirkung zwischen den Körpern vorausgesetzt wird, ist eine Isolierung undenkbar.

Die Probleme, die aufgrund von Überlegungen und Untersuchungen verschiedener Art im Trägheitsgesetz entdeckt wurden, haben dazu geführt, den Ausspruch nicht als Prinzip, Gesetz oder Axiom, sondern vielmehr als Konvention oder Hypothese zu betrachten, wie Riemann, Mach, Lange, Hertz oder Poincaré es getan haben. Wenn auch in den Lehrbüchern des 20. Jahrhunderts im allgemeinen auf die Tradition zurückgegriffen bzw. von dem Newtonschen Gesetz ausgegangen wird, wird vielfach auf das Problem hingewiesen, daß die Bedingungen für ein Experiment, das das Trägheits-gesetz belegen soll, nicht verwirklicht werden können. Die Vieldeutigkeit der Erklärungen des Begriffs der Trägheit spiegelt ebenfalls die mit dem Gesetz verbundenen Schwierigkeiten wider.

Die vorliegende Untersuchung zur Begründung des Trägheitsgesetzes ist durch die Feststellung einer Inkompatibilität der Theorie mit der Erfahrung entstanden, die auf der Annahme des Gesetzes beruht. Die Inkompatibilität tritt mit dem Begriff der Kraft auf, mit der Forderung nach einer außerhalb des Körpers liegenden Ursache, um eine beschleunigte Bewegung zu erklä-ren. Diese Ursache ist jedoch eine logische Folge der Annahme, daß ein Körper für sich die geradlinig-gleichförmige Bewegung beibehalte. Nun stellt man fest, daß kein einwandfreier Nachweis dafür besteht, daß es eine eigene bzw. natürliche Bewegung des Körpers gibt. Darüber hinaus stellt man fest, daß die hierfür benötigten Bedingungen nicht einmal nachvoll-ziehbar sind. Das, was das Prinzip aussagt, paßt also nicht mit der Erfah-rung zusammen.

Indem eine Diskrepanz zwischen dem Prinzip und der Erfahrung be-steht, wird ersichtlich, daß Schlußfolgerungen ausgehend von dem Gesetz zu Schwierigkeiten führen, wie dies bei der Inkompatibilität des Begriffs der Kraft mit der Erfahrung der Fall ist. Da aber kein Nachweis dafür vor-liegt, daß die Körper für sich eine bestimmte Bewegung ausführen, und auch keiner vorgelegt werden kann, da die experimentellen Bedingungen hierfür nicht durchführbar sind, ist es nicht mehr notwendig, vorauszusetzen bzw. davon auszugehen, daß ein Körper eine eigene Bewegung hat.

II. § 3 Lösungsvorschlag

a) THESE, SCHRITTE UND BEGRIFF

These: Es ist unmöglich, aufgrund eines einzigen Phänomens, einer Bewegung, die Kraft zu bestimmen.

Wenn uns die Gleichung $x+y=10$ vorgelegt wird, können wir nicht wissen, welchen Wert x bzw. y annehmen. Um es wissen zu können, benötigen wir eine andere Beziehung zwischen den Variablen oder eine Gleichung der Form $x=Konstante$. Wie aus der Mathematik wohlbekannt, muß die Anzahl der Gleichungen gleich der Anzahl der Variablen sein, um sie bestimmen zu können. Mit anderen Worten, es müssen so viele Beziehungen zwischen den Unbekannten vorliegen, wie Unbekannte vorhanden sind. Die Grundgleichung der Mechanik gibt uns eine Beziehung zwischen drei Variablen an: Kraft, Masse und Beschleunigung. Damit wir sie bestimmen können, benötigen wir zwei Informationen mehr bzw., in mathematischen Begriffen ausgedrückt, zwei Gleichungen mehr.

Bei der Beobachtung eines Phänomens, einer Bewegung, können wir anhand angemessener Mittel die zurückgelegte Bahn und die dabei benötigte Zeit messen. Dadurch läßt sich die Beschleunigung bestimmen. Aufgrund der Beobachtung kann also die Beschleunigung erlangt werden. Hiermit erreichen wir eine Information für den oben erwähnten Zweck, denn so verfügen wir über zwei Gleichungen: Eine ist die Grundgleichung, die wir schon besaßen, und die andere ist die Gleichung der Beschleunigung, welche anhand der Messungen, mithin aufgrund der Erfahrung erlangt wird. Nun ist es so, daß von dem Phänomen ausgehend keine andere Information erlangt werden kann, denn eine Bewegung läßt sich nur beobachten, und aufgrund der Beobachtung können wir nichts anderes als das registrieren, was die zurückgelegte Bahn und die dabei benötigte Zeit betrifft. Aus der gemessenen Beschleunigung Schlüsse zu ziehen, die die Masse oder die Kraft betreffen, setzt weitere Angaben voraus, und solche Voraussetzungen würden dem Ausgangspunkt widersprechen, nach dem wir von einem einzigen Phänomen ausgehen. Da wir also nicht wissen können, welchen Wert die Kraft oder die Masse annimmt, aber eine von diesen Informationen für die Kenntnis der drei Variablen notwendig ist, folgt, daß wir von einem Phänomen ausgehend die Kraft nicht bestimmen können, womit die These nachgewiesen ist.

Wenn wir nun auf der Grundlage von einem Phänomen die Kraft nicht bestimmen können, dann können wir sie davon ausgehend ebenfalls nicht konzipieren; und wenn ja, dann nur durch unsere Vorstellung, aber auf keinen Fall aufgrund eines auf der Erfahrung beruhenden Wissens. Es folgt dann aus der These, daß das Konzipieren der Kraft, und dasselbe gilt für die Masse, mehr als ein Phänomen erfordert.

Vom mathematischen Gesichtspunkt aus ist es gleichgültig, ob, ist einmal die Beschleunigung erlangt, versucht wird, die Kraft oder die Masse zu bestimmen, denn wenn eine von beiden vorliegt, kann die andere durch die Grundgleichung der Mechanik errechnet werden. Wir haben jedoch einen Schritt in der Analyse des Phänomens vorgenommen, und zwar denjenigen, den uns die Erfahrung erlaubt, wir haben die Beschleunigung gemessen. Hierbei haben wir unsere Aufmerksamkeit auf den sich bewegenden Körper konzentriert. Mit diesem *ersten Schritt* ist also vorausgesetzt, daß wir schon wissen, was die Beschleunigung und der sich bewegende Körper ist. Als nächster Schritt wird derjenige unternommen, der keine neuen Voraussetzungen erfordert. Durch ihn soll in Erfahrung gebracht werden, welche Bedeutung der sich bewegende Körper bei der Bewegung hat, d.h., wir wollen wissen, ob die beobachtete Bewegung von dem Körper, der sich bewegt, abhängt, und wenn ja, in welchem Maß.

Wenn wir Körper frei fallen lassen, läßt sich bekanntlich feststellen, daß deren Beschleunigung für den jeweils selben Ort dieselbe ist. Wenn jedoch Körper nacheinander an eine Feder angeschlossen werden, so daß eine oszillatorische Bewegung stattfindet, stellt man fest, daß verschiedene Beschleunigungen auftreten. Hieraus schließt man, daß eine gemeinsame Beschleunigung bestehen oder daß sie je nach Körper unterschiedlich sein kann. In diesem Fall ist es dann von Interesse zu wissen, wie sich die Beschleunigung mit den Körpern verändert.

Wenn wir wissen wollen, wie sich die Beschleunigung mit dem sich bewegenden Körper verändert, dann scheint es hierfür zweckmäßig zu sein, die Körper ein und derselben Beschleunigung auszusetzen und dabei eine meßbare Wirkung von jedem der Körper zu gewinnen. Der Grund hierfür liegt darin, daß, wenn alle zu betrachtenden Körper ein und denselben Beschleunigungswert haben und dabei eine Wirkung von jedem gewonnen wird, dies uns ermöglichen wird, eine Differenz zwischen den sich bewegenden Körpern festzustellen. Zu diesem Zweck läßt sich eine physikalische Konfiguration vorstellen, die beschleunigt werden kann und in die die Körper nacheinander gestellt werden. Dabei wäre dann beispielsweise die Verformung einer Feder infolge der Beschleunigung der Konfiguration zu registrieren, wenn diese immer ein und denselben Beschleunigungswert erreichen würde. Es gibt jedoch ein praktischeres Mittel, die erwähnten Umstände herzustellen. Da, wie schon erwähnt, beim freien Fall die Körper dieselbe Beschleunigung für den jeweils selben Ort zeigen, können wir von der gemeinsamen Beschleunigung profitieren, welche sonst erzeugt werden müßte. Dabei ist dann wie bei einem Beschleunigungssystem ebenfalls zu versuchen, die von jedem Körper stammende Wirkung etwa durch die Verformung einer Feder zu gewinnen. Wenn wir noch dazu einen der in Betracht stehenden Körper als Einheit nehmen, was bedeutet, die ihm zugeordnete Verformung als Einheit zu setzen und alle anderen auf diese zu beziehen bzw. mit ihr zu vergleichen, dann verfügen wir über eine Charakterisierung des sich bewegenden Körpers unter den erwähnten Umständen. Mit diesem *zweiten Schritt* erlangt man die Masse.

Wenn mit der so erlangten Charakterisierung der Körper wieder eine Feder genommen wird und beispielsweise die Körper nacheinander infolge der Lösung einer jeweils gleichen Spannung einer Feder in Bewegung gesetzt werden, wie dies schon im 1. Paragraphen vorgenommen wurde, werden wir feststellen, daß größere Körper eine kleinere Beschleunigung zeigen und sogar, daß das Produkt der Masse jedes Körpers und seiner Beschleunigung zu dem gleichen Wert führt.[304]

---

[304] Hierzu läßt sich auf die Experimente verweisen, die im 1. Paragraphen (Anm. 236–238) angegeben werden und die die Verfasser bei der Auseinandersetzung mit der Grundgleichung der Mechanik herangezogen haben.

Wenn Experimente mit verschiedenen Federn unter denselben Umständen durchgeführt werden, dann wird man feststellen, daß jede Feder durch das Produkt der Masse mit der gemessenen Beschleunigung charakterisiert werden kann. Infolgedessen können wir über ein eindeutiges Verfahren verfügen, durch welches jeder Feder ein bestimmter Wert zugeordnet wird: Dieser Wert ergibt sich aus dem Produkt der gemessenen Beschleunigung und dem Wert der Masse, welcher durch ein ebenfalls eindeutiges Verfahren erlangt wird. Mit diesem *dritten Schritt* erhalten wir die Kraft. Durch das genannte eindeutige Verfahren läßt sich dann ein Informationsarchiv aufstellen, in dem der Wert steht, welcher jeder Feder entspricht.

Stellen wir uns vor, daß wir einen Körper nehmen, von dem wir keine Information haben, einen noch nicht behandelten Körper, und von welchem wir die Masse wissen wollen. Nehmen wir eine der Federn, deren Daten uns bekannt sind, und führen wir dasselbe wie in den vorherigen Experimenten durch. Aufgrund des archivierten Federwertes und der gemessenen Beschleunigung können wir mittels der Grundgleichung der Mechanik den Wert für die Masse berechnen.

Führen wir das Experiment mit einer der anderen Federn noch einmal durch, können wir ebenfalls den Wert für die Masse erlangen. Wir müssen dabei natürlich berücksichtigen, welcher Wert der jeweils verwendeten Feder entspricht. Dem Zweck ist jede der behandelten Federn dienlich, da den Federn durch ein eindeutiges Verfahren ein bestimmter Wert zugeordnet wurde, d.h. aufgrund der Beschleunigung, die gemessen wurde, und eines Wertes für die Masse, die dem sich bewegenden Körper durch ein ebenfalls bestimmtes und eindeutiges Verfahren zugeschrieben wurde. Mit anderen Worten, da die Federn kalibriert sind, können sie für den genannten Zweck verwendet werden.

Wenn wir etwa eine kalibrierte Feder und einen Körper nehmen, von welchem wir den Wert für die Masse kennen, dann können wir erschließen, welche Beschleunigung er annehmen wird, indem wir auf die Grundgleichung der Mechanik zurückgreifen. Dieser *vierte Schritt* spiegelt unsere Lage in der Mechanik insofern wider, als kalibrierte Federn und Körper von bekannten Massen bestehen, um mal die Masse, mal die Beschleunigung, mal die Kraft zu bestimmen.

Wenn in der Mechanik gesagt wird, durch die Kraft, die die Feder ausübe, lasse sich die Masse berechnen, wenn die Beschleunigung gemessen
werde, wird auf eine Information des Archivs zurückgegriffen, nämlich auf
den Wert, der der jeweiligen Feder entspricht, und mit der gemessenen Beschleunigung und durch die Grundgleichung der Mechanik wird der Wert
für die Masse kalkuliert. Wenn die genannte Information nicht vorhanden
ist, mithin die Feder nicht kalibriert ist, dann kann die Masse nicht bestimmt werden.

In Zusammenhang mit der in diesem Abschnitt vorgelegten These und den
von ihr ausgehenden Schritten wird der folgende *Begriff* für die Kraft vorgeschlagen: Unter Kraft wird die Abweichung einer Bewegung in bezug
auf die Einheitsbewegung verstanden. Unter Einheitsbewegung wird eine
regelmäßige verstanden, welche von dem Körper mit Einheitsmasse bzw.
von dem, dessen Masse als Einheit gilt, ausgeführt wird.

Indem die Kraft in einer Abweichung von der Einheitsbewegung besteht
und diese dadurch charakterisiert wird, daß sie regelmäßig ist und von dem
Körper mit Einheitsmasse ausgeführt wird, wird die Kraft durch die Abweichung in bezug auf die Regelmäßigkeit der Bewegung und auf die Einheit
der Masse charakterisiert.

Durch diese Charakterisierung steht der Kraftbegriff in Übereinstimmung mit der vorherigen Analyse, worin die Erlangung der Kraft nach der
der Beschleunigung und der der Masse den 3. Schritt bildet. Der vorgeschlagene Kraftbegriff spiegelt die ersten zwei Schritte dadurch wider, daß
er die Abweichung in bezug auf die Regelmäßigkeit und auf die Einheitsmasse einschließt. Der Begriff der Einheitsbewegung faßt diese zwei Aspekte dadurch zusammen, daß er in sich die Einheit der Masse und die Regelmäßigkeit der Bewegung einschließt. (Hierin liegt ein Grund für die Einführung des Begriffs, weitere Gründe werden später auftreten; er wird sich
zunächst als zweckmäßig zum Verständnis der Systematisierung der klassischen Mechanik erweisen.)

b) DER BEGRIFF UND DIE GRUNDGLEICHUNG

In diesem Abschnitt ist zu zeigen, daß die Grundgleichung der Mechanik,
ausgehend von dem dargelegten Begriff der Kraft, dadurch erhalten werden

kann, daß man diesen bzw. die angegebene Formulierung mathematisch umschreibt.

Aufgrund des Begriffs der Einheitsbewegung ist die Abweichung in bezug auf die Einheitsbewegung eine Abweichung in bezug auf die Regelmäßigkeit der Bewegung *und* auf die Einheitsmasse. Da das logische Produkt (*und*) durch die Multiplikation übersetzt, die Abweichung in bezug auf die Regelmäßigkeit durch die Beschleunigung wiedergegeben und die Abweichung in bezug auf die Einheitsmasse durch die Zahl angegeben wird, um wieviel mal die Masse des Körpers größer oder kleiner als die Einheitsmasse ist, wird die Kraft durch das Produkt dieser Zahl, die die Masse des Körpers darstellt, und seiner Beschleunigung gegeben.

Da unter Kraft eine Abweichung verstanden wird und bei „verstanden wird" eine logische Äquivalenz vorausgesetzt wird (wenn unter A B verstanden wird, müssen in der Beziehung A und B äquivalent sein) und da die logische Äquivalenz in der Symbolik der Mathematik durch das Zeichen „=" übersetzt wird, folgt aus dem dargelegten Kraftbegriff die Gleichung $F=ma$, wobei F die Kraft, m die Masse und a die Beschleunigung darstellt.

Zusammenfassend ausgedrückt ergibt sich die Grundgleichung $F=mEa$ aus der angegebenen Formulierung des Kraftbegriffs folgendermaßen:

F ist nur Symbol für *Kraft*;

= entsteht dadurch, daß „*unter* Kraft eine Abweichung *verstanden wird*" und die hierin vorausgesetzte Äquivalenz zwischen den beiden durch das Zeichen „=" ausgedrückt wird;

m stellt die *Abweichung der Masse* eines Körpers in bezug auf die Einheitsmasse dar;

E übersetzt das logische Produkt *und*;

a gibt die *Abweichung* von der Regelmäßigkeit der Einheitsbewegung an.

Die Grundgleichung der Mechanik ergibt sich also aus dem angegebenen Begriff der Kraft.

c) DER BEGRIFF UND DIE MEßVERFAHREN

In diesem Abschnitt soll gezeigt werden, daß die dargestellte Konzeption mit den Meßverfahren für die Kräfte übereinstimmend ist. Dazu wird zuerst das Grundsätzliche der mit „Messung der Kräfte" bezeichneten Verfahren und anschließend deren Beziehung zu der vorgeschlagenen Konzeption betrachtet.

Hier wird die *Praktische Physik* von Kohlrausch zur Angabe der Meßverfahren herangezogen, denn es handelt sich um ein Werk, welches sich mit Meßverfahren befaßt und seit über einem Jahrhundert aktualisiert veröffentlicht wird.[305] Ab der 20. Auflage, 1955, wird die Kraftmessung als ein Thema für sich behandelt, während vorher die Messung der Kraft beispielsweise unter Wägung oder in Verbindung mit Druck auftritt. In der 20., 21. (1960) und 22. (1968) Auflage wird gesagt, die Kraft sei anhand ihrer Wirkung zu messen, wobei hierfür grundsätzlich zwei Verfahrensweisen angegeben werden: die Verformung eines festgehaltenen Körpers und die Beschleunigung eines freien Körpers.[306] In der vorletzten Auflage, 1985, liest man, es werde fast ausschließlich die Verformung bestimmter und hierfür angemessener Körper für die Kraftmessung verwendet.[307] Dasselbe gilt für die letzte Auflage, 1996, wobei hier der Schwerpunkt des Artikels zur Kraft in der elektrischen Umwandlung der Verformung liegt.[308] Diese Konzentration auf die Verformungsverfahren bedeutet nicht, daß die Kraft nicht anhand der Beschleunigung gemessen werden kann, sondern beruht vielmehr darauf, daß jene Verfahren am häufigsten verwendet wer-

---

[305] Das Werk wurde zum ersten Mal 1870 veröffentlicht, bis zur 11. Auflage, 1910, von Kohlrausch fortgeführt und danach als ein aus verschiedenen Beiträgen bestehendes Werk weiter herausgegeben, die letzte Auflage, die 24., erschien 1996. Zu Beginn wird das Werk *Leitfaden der praktischen Physik* betitelt, ab der 9. Auflage, 1901, *Lehrbuch der praktischen Physik* und seit 1935, mit der 17. Auflage, trägt es den gegenwärtigen Titel.

[306] „Eine Kraft wird durch ihre Wirkung gemessen; einen festgehaltenen Körper verformt sie, einen freien Körper beschleunigt oder verzögert sie" (1955, S. 135; 1960, S. 154; 1968, S. 147).

[307] Prinzipiell gilt wie zuvor: „Eine Kraft wird durch ihre Wirkung gemessen" (1985, S. 173). Im Abschnitt zu „Geräte für die Messung von Kräften" liest man: „Zur Zeit wird fast ausschließlich die elastische Verformung eines Körpers aus geeignetem Werkstoff [...] und geeigneter Form [...] für die Kraftmessung verwendet" (1985, S. 174).

[308] Der Unterabschnitt „Messen von Kräften" beginnt folgendermaßen: „Es werden verschiedene physikalische Effekte genutzt, um die auf einen Kraftaufnehmer wirkenden Kräfte in elektrische Signale umzuwandeln und anschließend mit den Mitteln der elektrischen Meßtechnik weiterzuverarbeiten" (1996, S. 135).

177

den. Betrachten wir daher die hier erwähnten grundsätzlichen Meßverfahren für die Kraft: durch die Beschleunigung und durch die Verformung.

Zur Messung der Beschleunigung werde der Bewegungsvorgang zusammen mit einem Maßstab und einer Zeitmarke auf einen Film aufgenommen. Die sich hieraus ergebenden Angaben werden dann angemessen verarbeitet. Eine Voraussetzung dafür, daß durch die Messung der Beschleunigung die Kraft gemessen werden kann, ist, daß die Masse des Körpers bekannt ist, wie in der *Praktischen Physik* ausdrücklich angegeben wird.[309] Die Messung der Masse wird später betrachtet, im folgenden gehen wir zum Meßverfahren durch Verformung über.

Der letzten Auflage der *Praktischen Physik* nach seien in der Gegenwart die Kraftaufnehmer mit Dehnungsmeßstreifen von größter Bedeutung. Die Dehnungsmeßstreifen dienen zur elektrischen Umwandlung der Verformung eines Meßelements, welche infolge einer bestimmten Beanspruchung – Zug, Druck oder anderes – zustande kommt.[310] Damit einem solchen Kraftmeßgerät ein Wert für die Kraft entnommen werden kann, muß es eine

---

[309] Im Unterabschnitt zur „Messung einer Kraft durch die Messung der Geschwindigkeitsänderung einer bekannten Masse" (1955) bzw. „eines Körpers bekannter Masse" (1960) steht: „Der Bewegungsvorgang wird zusammen mit einer Zeitmarke und einem Maßstab auf einen Film aufgenommen. Infolge der zweimaligen Differentation ist die Unsicherheit der ermittelten Kräfte nicht gering, jedoch ist man bei diesem Verfahren nicht an eine bestimmte Kraftrichtung gebunden" (1955, S. 136; 1960, S. 155).
In der nächsten Auflage wird der Unterabschnitt „Geschwindigkeitsänderung eines Körpers" betitelt; dort heißt es: „Der Bewegungsvorgang des von der Kraft getroffenen Körpers bekannter Masse wird zusammen mit einem Maßstab und einer Zeitmarke auf einen Film aufgenommen. Infolge der zweimaligen Differentiation ist die Unsicherheit der ermittelten Kräfte groß, jedoch ist man bei diesem Verfahren nicht an eine bestimmte Kraftrichtung gebunden" (1968, S. 150).
[310] „In der Praxis haben die Kraftaufnehmer mit Dehnungsmeßstreifen (DMS) weitaus größte Bedeutung gewonnen. Der Aufnehmer enthält als Meßelement eine Meßfeder aus geeignetem Werkstoff […] und geeigneter Form […], auf der mehrere Dehnungsmeßstreifen appliziert werden. Mit der aufgebrachten Kraft verformt sich die Meßfeder und unterliegt – je nach Richtung und Angriffspunkt der Kraft – einer Zug-, Druck-, Biege- oder Schubbeanspruchung. Die kraftproportionale Meßfederdehnung wird durch eine dünne Klebstoffschicht aus den Dehnungsmeßstreifen übertragen. Mit der Dehnung ändert sich die Geometrie des DMS und damit sein spezifischer Widerstand. Die kraftabhängige Widerstandsänderung wird in Wheatstone'schen Brückenschaltung gemessen" (1996, S. 135).

Kraftskala besitzen. Zu deren Realisierung wird entweder auf die Massewirkung oder auf ein kalibriertes Kraftmeßgerät zurückgegriffen, so wird
im genannten Werk systematisiert.[311]

Sehen wir von dieser zweiten Möglichkeit ab, da dabei schon eine Kalibrierung vorausgesetzt wird, während es für uns auf das Grundsätzliche
ankommt bzw. in diesem Fall darauf, wie die Kalibrierung ausgeführt wurde, und ziehen wir die andere Möglichkeit in Betracht. Hierbei gebe es, so
der Verfasser, eine unmittelbare und eine mittelbare Massewirkung, wobei
die Mittelbarkeit damit zusammenhängt, wie die Wirkung des Belastungskörpers übersetzt wird. Diese Übersetzung ist für die Analyse des Verfah-
rens an sich bedeutungslos und kann daher beiseite gelassen werden. Konzentrieren wir uns daher darauf, wie die Massewirkung erlangt wird.

Die diesbezügliche Kraft wird durch das Produkt der Masse des Körpers, welche also im voraus bekannt sein muß, mit der lokalen Fallbeschleunigung berechnet, wobei um der Präzision willen die Dichte der Luft
und die des Belastungskörpers einbezogen werden.[312] Hieraus folgert man,
daß die Realisierung einer Kraftskala die Masse eines Körpers und seine
Beschleunigung benötigt. Da die Verwendung einer Verformung zur Messung der Kraft die Kenntnis der Masse voraussetzt und sie auch erforderlich
ist, wenn zu demselben Zweck die Beschleunigung gemessen wird, wie wir
vorher gesehen haben, wird im folgenden Grundlegendes zur Massebestimmung betrachtet.

Die letzte Auflage der *Praktischen Physik* beginnt mit der Darstellung
der Einheit der Masse: Sie sei das Kilogramm, und es sei gleich der Masse

[311] „Es wird zwischen zwei Gruppen von Verfahren zur Realisierung der Kraftskala un-
terschieden. Die erste Gruppe erzeugt Kräfte, deren Größe und Richtung durch Basis-
einheiten abgeleitet wird (unmittelbare oder mittelbare Massewirkung), während bei
der zweiten Gruppe die Kraftskala mit Hilfe eines kalibrierten Kraftmeßgerätes aufge-
baut bzw. [...] wird" (1996, S. 133).

[312] „Ein Körper der Masse m (Belastungskörper) bewirkt im Schwerfeld der Erde – beschrieben durch die örtliche Fallbeschleunigung g_{loc} [...] – die Kraft

$$F = m \cdot g_{loc} \cdot (1 - \rho_l / \rho_m)$$

$\langle l$ Dichte der Luft

$\langle m$ Dichte des Belastungskörpers" (1996, S. 133).

des Internationalen Kilogrammprototyps.[313] Dies wurde per Konvention verschiedener Länder festgesetzt, welche dann einen nationalen Prototyp erhalten haben. Der Berechtigung dafür, daß solche Körper als nationale Prototypen gesetzt werden, liegt ein Massenvergleich mit dem Urprototyp zugrunde.[314] Dasselbe gilt für andere Körper, die als Massenormale eines Landes dienen, in bezug auf den nationalen Prototyp. In diesem Zusammenhang wird von einer Hierarchie der Massenormale geredet, wobei an der Spitze der Urprototyp steht.[315] Es läßt sich also erschließen, daß der Bestimmung der Masse eines Körpers ein Massenvergleich zugrunde liegt. Damit auch einbezogen wird, wie die Massen verglichen werden, betrachten wir, wie die Massebestimmung grundsätzlich durchgeführt wird.

Die Masse eines Körpers lasse sich, so der Verfasser, durch zwei grundsätzliche Methoden bestimmen: Die eine betrifft die Bestimmung der trägen und die andere die Bestimmung der schweren Masse.[316] Als Geräte, die zur Bestimmung der trägen Masse dienen, werden die Beschleunigungs-, Kraft-, Impuls- und Drehimpuls-Waagen sowie die Waagen erwähnt, die

---

[313] „Die Einheit der Masse ist wie folgt definiert: „Das Kilogramm ist die Einheit der Masse; es ist gleich der Masse des Internationalen Kilogrammprototyps" (Comptes rendus [1901])" (1996, S. 6).

[314] Was 1889 zur Herstellung der Prototypen vorgenommen wurde, ist im *Conférence Générale des Poids et Mesures*, S. 85–112, ersichtlich.

[315] „Die Prototypdefinition impliziert, daß die Massen anderer Normale nur durch Massevergleiche ermittelt werden können. Das bedingt eine sog. Hierarchie der Massenormale (Internationales Prototyp, nationales Prototyp, Hauptnormale, Bezugsnormale, Kontrollnormale, Gebrauchsnormale). Die Unsicherheiten der Normale entstehen bei den Massevergleichen, denn dem Internationalen Prototyp kann eine Unsicherheit nicht zugeordnet werden" (1996, S. 6).

[316] „Die Masse eines Körpers läßt sich durch zwei grundsätzlich unterschiedliche Methoden bestimmen, nach denen man entsprechend von der trägen oder von der schweren Masse spricht. Die Eigenschaft der trägen Masse wird durch die Gl. (1.1) beschrieben. Auf die schweren Massen von zwei Körpern m_1 und m_2 wirkt nach dem Newtonschen Gravitationsgesetz die Kraft [...]" (1996, S. 7).
Die hier erwähnte Gleichung 1.1 lautet
$$F = mb,$$
wobei F die Kraft, m die Masse und b die Beschleunigung darstellen.

die Coriolis- und Zentrifugal-Kräfte nutzen.[317] Den Waagen, die mit Schwerkraft arbeiten, wird in bezug auf eine Absolutbestimmung der Masse der Vorzug gegeben, denn die meisten erlauben eine solche Bestimmung, während die anderen in der Regel keinen Massenvergleich mit Massenormalen erlauben würden.[318] Nachdem die mit der Kraft zusammenhängenden Meßverfahren geschildert sind, gehen wir zur Betrachtung der Beziehung derselben mit der vorgeschlagenen Konzeption über.

Der Konzeption nach bildet die Erlangung der Beschleunigung den ersten Schritt,[319] da deren Messung im experimentellen Bereich nicht mehr als die Beobachtung erfordert. Dies steht mit den zuvor angegebenen Meßverfahren insofern in Übereinstimmung, als es in experimenteller Hinsicht im Filmen des Bewegungsvorgangs besteht, wobei also nur die Beobachtung des Phänomens vorausgesetzt wird.

Der zweite Schritt nach der vorgeschlagenen Konzeption betrifft die Messung der Masse. Dazu müssen die zu messenden Körper auf eine gemeinsame Beschleunigung gebracht werden. So werden gleiche Umstände für die betroffenen Körper geschaffen, was eine Bedingung dafür ist, daß der durchzuführende Vergleich der Körper mit dem Einheitskörper sinnvoll vorgenommen werden kann. Dabei besteht Übereinstimmung mit den vorher angegebenen Meßverfahren, denn auch da gibt es einen Einheitskörper, den Kilogrammprototyp, mit dem die anderen direkt oder mittelbar verglichen werden. Der andere Aspekt, welcher die Forderung nach gemeinsamer Beschleunigung betrifft, muß näher betrachtet werden.

Die Geräte zur Massebestimmung werden in der *Praktischen Physik* in zwei Gruppen eingeteilt: die eine zur Bestimmung der schweren und die andere zur Bestimmung der trägen Masse. Ausgehend von der vorgeschlagenen Konzeption könnte man eine Unterscheidung aufgrund dessen tref-

---

[317] „Die träge Masse wird durch Beschleunigungs-, Kraft-, Impuls- und Drehimpuls-Waagen, sowie Waagen, die Coriolis- und Zentrifugal-Kräfte ausnutzen, bestimmt" (1996, S. 8).

[318] „Solche Waagen erlauben in der Regel keinen Massevergleich mit Massenormalen und sind daher nicht zur Absolutbestimmung der Masse geeignet. Mit solchen Waagen lassen sich relative Unsicherheiten nicht unter 1‰ erreichen. [...]
Die meisten Waagen, die die Schwerkraft ausnutzen, erlauben eine Absolutbestimmung der Masse" (1996, S. 8).

[319] Probleme von Raum und Zeit werden hier nicht thematisiert.

fen, ob die zur Messung erforderliche Beschleunigung eine natürliche oder eine erzeugte ist, nicht aber aufgrund der genannten Eigenschaften der Masse. Es besteht also ein Unterschied zwischen den beiden Auffassungen, denn während man gewöhnlich davon ausgeht, daß es eine träge und eine schwere Masse gibt, fällt dieser Unterschied nach der hier vorgeschlagenen Konzeption weg. Dieser Auffassung gemäß ist es notwendig, daß der Vergleich der zu messenden Körper unter denselben Umständen durchgeführt wird, wofür eine gemeinsame Beschleunigung erforderlich ist. Ob sie erzeugt wird oder ob die Fallbeschleunigung verwendet wird, ist nur eine Frage von praktischer Bedeutung.

Wenn die in bezug auf den in Betracht stehenden Aspekt durchgeführten Experimente erwiesen hätten, daß ein Unterschied zwischen träger und schwerer Masse bestünde, dann wäre die vorgeschlagene Konzeption nicht angemessen. Dagegen haben jedoch Experimente, deren Präzisionsgrad von Physikern hochgeschätzt wird, gezeigt, daß zwischen träger und schwerer Masse kein Unterschied besteht.[320] Wenn also in der klassischen Theorie die eben genannte Unterscheidung vorgenommen wird und die Messungen sie nicht zeigen, dann kann sie nicht aus der Erfahrung stammen und beruht

---

[320] Einstein schreibt 1913: „Daß das Gesetz der Proportionalität der trägen und der schweren Masse jedenfalls mit außerordentlicher Genauigkeit erfüllt ist, wissen wir aus einer fundamental wichtigen Untersuchung von *Eötvös*" (1912–1914, S. 304).
Die Genauigkeit, die hier schon als „außerordentliche" betrachtet wurde (siehe Eötvös 1953, S. 15), ist dann später bedeutsam gestiegen; hierzu hat Eötvös selbst auch beigetragen (1953, S. 307). Braginskii und Panov berichten 1972 über ein Experiment, „which establishes with 0.9 x 10^{B12} accuracy (95% confidence) that the ratio of the inertial to the gravitational mass is identical for aluminum and platinum" (S. 463).
Bei Tipler liest man 1994: „Dank immer ausgeklügelterer Experimente kann die Äquivalenz von schwerer und träger Masse heute bis auf einen relativen Fehler von 10^{B12} genau angegeben werden; sie ist damit eines der am besten gesicherten physikalischen Gesetze" (S. 312).
Daniel schreibt 1997: „*Schwere und träge Masse sind gleich.*
Weil kein Unterschied zwischen schwerer und träger Masse trotz sehr großer Meßgenauigkeit festgestellt wurde, wollen wir von jetzt ab die in diesem Kapitel eingeführte Unterscheidung zwischen schwerer und träger Masse wieder fallen lassen und von Masse schlechthin sprechen" (S. 66).
Mehrere Physiker stellen den erlangten Präzisionsgrad in den Vordergrund, siehe beispielsweise Ludwig (1974, S. 376) oder Hänsel und Neumann (1993, S. 71).

folglich auf der Theorie selbst. Der Umgang mit dieser Situation erweist sich innerhalb der klassischen Theorie als nicht leicht.

In den Lehrbüchern kommt es häufig vor, daß der Einführung des Unterschiedes der schweren und trägen Masse der Hinweis folgt, er sei nicht experimentell feststellbar.[321] Daß dies bedauerlich sei, wie es schon geäußert wurde,[322] kann man im Rahmen der klassischen Theorie gut nachvollziehen. Tatsache bleibt jedoch, daß der in der Theorie vorgenommenen Unterscheidung kein experimenteller Nachweis entspricht.

Der Hertzschen Erkenntnistheorie nach wäre eine mechanische Theorie, die die erwähnte Unterscheidung nicht vornimmt bzw. nicht zu ihr führt, in bezug auf den in Betracht stehenden Aspekt zweckmäßiger als diejenige, die das tut. Eindeutig wäre eine solche Theorie im Vergleich zur klassischen in bezug auf den betrachteten Aspekt einfacher, denn die Unterscheidung vermehrt die Anzahl der „überflüssigen Beziehungen" der Theorie.[323]

---

[321] Niedrig schreibt 1992: „Die Masse eines Körpers ist für sein Trägheitsverhalten maßgebend [...] Die Masse ist jedoch gleichzeitig auch Ursache für die *Schwerkraft* [...] Im Sinne der klassischen Physik sind dies durchaus phänomenologisch verschiedene Eigenschaften der Masse. Schwere Masse und träge Masse treten jedoch in allen Beziehungen gleichwertig auf, und alle Experimente zeigen:

$$m_s = m_t$$ " (S. 34).

Bei Stephani liest man 1995: „Bei einer genaueren physikalischen Diskussion der Gleichung (1.28) hat man die grundsätzlich verschiedene physikalische Herkunft des Massenfaktors m auf beiden Seiten der Gleichung zu berücksichtigen [...] Erst die experimentelle Erfahrung zeigt uns die *Gleichheit von träger und schwerer Masse*" (S. 15).

Fließbach schreibt 1996: „Die Größe m heißt daher auch *träge Masse*. Ein anderer Begriff ist die *schwere Masse*, die proportional zur Stärke der Gravitationskraft auf einen Körper ist [...] So wie die Ladung könnte die schwere Masse eine von der trägen Masse unabhängige Eigenschaft eines Körpers sein. Experimentell stellt sich aber heraus, daß das Verhältnis von träger zu schwerer Masse immer gleich groß ist (mit einer relativen Genauigkeit bis zu 10^{B12})" (S. 14).

[322] „We have thus seen that by *mechanical experiments* [...] performed in a gravitational field, it is *not possible to distinguish the two properties of matter: gravitational mass and inertial mass*. These two phenomena, inertia and gravitational atraction which conceptually are so different in Newtonian mechanics, appear to be of the same origin. [...] *It is unfortunate in a physical theory to introduce two quantities that are conceptually different, but which cannot be distinguished by any experiment*" (Knudsen 1996, S. 78).

[323] Hierzu siehe I, § 10 bzw. Hertz' *Prinzipien* (1894, S. 2–3, 12–16).

Nun ist es in der Tat kein untypisches Vorgehen, daß die Autoren die Unterscheidung zwischen träger und schwerer Masse einführen und sie dann aber wegfallen lassen, wobei für die Einführung theoretische Gründe angegeben und für den Wegfall der Unterscheidung Meßergebnisse vorgebracht werden.[324] Hierin stimmen also Theorie und Erfahrung nicht überein. Falls die hier vorgeschlagene Konzeption für die Kraft akzeptiert werden sollte, könnte dieses Problem überwunden werden, denn dann kommt eine solche Unterscheidung gar nicht vor.

Sieht man von der zuletzt erwähnten Unterscheidung ab, besteht Übereinstimmung zwischen der vorgeschlagenen Konzeption und den angegebenen Meßverfahren. Daß bei der Massebestimmung in der *Praktischen Physik* eine Beschleunigung ins Spiel kommt, ist klar, wenn es sich um die Fallbeschleunigung handelt, aber auch bei der Bestimmung der sogenannten trägen Masse – dadurch, daß ihr die Grundgleichung der Mechanik

---

[324] Dransfeld, Kienle und Kalvius (1998) führen die Unterscheidung ein:

1. „Diese schwere Masse, welche statisch die Feder auszieht, da sie mit der Gravitationskraft G zum Erdmittelpunkt gezogen wird, hat von der Natur dieser Definition her nichts mit der *trägen* Masse m_T zu tun. Letztere war ja allein aus dem Widerstand gegen eine Beschleunigung abgeleitet worden" (S. 92).

2. Dann berichten sie zusammenfassend über die Experimente: „1898 hatte Baron Eötvös eine sehr originelle Idee [...] Die Genauigkeit dieses Befundes wurde von Professor R.H. Dicke an der Princeton-Universität noch weiter gesteigert [...]" (S. 94f.).

3. Infolgedessen lassen sie die Unterscheidung fortfallen: „In Anbetracht der beobachteten Gleichheit von m_s und m_T werden auch wir von hier ab nicht mehr zwischen schwerer und träger Masse unterscheiden" (S. 95).

Demtröder schreibt 1998:

1. „Die Eigenschaft der Körper, in ihrem Bewegungszustand zu verharren, wenn keine Kraft auf sie wirkt, nennt man **Trägheit**. Da die für eine Änderung des Bewegungszustandes nötige Kraft proportional zur Masse des Körpers ist, kann die Masse als Grund für die Trägheit angesehen werden. Man spricht deshalb von **träger Masse**. Außer der Trägheit zeigt jeder Körper infolge der Gravitationsanziehung durch die Erde ein Gewicht [...]" (S. 52).

2. Dann wird die Erfahrung herangezogen: „Durch sehr genaue Experimente wurde für verschiedene Elemente gemessen, daß schwere und träge Masse eines Körpers innerhalb der Meßgenauigkeit von 10^{B10} übereinstimmen" (S. 53).

3. Schließlich liest man: „Man unterscheidet daher nicht mehr *träge Masse* oder *schwere Masse*, sondern spricht einfach von der *Masse eines Körpers*" (S. 53).

zugrunde liegt.[325] Daß dabei nicht irgendeine, sondern eine gemeinsame Beschleunigung vorausgesetzt wird, ist für einen angemessenen Vergleich der Massen erforderlich. In bezug auf das Grundsätzliche bei der Massebestimmung besteht also Übereinstimmung zwischen der vorgeschlagenen Konzeption und der *Praktischen Physik*.

Im dritten Schritt der Konzeption werden Federn, die im Kontext als Beispiel angeführt werden, herangezogen, denen aufgrund von Experimenten mit im voraus gemessenen Massen und Messungen der Beschleunigungen bestimmte Werte zugeordnet werden. Dies entspricht der grundsätzlichen Kalibrierung von Meßgeräten, mithin nicht derjenigen, die aufgrund kalibrierter Meßgeräte durchgeführt wird. Wie die Eichung durchgeführt und je nach Meßgerät oder Zustand vorgenommen wird, ist dabei nebensächlich. Entscheidend ist, daß der Prozeß grundsätzlich darin besteht, daß bestimmten Verformungen des Meßelements bestimmte Werte zugeordnet werden; erst infolgedessen kann dann ein Gerät für die Messung der Kraft eingesetzt werden.

Wenn ein Gerät ein Meßgerät wird, also kalibriert worden ist, können aus den jeweiligen Verformungen Werte herausgelesen werden, und es kann also für verschiedene Zwecke verwendet werden. Damit befinden wir uns im Rahmen dessen, was dem vierten Schritt entspricht.

d) Der Begriff und die klassische Systematisierung

Unter klassischer Systematisierung wird die von Newton stammende Systematisierung der Bewegungen verstanden, die aktuell bleibt und nach der gilt, daß ein Körper für sich die gleichförmig und geradlinige Bewegung beibehalte und daß, wenn dessen Bewegung keine geradlinige oder keine gleichförmige sei, dies dann auf eine Kraft zurückzuführen sei. Mit klassischer Systematisierung wird also die Systematisierung der in der vorliegenden Arbeit genannten klassischen Theorie bezeichnet.

Indem man von der vorgeschlagenen Konzeption ausgeht, ist die klassische Systematisierung folgendermaßen zu interpretieren: Die gleichförmiggeradlinige Bewegung ist diejenige, die die Theorie als Einheitsbewegung genommen hat; die Kraft drückt die Abweichungen von jener Bewegung,

---

[325] Siehe Anm. 316.

mithin von der Einheitsbewegung aus. Diese Interpretation läßt sich folgendermaßen rechtfertigen.

In der Mechanik wird eine Unterscheidung der möglichen Bewegungen in zwei Typen vorgenommen: Eine Bewegung ist entweder eine gleichförmig-geradlinige oder eine beschleunigte. Von der ersteren wissen wir das, was über eine Bewegung zu wissen ist: die Bahn und wie sie zurückgelegt wird (von den Anfangsbedingungen wird vorausgesetzt, daß sie in jedem Fall angegeben werden). Letztere wird in bezug auf die vorherige definiert: Beschleunigte Bewegung wird die nicht gleichförmige oder nicht geradlinige genannt, was vom logischen Gesichtspunkt aus der Negation der gleichförmigen und geradlinigen Bewegung entspricht. Die geradlinig-gleichförmige Bewegung ist also die Bezugsbewegung der Theorie und fungiert daher als Einheitsbewegung. Die klassische Konzeption bekräftigt noch diese Argumentation.

Im Rahmen der klassischen Theorie wird die geradlinig-gleichförmige Bewegung als die eigene bzw. die natürliche Bewegung der Körper betrachtet. Indem es von der klassischen Auffassung aus gesehen einen physikalischen Grund für die Stellung gibt, die die geradlinig-gleichförmige Bewegung in der Theorie einnimmt, zeigt sich ihr Bezugscharakter deutlich, bzw. es ergibt sich daraus eine zusätzliche Rechtfertigung, sie als die Einheitsbewegung anzusehen.

Die priviligierte Lage der gleichförmig-geradlinigen Bewegung in der klassischen Konzeption hat jedoch zu Schwierigkeiten geführt, wie wir gesehen haben, welche mit der vorgeschlagenen Konzeption verschwinden, wie wir sehen werden.

Aufgrund der Interpretation der klassischen Theorie durch die vorgeschlagene Konzeption kann die gleichförmig-geradlinige Bewegung den Bezugscharakter, den sie in der Theorie hat, beibehalten, sie wird aber nicht als die natürliche oder eigene Bewegung angesehen; besser wäre zu sagen, sie kann den Bezugscharakter beibehalten, ohne daß es nötig ist, sie als die eigene oder natürliche Bewegung der Körper zu betrachten. Infolgedessen fallen die das Trägheitsgesetz betreffenden Probleme fort, die durch die Versuche nach einer Rechtfertigung für die gleichförmig-geradlinige als die natürliche Bewegung entstanden sind.

Es ist nicht mehr notwendig, Bezugssysteme zu suchen bzw. sich zu denken, aufgrund deren es möglich wäre festzustellen, daß ein Körper für sich eine gleichförmig-geradlinige Bewegung ausführt. Hierzu dienten der absolute Raum, der Körper Alpha, der Fundamental-Körper, die sich selbst überlassenen Punkte und die absolute Zeit, an denen zu Recht Kritik geübt wurde.

Es ist ebenfalls nicht nötig, den zu beobachtenden, sich bewegenden Körper zu isolieren, was auch nicht möglich ist. Die Idee, dies zu versuchen, ergibt sich daraus, daß in dem Trägheitsgesetz von der Bewegung eines Körpers für sich die Rede ist, was natürlich bedingt, die Bewegung des Körpers ohne jeden Einfluß zu erhalten, damit seine Bewegung beobachtet werden kann.

Daraus läßt sich folgendes Fazit ziehen: Die vorgeschlagene Konzeption hat zur Folge, daß die Suche im Rahmen der klassischen Theorie nach etwas, was physikalisch betrachtet nicht einmal nachvollziehbar ist, sich erübrigt, was positiv ist.

Indem die klassische Theorie zu Vorstellungen führt, die physikalisch betrachtet nicht nachvollziehbar sind, wird verständlich, daß der Ausbau der Theorie in diese Richtung Kritik hervorgerufen hat. Hierfür läßt sich der Körper Alpha als Beispiel anführen, welcher u.a. von Mach,[326] Lange,[327] Poincaré,[328] Boltzmann[329] kritisiert wurde. Der absolute Raum, der ein

---

[326] „Indem der Verfasser die Beziehung auf den Körper Alpha in der erstern Schrift [Neumann 1870] S. 22 bezeichnet als eine Beziehung auf ein geradlinig gleichförmig ohne Rotation fortschreitendes Achsensystem, fällt seine Angabe ganz zusammen mit dem schon angeführten *Corollarium V* von Newton. Ich glaube jedoch nicht, daß die Fiktion des Körpers Alpha, sowie die Beibehaltung der Unterscheidung von absoluter und relativer Bewegung und die daran sich knüpfenden Paradoxen S. 27, 28 zur Klärung der Sache besonders beigetragen haben. In der Publikation 1910, S. 70, Anm. 1, bezeichnet der Verfasser seine Aufstellung als rein hypothetisch, worin ein wesentlicher Fortschritt in der Erkenntnis des Newtonschen Corollar V liegt" (1933, S. 231f.).

[327] „Die damit vorgeschlagene *Existenzhypothese* wäre auch durchaus am Platze, wenn sie *unumgänglich nothwendig* wäre [...] In dem vorliegenden Falle kommen wir aber, wie bewiesen sein dürfte, mit einer blossen (zweckmässigen) *Convention* aus, welche unser Erkenntnissbedürfniss weit besser als irgend eine *Hypothese*^{2}) zu befriedigen vermag" (1885, *Ueber das Beharrungsgesetz*, S. 347).

[328] „On peut supposer que cette autre chose est la position ou la vitesse de quelque corps invisible; c'est ce qu'ont fait certaines personnes, qui l'ont même appelé le corps Al-

gutes Bezugssystem zur Geltung des Trägheitsgesetzes wäre,[330] wurde ebenfalls kritisiert, mit ihm hängen weitere Auseinandersetzungen zwischen den genannten Absolutisten und Relativisten zusammen.[331] Auch die Idee eines natürlichen bzw. eigenen Zustandes der Körper wurde kritisch betrachtet.[332]

Mehrere Physiker weisen auf die Problematik hin, daß sich ein Experiment zum Nachweis des Trägheitsgesetzes nicht durchführen läßt. Diesbezüglich wurden verschiedene Argumente vorgebracht: Ein solches Experiment lasse sich nicht anstellen [Planck 1916]; dieser Grenzfall lasse sich experimentell niemals verwirklichen [Bergmann und Schaefer 1990]; das Trägheitsgesetz sei in einem Experiment nicht „überprüfbar" [French 1995]. In diesem Kontext sind noch die Formulierungen des Gesetzes durch den Begriff des freien Teilchens oder des freien Körpers zu erwähnen; dazu wurde geäußert, daß es dies nicht gebe [Alonso und Finn 1992 bzw. Nol-

---

pha, bien que nous soyons destinés à ne jamais rien savoir de ce corps que son nom. C'est là un artifice tout à fait analogue à celui dont je parlais [...]" (1900, S. 487f.).

[329] „Daß es einen wirklichen Körper a gebe, der stets bezüglich unseres tauglichen Bezugssystems ruhte und dasselbe daher ersetzen könnte, wäre eine absurde Idee. Als bloßes Gedankending aber nenne ich es lieber „Bezugssystem" als „Körper α". Schon der Name „Körper" scheint mir so unpassend, wie möglich" (1904, S. 331f.).

[330] Vicaire, einer der Vertreter des absoluten Raumes, schreibt: „La réalité de l'espace absolu étant admise, le principe de l'inertie acquiert un sens précis; c'est par rapport à un système quelconque de points fixes pris dans cet espace que se règle le mouvement rectiligne uniforme" (1894, S. 299).

[331] Lange gibt 1910 eine Schilderung der Auseinandersetzung und dabei umfangreiche bibliographische Angaben.

[332] Eddington schreibt: „The suggestion that the body really wanted to go straight but some mysterious agent made it go crooked is picturesque but unscientific. It makes two properties out of one; and then we wonder why they are always proportional to one another – why the gravitational force on different bodies is proportional to their inertia or mass"(1943, S. 124).
Nagel stellt sich die Frage nach dem natürlichen Zustand: „Why should uniform velocity be selected as the state of a body which needs no explanation in terms of the operation of forces, rather than uniform rest or uniform acceleration [...] ?" (1961, S. 177).
Ellis schreibt: „What do we mean by saying that a given shape or state of motion is natural or unnatural? My answer to this is very simple. We regard an object as being in a natural state if and only if we do not consider any causal explanation necessary for its persistence in that state" (1963, S. 179).

ting 1997].[333] Das Trägheitsgesetz läßt sich experimentell nicht umsetzen, weil dessen Rahmenbedingungen nicht verwirklicht werden können. Da es aber nicht mehr nötig ist nachzuweisen, was sich als unnachweisbar erwiesen hat, verschwindet das dadurch entstandene Problem und folglich die hierauf beruhenden Kritiken.

Da durch den vorgelegten Begriff für die Kraft die gleichförmig-geradlinige Bewegung keine natürliche bzw. keine eigene Bewegung des Körpers ist, ist keine „äußere Ursache" mehr nötig, um die beschleunigte Bewegung zu rechtfertigen. Dies hat zur Folge, daß die Suche im Rahmen der Theorie nach etwas in der Natur, was niemals gefunden wurde, nicht mehr nötig ist.

Wir haben etwa anhand der als Beispiel angeführten oszillatorischen Bewegung einer Feder und eines Körpers gesehen, daß sich aus der klassischen Interpretation des Phänomens, wonach die Feder die Ursache der beschleunigten Bewegung des Körpers sei, eine Inkompatibilität der Theorie mit der Erfahrung ergibt. Durch den vorgelegten Begriff für die Kraft fällt die Inkompatibilität fort, denn sogar das, wodurch sie verursacht wurde, entfällt. Die Schwierigkeiten, die von den Kritikern hinsichtlich der Kraft vorgebracht wurden, wie sie im ersten Kapitel vorgetragen wurden, verschwinden ebenfalls.

D'Alembert und Carnot nehmen das Trägheitsgesetz an und sehen die Notwendigkeit einer Ursache der Beschleunigung ein; das sei die Kraft. Sie konnten sie aber in der Natur nicht finden; deshalb kritisieren sie, daß man in der Mechanik von der Kraft ausgeht, obwohl diese uns unbekannt sei. Der Grund für diese Kritik fällt infolge des hier vorgeschlagenen Kraftbegriffs fort, weil er die Ursache oder das Unbekannte nicht mehr voraussetzt.

Die Kritik Kirchhoffs an der Kraft betrifft ausdrücklich die Auffassung, sie sei die Ursache der Veränderung der Ruhe oder der gleichförmig und geradlinigen Bewegung. Hertz hat nur die Auffassung der Kraft kritisiert, nach der sie „als die vor der Bewegung und unabhängig von der Bewegung

---

[333] Die hierin zugehörenden Text-Belege findet man in Abschnitt *Zur Begründung des Trägheitsgesetzes* vor. Filon berichtet über seinen Versuch, die Newtonsche Mechanik von Experimenten ausgehend beizubringen. In bezug auf das Trägheitsgesetz kommt er dann zum folgenden Schluß: „The First Law can therefore never be proved or disproved by any experiment" (1938, S. 10).

bestehende Ursache der Bewegung" sei. Da es aber nach der vorgeschlagenen Konzeption nicht mehr nötig ist, die Kraft als Ursache anzusehen, verschwindet grundsätzlich der Grund für diese Kritiken.

Poincaré kritisiert die stillschweigend vorausgesetzte Auffassung der Kraft, als ob sie eine „Lokomotive" wäre, die sich an- und abhängen lasse. Die Idee dessen, was Bewegung verursacht, welche metaphorisch durch eine „Lokomotive" ausgedrückt wird, hängt mit dem Begriff der Kraft als Ursache der Bewegung zusammen. Eine Ursache für die Beschleunigung ist bedingt durch die Theorie, und infolgedessen wurde versucht, eine äußere Ursache in der Umgebung des sich bewegenden Körpers zu finden. Da aber nach der vorgeschlagenen Konzeption der Grund fortfällt, der zur Auffassung von der Kraft als Ursache geführt hat, wird man ebenfalls nicht dazu geführt, Ursachen in der Natur zu suchen und infolgedessen wird von der von Poincaré kritisierten Auffassung nicht einmal Gebrauch gemacht.

Die Kritik, die von unterschiedlichen Gesichtspunkten aus geübt wird, stellt eine Störung für die Theorie dar. Sie verschwindet jedoch infolge der vorgeschlagenen Konzeption, und zwar grundsätzlich, denn der Grund, der zur Aufstellung der kritisierten Thesen geführt hat, besteht nicht mehr.

e) DER BEGRIFF UND DIE HERTZSCHE SYSTEMATISIERUNG

Der Hertzschen Theorie nach beharrt ein freies System in seinem Zustand der Ruhe oder der gleichförmigen Bewegung auf einer Bahn mit kleinster Krümmung; wenn das System eine solche Bewegung nicht ausführt, dann wird es als Teilsystem eines freien Systems aufgefaßt, in welchem es von einem anderen oder mehreren Teilsystemen beeinflußt wird. Hertz nimmt also eine Unterscheidung zwischen der gleichförmigen Bewegung auf einer Bahn mit kleinster Krümmung und allen übrigen Bewegungen vor. Die erste wird in dem Grundgesetz als die Bewegung des freien Systems ausgesprochen; die übrigen Bewegungen treten in den verschiedenen Bildern auf, die Hertz ausgehend von dem Grundgesetz aufstellt.

Von der vorgeschlagenen Konzeption aus betrachtet, ist die gleichförmige, auf der Bahn mit kleinster Krümmung stattfindende Bewegung eines Systems die Einheitsbewegung der Theorie. Der Bezugscharakter dieser Bewegung zeichnet sich dadurch aus, daß aufgrund der von Hertz vorgenommenen Systematisierung die möglichen Bewegungen in zwei Teilmengen geteilt werden, wobei die eine Teilmenge durch die erwähnte Bewegung und die andere durch alle übrigen ausgemacht wird. Wenn von Kräften in der Theorie die Rede ist, dann führt das System keine gleichförmige Bewegung aus oder legt keine Bahn mit minimaler Krümmung zurück.[334] Aufgrund der vorgeschlagenen Konzeption läßt sich dies leicht interpretieren: Die Kräfte sind Abweichungen von der Einheitsbewegung. Die Interpretation der Theorie aufgrund des vorgeschlagenen Kraftbegriffs ermöglicht es, einen von Hertz erwähnten kritischen Punkt zu überwinden.

Der Grundsatz stamme aus der Erfahrung, so Hertz, und wird in die Theorie als Axiom eingeführt. Er war sich der Diskrepanz bewußt, die zwischen einer Induktion und einem Axiom besteht.[335] Nimmt man jedoch an, daß die im Grundgesetz angegebene Bewegung die Einheitsbewegung der Theorie ist, wird den Körpern keine Bewegung zugeschrieben, und daher fällt die Forderung nach allgemeiner Gültigkeit fort, die besteht, wenn eine Aussage über die Körper gemacht wird. Das, was nach Hertz aus der Erfahrung stammt, würde dann den Grund für die getroffene Auswahl der Einheitsbewegung bilden. Eine mögliche und von Hertz vorausgesehene Auseinandersetzung zwischen seiner und der klassischen Theorie läßt sich ebenfalls überwinden.

In dem Grundgesetz ist von einem System die Rede und im Zusammenhang hiermit geht Hertz davon aus, daß die Abstände zwischen den Punkten, aus denen das System besteht, konstant bleiben.[336] Von dem Gesichtspunkt der klassischen Theorie aus werden damit Kräfte vorausgesetzt, denn die Beibehaltung der relativen Abstände zwischen den Punkten ist auf bestimmte Kräfte zurückzuführen. Hertz hat diesen Einwand vorausgesehen und dazu Stellung genommen: „Euere Behauptung ist allerdings richtig für die Denkweise der gewöhnlichen Mechanik, aber sie ist nicht richtig unabhängig von dieser Denkweise" (S. 40). Solche Einwände bzw. Voraussetzungen müssen nach der vorgeschlagenen Konzeption nicht auftreten, denn

---

[334] Siehe Kap. I, § 10.
[335] Siehe Kap. II, § 2 oder Hertz 1894, § 315.
[336] Dies wird in der Einleitung zu den *Prinzipien* diskutiert (S. 33, 36f., 40f., 44, 48f.) und im Corpus des Werks systematisiert (Abschnitt 4 des ersten Buches) und verwendet, hierfür bieten die Bewegungsgleichungen ein Beispiel (§§ 368, 371, 481, 482 usw.).

es wäre dann von vornherein klar, daß es sich um zwei verschiedene Systematisierungen handelt.

In der klassischen Theorie gilt die geradlinig und gleichförmige Bewegung als die Einheitsbewegung, und folglich ist von Kräften die Rede, wenn bei einer Bewegung eines dieser Charakteristika nicht statthat. Wir haben jedoch gesehen, daß dafür keine Notwendigkeit besteht, denn die These, daß die eben erwähnte Bewegung die natürliche sei, ist nicht nachgewiesen, die Bedingungen dafür sind nicht einmal nachvollziehbar. Es liegt also kein Hindernisgrund dafür vor, eine andere Systematisierung vorzunehmen, wofür sich die Hertzsche als Beispiel anführen läßt. Bestehen zwei Systematisierungen, dann ist die Frage danach, ob von Kräften die Rede sein müsse, von der jeweiligen Systematisierung abhängig. Dadurch gewinnt die Hertzsche Erwiderung auf den von ihm vorausgesehenen Einwand, das sei richtig für die Denkweise der gewöhnlichen Mechanik, aber nicht unabhängig von ihr, eine systematischere Erklärung, denn die Denkweisen lassen sich auf die jeweiligen Systematisierungen zurückführen.

f) DER BEGRIFF UND DIE MECHANISCHE VORGEHENSWEISE

Wie wir gesehen haben, zerlegt Euler die Kräfte in Tangential- und Normalkraft, wenn die Bewegung auf einer Ebene stattfindet. Die Tangentialkraft verhindert, daß die Bewegung gleichförmig wird, und die Normalkraft, daß sie geradlinig wird. Jede der Komponenten der Kraft läßt sich so mit jeder der Eigenschaften der Bewegung verbinden, die gemäß der Auffassung die natürliche bzw. die eigene des Körpers ist. Dies steht im Einklang mit der vorgeschlagenen Konzeption, denn ihr zufolge ist die Kraft eine Abweichung von der Einheitsbewegung, und die Komponenten der Kraft stellen Abweichungen von jedem der Charakteristika der als Einheit genommenen Bewegung dar.

Die Vorgehensweise Eulers bei der Zerlegung der Kraft im Rahmen der freien Bewegung wird auf die nicht-freie Bewegung insofern übertragen, als Euler von einer Bewegung ausgeht, die der Körper unter den Umständen aber dann für sich ausführen würde; in Hinblick auf sie definiert er die Komponenten der Kraft: Eine dieser Komponenten verhindert, daß der Körper eine gleichförmige Bewegung ausführt, und die andere, daß er eine bestimmte Bahn zurücklegt. Der hier vorgeschlagenen Konzeption nach läßt sich dies leicht interpretieren: Die Bewegung, die der Körper unter den Umständen für sich ausführen würde, entspricht dann einer Einheitsbewegung; Abweichungen von dieser Bewegung sind als Kraft zu betrachten. Die Zerlegung der Kraft kann dann aufgrund der Charakteristika der Einheitsbewegung für die nicht-freie Bewegung erklärt werden.

Anders als Euler geht Lagrange vor. Im folgenden werden wir sehen, daß sich die Lagrangesche Methode in die vorgeschlagene Konzeption einschließen läßt bzw. daß diese in der Lage ist, die stark mathematisch geprägte Methode von Lagrange zu subsumieren. Vor allem um der Deutlichkeit willen, damit klar wird, was Mathematisches und was Physikalisches ist, werden wir ein einfaches Beispiel anführen.

Stellen wir uns vor, daß ein Körper sich um eine Achse dreht, mithin im Kreis. Da diese Bewegung auf einer Ebene stattfindet, reichen für ihre Behandlung zwei Koordinaten aus, es seien x und y. Für die Verwendung der Lagrangeschen Methode ist es entscheidend, die adäquaten Koordinaten auszuwählen. Für den in Betracht stehenden Fall sind die Polarkoordinaten geeignet. Dadurch, daß der Abstand zwischen der Achse und dem bewegten Körper konstant bleibt, wird der Wert der Radiuskoordinate konstant, und daher gibt es nur eine veränderliche Koordinate, die Winkelkoordinate. Sie hängt mit dem zusammen, was sich in dem betrachteten System, also in physikalischer Hinsicht, verändert.[337]

Zur weiteren Durchführung der Aufgabe ist es notwendig die kinetische Energie und hierfür die Quadrate der Geschwindigkeit zu kalkulieren.

---

[337] Lagrange schreibt: „Ayant trouvé les équations de condition, il faudra, par leur moyen, éliminer autant de différentielles qu'on pourra dans les expressions dp, dq, dr, ..., en sorte que les différentielles restantes soient absolument indépendantes les unes des autres et n'expriment plus que ce qu'il y a d'arbitraire dans le changement de situation du système" (Bd. I, S. 39).

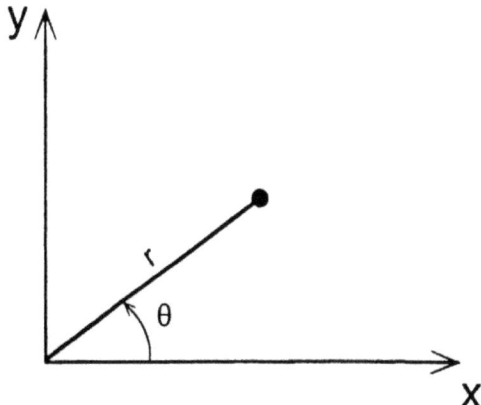

Der Abbildung läßt sich entnehmen, daß

$$x = r\cos\theta$$
$$y = r\sin\theta$$

und daher

$$\dot{x} = -\dot{\theta} r \sin\theta$$
$$\dot{y} = \dot{\theta} r \cos\theta$$

woraus für die kinetische Energie

$$E = \frac{1}{2}mv^2 = \frac{1}{2}m(\dot{x}^2 + \dot{y}^2) = \frac{1}{2}m(r\dot{\theta})^2$$

folgt. All dies dient als Vorbereitung auf die Anwendung der mathematischen Formel der Lagrangeschen Methode, deren erstes Glied die Form

$$\frac{d}{dt}\frac{\partial E}{\partial \dot{\theta}} - \frac{\partial E}{\partial \theta}$$

annimmt und woraus sich für den betrachteten Fall

$$m r^2 \ddot{\theta}$$

ergibt. Dies ist dann je nach den physikalischen Angaben der Aufgabe gleich null oder von null verschieden zu setzen, d.h., eine der folgenden Gleichungen gilt dann

$$m r^2 \ddot{\theta} = 0$$
$$m r^2 \ddot{\theta} = Q_\theta$$

wobei Q_θ nach der in den Lehrbüchern verbreiteten Terminologie *generalisierte* bzw. *verallgemeinerte Kraft* genannt wird.[338] Wenn die erste Gleichung zutreffend ist, dann bedeutet dies, daß die Winkelbeschleunigung gleich null ist, da der durch r dargestellte Abstand konstant ist und die Masse des Körpers ebenfalls als konstant vorausgesetzt wird. Wenn die Winkelbeschleunigung gleich null ist, dann ist die Winkelgeschwindigkeit konstant, was physikalisch bedeutet, daß der Körper sich kreis- und gleichförmig bewegt. Wenn die zweite Gleichung zutreffend ist, dann ist die Winkelgeschwindigkeit nicht konstant, was bedeutet, daß die Kreisbewegung keine gleichförmige ist.

Der vorgeschlagenen Konzeption nach ist das folgendermaßen zu interpretieren: Die gleichförmige Kreisbewegung bildet in dem Fall die Einheitsbewegung; dadurch, daß Q_θ eine Abweichung von dieser Bewegung darstellt, ist sie als Kraft aufzufassen. So stimmt die Interpretation mit der mathematischen Vorgehensweise dadurch überein, daß jeder Teil der Interpretation jeder der beiden möglichen Formen der Lagrangeschen Gleichungen entspricht, und dabei wird die generalisierte Kraft subsumiert. Konzeptuell betrachtet ist diese dann eine Kraft wie die gewöhnliche, sie unterscheidet sich von ihr dadurch, daß die Einheitsbewegung, auf die sie sich bezieht, eine andere ist.

Die übliche Konzeption, nach der die gleichförmige und geradlinige Bewegung die natürliche sei, war sehr fest verwurzelt; ein Grund dafür liegt darin, daß diese eine adäquate Einheitsbewegung ist. Lagrange hat sich aber mehr durch die Mathematik leiten lassen und hat infolgedessen eine von der üblichen Auffassung freiere Methodologie entwickelt. Bei dem oben be-

---

[338] „It is easy to see that, if the conservative condition is removed, Lagrange's equations take the form

$$\frac{d}{dt}\frac{\partial T}{\partial \dot{q}_\rho} - \frac{\partial T}{\partial q_\rho} = Q_\rho$$

where Q_ρ are the generalized forces" (Synge 1987, S. 420).
Siehe auch Goldstein (1985, S. 19), Greiner (1989, S. 292), wo „Q_α die *verallgemeinerte* (generalisierte) *Kraft*" genannt wird.

trachteten Fall, der hier nochmals als Beispiel angeführt wird, ist von vornherein festgesetzt, daß der Körper nur eine kreisförmige Bewegung ausführen kann. Aus der Anwendung der Methode Lagranges ergibt sich dann,
wie die Bewegung ausgeführt wird. Die hier vorgeschlagene Konzeption
rechtfertigt dieses Verfahren, denn man kann von ihr ausgehend sagen: Unter diesen Umständen ist die kreis- und gleichförmige Bewegung die Einheitsbewegung, woraus dann folgt, daß die Abweichungen von ihr – in dem
betrachteten Fall Q_θ – als Kraft aufzufassen sind.

Wie schon gesehen wurde, hat die privilegierte Stellung der geradlinigen
Bewegung in der klassischen Theorie zu verschiedenen Schwierigkeiten
geführt. Im folgenden wird eine gewisse Verlegenheit von Mach herangezogen, die zu dem vorliegenden Kontext paßt: „Die Vorstellung einer
gleichförmigen, durch eine konstante Zentripetalbeschleunigung bedingten
Kreisbewegung hat etwas Paradoxes. Das Paradoxe liegt in der Annahme
einer fortwährenden Beschleunigung gegen das Zentrum ohne wirkliche
Annäherung und ohne Geschwindigkeitszuwachs" (1933, S. 154).

Der Machschen Auffassung nach liegt das Paradoxe darin, daß eine Beschleunigung besteht, ohne daß im Phänomen selbst eine Veränderung –
des Abstandes zum Zentrum oder der Geschwindigkeit – auftritt. Der Annahme, daß eine Beschleunigung vorhanden sei, liegt die Vorstellung zugrunde, daß ein Körper für sich eine geradlinig-gleichförmige Bewegung
ausführe, und so begründet sie auch Mach.[339] Wir wissen aber nicht, was
für eine Bewegung ein Körper für sich ausführt, daher fällt der Grund für
diese Annahme fort. Infolge der vorgeschlagenen Konzeption verschwindet
dieses Mangel an Übereinstimmung von Theorie und Erfahrung, der durch
den Begriff der Paradoxie ausgedrückt wird.

---

[339] „Dasselbe vermindert sich, wenn man bedenkt, daß ohne diese Zentripetalbeschleunigung eine fortwährende Entfernung des Beweglichen vom Zentrum auftreten würde
(Fig. 105a), daß die Richtung der Beschleunigung sich fortwährend ändert und daß eine Geschwindigkeitsänderung (wie sich bei Besprechung des Prinzips der lebendigen
Kräfte zeigen wird) an eine Annäherung der einander beschleunigenden Körper ge-
knüpft ist, die hier nicht stattfindet" (1933, S. 154).
Mach erklärt, daß der Körper für sich eine gleichförmig-geradlinige Bewegung ausführen würde, wogegen die genannte Beschleunigung nötig ist. Diese Beschleunigung
wird aber nur benötigt, weil er davon ausgeht, daß der Körper für sich eine bestimmte
Bewegung ausführt.

Das Paradoxe ist im Endeffekt darauf zurückzuführen, daß etwas Über-
flüssiges bei der Betrachtung des Phänomens auftritt: der Theorie nach gebe
es eine Beschleunigung, es besteht aber keine Veränderung. Die Beschleunigung ist also das, was dabei stört. Wenn man in dem Fall aber die kreis-
und gleichförmige Bewegung als Einheitsbewegung wählt, was infolge der
vorgeschlagenen Konzeption möglich ist, dann ist von keiner Beschleunigung die Rede, da keine Abweichung von der Einheitsbewegung besteht.
So verschwindet die Paradoxie von selbst.

Die geradlinig und gleichförmige Bewegung kann man natürlich als
Einheitsbewegung ständig einsetzen bzw. von ihr systematisch ausgehen.
Dies ist jedoch nicht adäquat und daher nicht so einfach, wie es sein könnte.

g) DER BEGRIFF UND OFFENE FRAGEN DER MECHANIK

*Zur These: Das erste Newtonsche Gesetz sei ein besonderer Fall des zwei-
ten.*

Die These, das erste Newtonsche Gesetz sei ein besonderer Fall des zweiten, beruht im Grunde auf dem folgenden Gedankengang: Gemäß dem ersten Gesetz behält der Körper seine konstante Geschwindigkeit bei; gemäß
dem zweiten gilt Kraft gleich Masse mal Beschleunigung; wenn man von
dem zweiten ausgeht, dann gilt für F=0, daß a=0 ist, und folglich ist die
Geschwindigkeit eine konstante.[340] Der Grund für den Einschluß des ersten
in das zweite Gesetz ist also mathematischer Natur, es beruht darauf, daß
einer Beschleunigung gleich null die konstante Geschwindigkeit entspricht.

Wenn über einen Körper gesagt wird, seine Geschwindigkeit sei konstant, wissen wir, daß der Körper entweder ruht oder sich mit einer von null

---

[340] Die Gleichung, die üblicherweise als Ausdruck für das zweite Newtonsche Gesetz
angesehen wird, wurde von Euler 1750 aufgestellt und als ein neues Prinzip dargestellt. Das erste Bewegungsgesetz wird dann als ein besonderer Fall von diesem Prinzip betrachtet: „Si le corps n'est sollicité par aucune force, de sorte que P = 0, Q = 0,
R = 0, les trois formules trouvées, à cause de *dt* constant, se réduiront par l'intégration
à celles-cy […] d'où l'on voit d'abord, que dans ce cas le corps se mouvra dans une
ligne droite, avec un mouvement uniforme; et partant ces formules renferment en soi
la première loi du mouvement, en vertu de laquelle tout corps étant en repos y demeu-
re; or étant en mouvement le corps continue uniformément selon la même direction, à
moins qu'il ne soit sollicité par quelque force de dehors" ([1750] 1752, *Decouverte
d'un...*, Opera Omnia, S. 90).

verschiedenen Geschwindigkeit bewegt, wir wissen aber nichts über die Umstände der Bewegung; es mag beispielsweise sein, daß der Körper ruht, weil er von verschiedenen Seiten festgehalten wird. Das 1. Gesetz besagt aber mehr als nur den Umstand, daß die Geschwindigkeit konstant ist, wenn die Kraft null ist, und zwar, daß ein Körper *für sich* ruht oder sich gleichförmig und geradlinig bewegt. Der übliche Gedankengang, wenn ein Körper sich nicht geradlinig und gleichförmig bewege, dann wirke auf ihn eine Kraft ein, setzt den physikalischen Sinn des ersten Gesetzes voraus, bzw. das, was der Körper für sich tue. Infolge des hier vorgeschlagenen Kraftbegriffs tritt die Funktion des Gesetzes deutlich zutage.

Nach der vorgeschlagenen Konzeption können die Kräfte erst in Zusammenhang mit einer Einheitsbewegung thematisiert werden. Aus der Interpretation der klassischen Mechanik ergibt sich, daß die im ersten Newtonschen Gesetz ausgesprochene Bewegung die Einheitsbewegung der Theorie ist. Es folgt also, daß im ersten Gesetz die Einheitsbewegung ausgesprochen wird, aufgrund deren erst von Kräften die Rede sein kann. Das Gesetz spielt daher eine eigene Rolle, und folglich darf es nicht als ein spezieller Fall des zweiten angesehen werden.

Bemerkung

In Zusammenhang hiermit ist hervorzuheben, daß die Newtonsche Systematisierung der Bewegungen eine adäquate ist. Denn im ersten Satz wird die Einheitsbewegung ausgesprochen und im zweiten ist von ihrer Veränderung die Rede, wozu die Kraft herangezogen wird. Die Probleme, die in dieser Arbeit dargelegt wurden, sind erst durch die ontologische Begründung der Sätze entstanden, namentlich dadurch, daß die Einheitsbewegung der Theorie einem Körper und die Kräfte seiner Umgebung zugeschrieben wurden.

Zur zweiten Ableitung

Verschiedene Verfasser haben sich mit den Ableitungen höherer Ordnungen als der zweiten beschäftigt, obwohl es sich in der Grundgleichung der

Mechanik um eine Ableitung zweiter Ordnung handelt.[341] Einer von ihnen war Kirchhoff. Im Rahmen der Darstellung der Bewegung materieller Punkte führt er die Koordinaten zur Kennzeichnung der Lage eines Punktes ein, dann ihre erste Ableitung nach der Zeit, und hiermit den Begriff der Geschwindigkeit, und anschließend die 2. Ableitung und den Begriff der Beschleunigung. Infolge dieser Reihenfolge stellt sich leicht die Frage, warum nicht die Ableitung 3. oder 4. Ordnung verwendet wird. Er hat sie selbst gestellt und geantwortet, sie würden die Beschreibung der Bewegung nicht vereinfachen.

Die Einfachheit ist eine der erkenntnistheoretischen Forderungen, die er an eine mechanische Theorie stellt. Die Antwort Kirchhoffs auf die von ihm gestellte Frage wird also auf etwas zurückgeführt, was außerhalb der mechanischen Theorie liegt, da es sich um eine erkenntnistheoretische Forderung handelt. Die hier vorgeschlagene Konzeption ermöglicht es dagegen, von der Theorie selbst ausgehend verständlich zu machen, daß Ableitungen höherer als der zweiten Ordnung nicht nötig sind.

Da die Einheitsbewegung der Theorie eine gleichförmige ist, werden die Abweichungen von ihr durch die 2. Ableitung ausgedrückt. Indem man durch sie das Notwendige erhält, sind die Ableitungen höherer Ordnungen entbehrlich.

Zu den Komponenten der Kraft

Kirchhoff plante, eine mechanische Theorie ausgehend von der Bewegung aufzustellen, um die mit der Kraft verbundenen Probleme zu vermeiden. Kurz nach Beginn der Darstellung führt er die Komponenten der Kräfte ein, denn sie seien von höchster Wichtigkeit.[342] Wie er selbst aber erkennt, verursachen sie Schwierigkeiten für die Theorie, denn diese kann sie nicht

---

[341] Hierzu siehe Somov 1864, Schell 1879, S. 544; andere Angaben findet man bei Voss (1901, S. 48), Jammer (1957, S. 223) und Adler (1980).
Über den Nutzen der höheren Differentialquotienten schreibt Budde: „Rein mathematisch ist die Betrachtung dieser Grössen eben so berechtigt, wie die der beiden ersten Differentialquotienten v und u . Practische Bedeutung hat sie aber zur Zeit noch nicht erlangt, weshalb wir von ihr absehen" (1890, S. 110).
[342] Vgl. dazu Kap. I, § 8 bzw. Kirchhoff 1897, S. 11.

subsumieren. Die so entstandene Störung für die Entwicklung der Theorie läßt sich aber aufgrund der vorgenommenen Untersuchung überwinden.

Die Komponenten der Kräfte, von denen Kirchhoff spricht, stammen aus Experimenten, die im voraus durchgeführt werden. Wenn wir über solche verfügen oder, mit anderen Worten, im Archiv Informationen hinsichtlich der entsprechenden Umstände besitzen, dann können wir auf sie zurückgreifen; sie bilden dann die Komponenten der Kräfte. Wenn wir nicht über solche Informationen verfügen, dann gibt es keine Komponenten, und es ist nicht möglich, sie einzubeziehen. Indem die Komponenten aufgrund von Phänomenen der Bewegung gewonnen werden, wird die von Kirchhoff selbst gesehene Schwierigkeit für die Aufstellung seiner Theorie überwunden.

Die „unentwirrbaren Schwierigkeiten"

Poincaré spricht in diesem Zusammenhang von „inextrincables difficultés". Er schreibt: „Nous avons d'abord les difficultés que l'on rencontre quand on veut définir les notions fondamentales. Qu'est-ce que la *masse*? [...] Qu'est-ce que la *force*? C'est, répond Lagrange, une cause qui produit le mouvement d'un corps ou qui tend à le produire. – C'est, dira Kirchhoff, le produit de la masse par l'*accélération*. Mais alors, pourquoi ne pas dire que la masse est le quotient de la force par l'accélération? Ces difficultés sont inextrincables" (1897, S. 734).

Wenn gesagt wird, die Kraft sei das Produkt der Masse und der Beschleunigung, wird nur die Grundgleichung der Mechanik in Worten wiedergegeben. Wird die Aussage als Definition gesetzt, kann die Masse nicht auf dieselbe Art und Weise definiert werden. In Zusammenhang mit einer solchen Vorgehensweise sprach Mach von einer Zirkeldefinition, wie wir gesehen haben, und in der *Newtonschen Mechanik* von French wird ebenfalls auf „die Gefahr eines Zirkelschlusses" hingewiesen.[343] Damit also die Kraft durch den Rückgriff auf die Grundgleichung definiert werden kann,

---

[343] „Weil die Messungen von Kraft und träger Masse durch die Beziehung $F=ma$ verbunden sind, gibt es die Gefahr eines Zirkelschlusses in unseren Definitionen. Wir wollen aber in die Feinheiten dieses Problems nicht eindringen; wir wollen einfach eine pragmatische Methode darstellen, wie man Maßstäbe für diese Größen festlegen kann" (1995, S. 147f.).

muß die Masse unabhängig von ihr definiert werden. Hiermit hängt jedoch ein ähnliches Problem zusammen.

Zur Bestimmung der Masse eines Körpers ist eine Beschleunigung erforderlich. Dies läßt sich aus den entsprechenden Meßverfahren entnehmen; Mach drückt dasselbe dadurch aus, daß die Masse dynamisch bestimmt werden müsse. Nun besagt die klassische Theorie, die Beschleunigung sei eine Folge der Einwirkung einer Kraft. Hieraus folgt dann, daß die Notwendigkeit einer Beschleunigung zur Messung der Masse eine Kraft erfordert oder voraussetzt.

Daß eine Beschleunigung eine Kraft verlangt oder voraussetzt, ist aber eine Folge der Annahme, ein Körper für sich führe keine beschleunigte Bewegung aus. Wie sich ein Körper für sich bewegt, können wir jedoch nicht wissen, weil die Bedingungen für ein derartiges Experiment nicht geschaffen werden können. Hiermit fällt also der Grund fort, die Kraft als Ursache der Veränderung der eigenen Bewegung des Körpers bzw. seiner Beschleunigung anzusehen. Infolgedessen kann die Messung der Masse durchgeführt werden, ohne daß man voraussetzen muß, daß die gemeinsame Beschleunigung, auf die zur Durchführung dieser Messung zurückgegriffen wird, wie im 2. Schritt dargestellt wird, eine Folge der Einwirkung einer Kraft sei. So verschwindet die Ursache der erwähnten Schwierigkeiten.

Zur Beschleunigung im Gegensatz zu Kraft und Masse

Unter dem Gegensatz von Beschleunigung zu Kraft und Masse wird die Trennung verstanden, die Autoren dadurch vorgenommen haben, daß sie zwar die Kraft und die Masse als Probleme, aber nicht die Beschleunigung als problematisch betrachtet haben. Dies ist bei Mach, Kirchhoff, Hertz, beim letzten Zitat von Poincaré und mehreren Physikern des 20. Jahrhunderts der Fall. Dieser Gegensatz zwischen den Begriffen der Grundgleichung der Mechanik läßt sich durch die vorliegende Untersuchung klären.

Die Beschleunigung ist die einzige der drei Größen, die durch die Beobachtung eines Phänomens, einer Bewegung, gemessen werden kann. Die Masse dagegen setzt ein Meßverfahren voraus, welches nicht anhand desselben Phänomens durchgeführt werden kann, und die Kraft schließt in sich zwei Meßverfahren ein. Dieser Unterschied zwischen der Beschleunigung und den anderen Begriffen erklärt den von den Autoren festgestellten Gegensatz wie auch den Grund, warum die Versuche versagt haben, die Masse und die Kraft in einem Phänomen zu sehen bzw. aufgrund einer einzigen Bewegung zu konzipieren.

Zum Gegensatz: Realität und Irrealität der Kraft

Die gewöhnliche These, die Kraft verursache die Beschleunigung eines Körpers, setzt die Kraft als etwa Reales voraus. Einige Autoren haben jedoch die Gegenthese vertreten, sie sei etwas Irreales. Hamel schreibt in der *Elementaren Mechanik*: „Die Kraft selbst aber definieren wir *nicht* als Ursache der Bewegung; denn die Kraft ist ein Gedankending und keine Naturerscheinung" (1912, S. 56).

In den *Principles of Mathematics* von Russell liest man: „*[F]orce* is a mathematical fiction, not a physical entity" (1937, S. 482).

Platrier schreibt: „Insistons sur le caractère de la définition des forces. Cette définition est souvent traduite en disant que la relation [F=ma] est une relation de cause (la force) à l'effet (le mouvement, l'accélération) pour un élément matériel de masse donnée.

Cette traduction serait évidemment parfaite si, d'autre part, la force correspondait à une réalité physique précise que nous serions à même de mesurer en toutes circonstances.

En réalité la force ([F=ma]) n'est qu'une conception humaine et la cause profonde des mouvements nous est inconnue" (1954, S. 112).[344]

Im deutschen, englischen und französischen Sprachraum bestehen also widersprüchliche Thesen in bezug auf die Realität der Kraft, denn die Kraft kann nicht zugleich amateriell sein und doch die Bewegung eines Körpers verändern. Aufgrund der vorliegenden Untersuchung lassen sich die gegensätzlichen Thesen verständlich machen.

Geht man davon aus, daß im Trägheitsgesetz die Einheitsbewegung der Theorie ausgesprochen wird und eine Kraft eine Abweichung von derselben darstellt, wird ersichtlich, daß von einer Realität der Kraft nicht die Rede sein kann. Infolgedessen wird verständlich, daß Autoren, die sich kritisch

---

[344] Die Gleichung F=ma wird bei Platrier folgendermaßen geschrieben:

$$\overline{F} = m\overline{\Gamma}.$$

mit der Frage nach der Realität der Kraft befaßt haben, auf die Idee gekommen sind, sie sei keine Naturerscheinung oder „physical entity", sondern vielmehr etwas Gedankliches. Wenn man aber davon ausgeht, daß ein
Körper für sich tatsächlich eine bestimmte Bewegung ausführe, wie dies in
der klassischen Mechanik der Fall ist, dann wird einsichtig, daß der Kraft
ebenfalls eine Realität zugeschrieben wird, denn nur etwas Reales kann in
der Wirklichkeit eine Wirkung haben, auf Reales einwirken. Die These über
die Realität der Kraft beruht also auf dem Trägheitsgesetz.

Zur Diskrepanz von Prinzipien und Erfahrung

Poincaré vertritt die These, die englische Methode, den Studenten die Mechanik experimentell beizubringen, sei besser als die kontinentale, sie theoretisch darzustellen, weil das, was in den Prinzipien ausgesagt werde, nicht
völlig mit den entsprechenden Phänomenen übereinstimme.[345] Wie wir
schon gesehen haben, besteht eine solche Diskrepanz in bezug auf das
Trägheitsgesetz insofern, als es besagt, ein den Kräften entzogener Körper
verharre in Ruhe oder in geradlinig-gleichförmiger Bewegung, während ein
solcher Körper, physikalisch betrachtet, nicht nachvollziehbar ist. Hierdurch wird verständlich, daß Poincaré die Vorführung der entsprechenden
Phänomene befürwortet, denn so kann vermieden werden, daß bei den Studenten falsche Vorstellungen erweckt werden. Wenn sich aber ein Student
Gedanken über die Theorie und Erfahrung macht, wird er natürlich dennoch
auf die Diskrepanz beider stoßen. Das Problem verschwindet jedoch mit der
vorgeschlagenen Konzeption.

Indem den Studenten gesagt wird, die genannten mechanischen Zustände werden als Einheit gewählt und die Abweichungen von ihnen als Kraft
verstanden, liegt hierin nichts, was zu irrigen Annahmen führen kann. Die

---

[345] Der Artikel von 1900 beginnt: „Les Anglais enseignent la Mécanique comme une
science expérimentale; sur le continent, on l'expose toujours plus ou moins comme
une science déductive et *a priori*. Ce sont les Anglais qui ont raison […]" (S. 457).
Am Ende heißt es: „On comprend maintenant pourquoi l'enseignement de la Mécanique doit rester expérimental.
[…] ce que les principes gagnent en généralité et en certitude, ils le perdent en objectivité. C'est donc surtout avec le côté objectif des principes qu'il convient de se familiariser de bonne heure, et on ne peut le faire qu'en allant du particulier au général, au
lieu de suivre la marche inverse" (S. 493f.).

Experimente, die damals unangemessen zum Nachweis des Trägheitsgesetzes vorgeführt wurden, können jetzt aber in einem anderen Zusammenhang angestellt werden: Durch sie läßt sich zeigen, daß es Gründe dafür gibt, die in dem Gesetz ausgesprochene Konstanz der Geschwindigkeit als Einheitsbewegung einzusetzen.

Zur Konvention

Der Sinn des Begriffes der Konvention bei Jacobi, Poincaré oder Mach ist unterschiedlich. Jacobi drückt durch ihn aus, daß die physikalischen Gesetze, mathematisch betrachtet, nicht beweisbar seien.[346] Poincaré vertritt die These der Konventionalität der Prinzipien, weil den Sätzen dadurch, daß sie als Axiome gesetzt werden, ein Wert zugeschrieben wird, welcher den entsprechenden Experimenten nicht entnommen werden kann. Mach stimmt Poincaré in bezug auf die Konventionalität der Prinzipien der Mechanik zu, die Gründe, die die beiden Verfasser dafür anführen, stimmen jedoch nicht völlig miteinander überein.[347] Im folgenden werden wir sehen, daß aufgrund der vorgeschlagenen Konzeption die Jacobische und die Poincarésche These leicht verständlich werden.

Aus der Interpretation der klassischen Theorie aufgrund der vorgeschlagenen Konzeption ergibt sich, daß sich das erste Gesetz mit der Einheitsbewegung und das zweite mit den Abweichungen von derselben befaßt. Dadurch, daß die Einheiten nicht mathematisch beweisbar sind, wird verständlich, daß ein Grund für die Einheitsbewegung in der Mathematik nicht

---

[346] In dem letzten und vorletzten Paragraphen ist die Auffassung Jacobis in bezug auf die Proportionalität der Kräfte zu Zeit und Geschwindigkeit bzw. auf das Trägheitsgesetz betrachtet worden. Ungewöhnlicherweise trennt Jacobi deutlich zwischen dem Mathematischen und dem Physikalischen, wie sich aus mehreren Stellen der *Analytischen Mechanik* entnehmen läßt; dies hängt wahrscheinlich mit seiner Auffassung der Mathematik zusammen (siehe hierzu Knobloch, 1995).

[347] Mach schreibt: „Die Beobachtung leitet zunächst nur zur *Vermutung* von Bewegungsgesetzen, die man in besonderer Einfachheit und Genauigkeit als *Hypothesen* annimmt, um zu versuchen, ob sich das Verhalten der Körper aus diesen Hypothesen logisch ableiten läßt. Erst wenn sich diese Hypothesen in vielen einfachen und komplizierten Fällen bewährt haben, *kommt man überein*, sie festzuhalten. *Poincaré* (in „La Science et l'Hypothèse") hat also recht, wenn er die Grundsätze der Mechanik *Konventionen* nennt, die wohl auch anders hätten ausfallen können" (1933, S. 243f.). Die Argumentation Machs ist historischer Art, während die These Poincarés auf dem Unterschied zwischen Induktion und Axiom beruht (siehe Kap. II, § 2, Poincaré).

gefunden werden kann. Indem eine Einheitsbewegung eine Auswahl voraussetzt, erhält sie den Charakter einer Konvention, wenn sie von mehreren Autoren übernommen wird, was in bezug auf die im Trägheitsgesetz
ausgesprochenen mechanischen Zustände der Fall ist. So läßt sich nachvollziehen und wird verständlich, wie Jacobi und Poincaré hinsichtlich der erwähnten Gesetze zu ihren jeweiligen Schlußfolgerungen gekommen sind.

Zur „leeren Aussage"

Ludwig vertritt die These, die Grundgleichung der Mechanik sei eine „leere
Aussage". Diese Formulierung führt zu der Vorstellung, sie sei unbedeut-
sam. Nun verwendet Ludwig sie als eine allgemeine Gleichung, denn sie
wird durch Kraftgesetze konkretisiert, und infolgedessen werden durch sie
verschiedene Phänomene ausgedrückt. Die hierin vorausgesetzte Allge-
meinheit der Gleichung steht offenbar nicht im Einklang mit ihrer Charakterisierung als „leerer Aussage".

Ein Grund für diese Charakterisierung beruht darauf, daß Ludwig auch
die These vertritt, Kraft und Masse seien nicht vorfindbar, denn so besteht
keine Möglichkeit, sie mathematisch zu übersetzen. Aufgrund der vorliegenden Untersuchung behält diese These ihre Gültigkeit, ohne daß sie aber
dazu führt, die Grundgleichung als leere Aussage zu betrachten.

Durch die von einem Phänomen ausgehenden Schritte wird klar, daß der
Begriff der Masse ein eigenes Meßverfahren voraussetzt und daß die Kraft
ein komplexer Begriff ist. Resultate von Meßverfahren wie die Masse eines
Körpers oder die Kraft einer Feder sind Werte, die den jeweiligen Gegenständen zugeordnet werden. Daher handelt es sich eindeutig nicht um etwas
in der Natur zu Findendes. Ist aber einmal geklärt, worum es sich handelt,
dann wird deutlich, was die Grundgleichung beinhaltet, und man braucht
nicht den Ausweg einzuschlagen, sie als leere Aussage zu betrachten, um
die Frage nach der Bedeutung ihrer Elemente zu vermeiden.

Halliday und Resnick vertreten ebenfalls die These, die Gleichung sei
für sich allein eine leere Aussage, und führen als Grund an, daß in ihr gleich
zwei neue Größen eingeführt wurden.[348] Durch die hier dargestellten Schrit-

---

[348] „Diese Gleichung [gemeint ist $m\mathbf{a}=\mathbf{F}$] heißt die *Newtonsche Bewegungsgleichung* oder
das *zweite Newtonsche Axiom* (manchmal auch *Newtonsches Grundgesetz*). Für sich
allein ist sie eine leere Aussage, da in ihr gleich zwei neue Größen – die Masse m des

te wird diese Auffassung überwunden und durch den vierten Schritt wird einsichtig, daß sie aufgetaucht ist. Aufgrund der Schritte läßt sich eine Vorstellung dessen gewinnen, was die Grundgleichung der Mechanik in physikalischer Hinsicht einschließt, und so fällt jeder Grund dafür fort, sie als leere Aussage zu betrachten.

Körpers und die auf ihn wirkende Kraft **F** – eingeführt werden. Einen Sinn erhält sie erst, wenn man im Zusammenhang mit anderen Sätzen das *Kraftgesetz* angeben kann, so wie wir es am Beispiel einer gespannten Feder skizziert haben" (S. 90).

III. Schluß

Aus These 1 und These 2 wurde ersichtlich, daß die Charakteristika der Kraft – außerhalb des Körpers zu liegen und auf ihn einzuwirken – logische Folgen des Trägheitsgesetzes sind und darüber hinaus, daß dieser so entstandene Begriff der Kraft mit den Phänomenen nicht im Einklang steht. Anhand der dritten These wird deutlich, daß die Kraft nicht aufgrund eines einzigen Phänomens bestimmbar ist, woraus folgt, daß sie, geht man von nur einem einzigen Phänomen aus, nicht erfaßbar ist. Durch die dann dargestellten Schritte wird deutlich, daß die Kraft ein komplexer Begriff ist. Denn über die Beschleunigung hinaus, die aufgrund einer adäquaten Beobachtung des Phänomens gemessen werden kann, schließt der Kraftbegriff ein anderes Meßverfahren ein, das der Masse, welches unabhängig von dem in Betracht stehenden Phänomen durchzuführen ist. Auf der Grundlage dieser Analyse wird dann ein Kraftbegriff vorgeschlagen. Die hier erwähnten Sätze bilden den Kern der vorliegenden Arbeit. Auf diese Weise lassen sich mehrere Probleme der mechanischen Theorie zugleich lösen.

Da durch die vorgeschlagene Konzeption die geradlinig-gleichförmige Bewegung als Einheitsbewegung auftritt, ist es nicht mehr nötig, sie als natürliche bzw. eigene Bewegung des Körpers anzusehen und dementsprechend Rechtfertigungen hierfür zu finden. Deshalb ist es nicht mehr nötig:

- einen Körper zu isolieren, damit nachgewiesen werden könnte, daß es sich um die Bewegung des Körpers für sich handelt;
- auf den absoluten Raum und die absolute Zeit, auf den Körper Alpha, auf den Fundamental-Körper oder auf die sich selbst überlassenen Punkte zurückzugreifen, um die Geradlinigkeit und Gleichförmigkeit der eigenen Bewegung eines Körpers nachweisen zu können.

Indem der Nachweis entfällt, daß die geradlinig-gleichförmige Bewegung die natürliche bzw. die eigene des Körpers ist, werden die Versuche, die hierfür vorgenommen worden sind, entbehrlich, und damit verliert die Kritik, die an ihnen geübt worden ist, ihren Grund. Die Störung für die Theorie, die dadurch entsteht, daß der Formulierung ihres ersten Prinzips die

Einschränkung hinzugefügt wird, es lasse sich nicht experimentell umsetzen, wird überwunden.

Die Experimente, die unangemessen als Beleg für das Trägheitsgesetz vorgeführt worden sind, wie beispielsweise, daß eine ruhende Kugel auf einer glatten Oberfläche in Ruhe bleibt oder daß ein Körper auf einer glatten Oberfläche sich geradlinig und gleichförmig bewegt, verlieren nicht an Wert, denn sie können dazu dienen, die Wahl dieser mechanischen Zustände zur Einheitsbewegung zu begründen. Dadurch wird weiter von der gewonnen Erfahrung profitiert, und gleichzeitig verschwindet die störende und kritisierte Diskrepanz zwischen Theorie und Erfahrung.

Gegensätzliche Thesen wie die, nach der der Trägheitssatz ein Axiom, ein Prinzip oder ein Gesetz oder aber eine Hypothese oder eine Konvention bilde, werden infolge der vorgeschlagenen Konzeption leicht verständlich, d.h., durch sie wird die Vielfältigkeit der Charakterisierung des Satzes auf einmal ersichtlich. Wenn man berücksichtigt, daß die geradlinig-gleichförmige Bewegung eine Einheitsbewegung ist und deshalb hierzu gewählt wird, dann wird verständlich, daß der Trägheitssatz als Konvention oder Hypothese betrachtet wird. Achtet man darauf, daß jene Bewegung adäquat ist, um die Funktion einer Einheitsbewegung zu erfüllen, versteht man, daß die These vertreten wird, es sei von ihr auszugehen, was durch die Setzung des Satzes als Prinzip oder Axiom ausgedrückt wird. Durch die vorgeschlagene Konzeption werden sowohl die Gründe der Kritiker als auch die der Befürworter des Gesetzes nachvollziehbar.

Indem die geradlinig-gleichförmige Bewegung nicht mehr als die natürliche bzw. eigene Bewegung des Körpers angesehen wird, ist es nicht mehr nötig, eine Ursache außerhalb des Körpers zu suchen, um seine beschleunigte Bewegung zu erklären. Infolgedessen und aufgrund der vorgeschlagenen Konzeption für die Kraft lassen sich die Schwierigkeiten, die auf dem klassischen Kraftbegriff beruhen, überwinden und wissenschaftlich unangemessene Vorgehensweisen aus der Mechanik ausschließen. Es ist beispielsweise nicht mehr nötig:

– die Kraft, da sie als eine Realität gedacht wurde, in den Phänomenen zu suchen, was schon bei d'Alembert und Carnot Probleme verursachte;

– die Kraft stillschweigend vorauszusetzen, als ob es sich um eine „Lokomotive" handelt, wie Poincaré es kritisch formulierte;

– die Kraft anthropomorph zu konzipieren, wie Reech, Andrade, Planck oder Sommerfeld es getan haben und wie es auch gegenwärtig immer wieder getan wird;

– die Grundgleichung der Mechanik, die allgemein anerkannt wird, als leere Aussage zu charakterisieren.

Darüber hinaus wird nicht nur das Kirchhoffsche Problem mit den Komponenten, sondern auch die Frage nach den Ableitungen höherer Ordnung als der zweiten geklärt; die von Poincaré als „unentwirrbar" bezeichneten Schwierigkeiten sind damit gelöst. Das hier behandelte Problem des klassischen Kraftbegriffs, nicht im Einklang mit den Phänomenen zu stehen, wird ebenfalls überwunden. Der vorgeschlagene Begriff für die Kraft erweist sich nicht nur als nützlich wegen der Probleme, die durch ihn überwunden werden, sondern auch aufgrund seiner Übereinstimmung mit der Mechanik und ihrer Geschichte.

Die klassische und die Hertzsche Systematisierung sind zwar unterschiedlich, werden jedoch von dem hier vorgeschlagenen Begriff der Kraft subsumiert. Die Zerlegungsverfahren Eulerscher und Lagrangescher Art, die zwei Methoden bezüglich der mechanischen Aufgaben darstellen, werden ebenfalls subsumiert. Der Begriff stimmt mit den Meßverfahren überein und wirft sogar ein Licht auf sie hinsichtlich ihrer konzeptuellen Anpassung an die Erfahrung. Vom Begriff leitet man auf eine klare und logische Weise die Grundgleichung der Mechanik ab, bezüglich welcher Einstimmigkeit unter den Physikern herrscht.

Im ersten Kapitel werden verschiedene Auffassungen, Schwierigkeiten und Kritikpunkte aus der Geschichte des Kraftbegriffs dargestellt. Derjenige Teil der Begriffe, der die Systematisierung der Bewegungen in der Theorie oder die Behandlung der mechanischen Probleme betrifft, wird durch die vorgeschlagene Konzeption subsumiert; der andere Teil, der die Rechtfertigung der Phänomene betrifft, z.B. zu sagen, es gebe innewohnende Kräfte, die Kraft sei die Ursache der Veränderung der eigenen Bewegung des Körpers usw., wird dagegen aus der Konzeption ausgeschlossen. Den letzten Teil beiseite zu lassen und jenen anderen einzuschließen, scheint richtig zu sein und erweist sich auch so, denn die Schwierigkeiten bezüglich der Kraft und diejenigen, die mit dem Trägheitsgesetz zusammenhängen, verschwinden, und damit auch die auf ihnen beruhenden Ansatzpunkte der Kritik. All dies scheint darauf hinzuweisen, daß die von Poincaré festgestellte Schwierigkeit, zu einer befriedigenden Auffassung der Kraft zu kommen, überwunden werden kann. Das Kraft-Problem, mithin die Frage nach der Konzeption der Kraft, scheint so beigelegt, und damit ist auch diese Arbeit an ihrem Ende angelangt.

Literaturverzeichnis

Adler, Carl G. (1980). Why is mechanics based on acceleration? In: Philosophy of Science 47, S. 146–152.

Alembert, Jean d' (1758). Traité de Dynamique. 2. Aufl. Paris (Nachdruck New York, London: Johnson Reprint Corporation 1968).

Jean d'Alembert: savant et philosophe (1989). Acte du Colloque organisé par le Centre International de Synthese. Paris: Ed. des Archives contemporaines.

Alonso, Marcelo / Finn, Edward J. (1992). Physics. Wokingham (u.a.): Addison-Wesley.

Andrade, Jules (1898). Leçons de mécanique physique. Paris.

Andrade, Jules (1898). Les idées directrices de la mécanique. In: Revue philosophique de la France et de l'étranger 46, S. 399–419.

Atkins, Kenneth R. (1986). Physik: die Grundlagen des physikalischen Weltbildes. 2. Aufl. Übersetzt und bearbeitet von H.-W. Sichting. Berlin, New York: de Gruyter.

Baird, Davis / Hugues, R.I.G. / Nordmann, Alfred (Hgg.) (1998). Heinrich Hertz: Classical Physicist, Modern Philosopher. Boston Studies in the Philosophy of Science, Bd. 198. Dordrecht, Boston, London: Kluwer Academic Publishers.

Barroso Filho, Wilton (1994). La Mécanique de Lagrange. Paris: Karthala.

Becker, Robert A. (1954). Introduction to Theoretical Mechanics. New York, London, Toronto: McGraw-Hill.

Bergmann, Ludwig / Schaefer, Clemens (1990). Lehrbuch der Experimentalphysik. Bd. I, Mechanik, Akustik, Wärme. 10. Aufl. Bearbeitet von H. Gobrecht. Berlin, New York: de Gruyter.

212

Bernoulli, Daniel (1726). Examen Principiorum Mechanicae, et demonstrationes geometricae de compositione et resolutione virium, Commentari Academiae Scientiarum Imperialis Petropolitanae. Vol. I, S. 126–142. (1728) IVa.1 - St. 9. In: Die Werke von Daniel Bernoulli, Bd. 3. Hg. von der Naturforschenden Gesellschaft in Basel. Basel, Boston, Stuttgart: Birkhäuser, S. 119–135.

Blatt, Frank J. (1989). Principles of Physics. 3. Aufl. Boston, London, Sydney: Allyn and Bacon.

Blondlot, R. (1901). Exposé des Principes de la Mécanique. In: Ier Congrès international de Philosophie, Tome 3, Paris, S. 445–455. (Nachdruck Nendeln, Liechtenstein: Kraus Reprint Limited 1968).

Boltzmann, Ludwig (1897). Vorlesungen ueber die Principe der Mechanik, I. Theil. Leipzig: J. A. Barth.

Boltzmann, Ludwig (1904). Vorlesungen über die Prinzipe der Mechanik, II. Teil. Leipzig: J. A. Barth.

Braginskii, V. B. / Panov, V. I. (1972). Verification of the equivalence of inertial and gravitational mass. In: Soviet Physics – JETP 34, S. 463–466.

Brandt, Siegmund / Dahmen, Hans D. (1996). Mechanik: Eine Einführung in Experiment und Theorie. 3. Aufl. Berlin, Heidelberg, New York: Springer.

Brill, Alexander (1928). Vorlesungen über Allgemeine Mechanik. München (u.a.): Oldenbourg.

Buchdahl, G. (1952). Science and logic: some thoughts on Newton's second law of motion in classical mechanics. In: British Journal for the Philosophy of Science 2, S. 217–235.

Budde, Emil (1890). Allgemeine Mechanik der Punkte und starren Systeme. Bd. I, Mechanik der Punkte und der Punktsysteme. Berlin: G. Reimer.

Budó, Ágoston (1974). Theoretische Mechanik. 7. Aufl. Berlin: VEB Deutscher Verlag der Wissenschaften.

Bunge, Mario (1969). Machs Beitrag zur Grundlegung der Mechanik. In: Philosophia naturalis 11, S. 189–203.

Carnot, Lazare (1803). Principes fondamentaux de l'équilibre et du mouvement. Paris. 1. Conférence générale des poids et mesures (1889). Paris: Gauthier-Villards.

Cohen, I. Bernard (1964). Quantum in se est: Newton's concept of inertia in relation to Descartes and Lucretius. In: Notes and Records of the Royal Society of London 19, S. 131–155.

Cohen, I. Bernard (1970). Newton's second law and the concept of force in the Principia. In: R. Palter (Hg.) The annus mirabilis of Sir Isaac Newton 1666–1966. Cambridge/Massachusetts, S. 143–191.

Cohen, I. Bernard (1980). The Newtonian revolution. Cambridge, London, New York: Cambridge University Press.

Colodny, Robert G. (Hg.) (1965). Beyond the Edge of Certainty. Englewood, Cliffs: Prentice-Hall.

Cushing, James T. (1998). Philosophical concepts in physics: the historical relation between philosophy and scientific theories. Cambridge: University Press.

Cummins, Robert (1976). States, causes, and the law of inertia. In: Philosophical Studies 29, S. 21–36.

Cutnell, John D. / Johnson, Kenneth W. (1998). Physics, Bd. 1. 4. Aufl. New York, Chichester, Weinheim: J. Wiley & Sons.

D'Agostino, Salvo (1998). Hertz's View on the Methods of Physics: Experiment and Theory Reconciled? In: Baird u.a. (Hgg.), S. 89– 102.

214

Daniel, Herbert (1997). Physik. Bd. 1, Mechanik, Wellen, Wärme. Berlin, New York: de Gruyter.

Dellian, Ed (1985). Die Newtonsche Konstante. In: Philosophia Naturalis 22, S. 400–405.

Dellian, Ed (1989). Newton, die Trägheitskraft und die absolute Bewegung. In: Philosophia Naturalis 26, S. 192–201.

Demtröder, Wolfgang (1998). Experimentalphysik. Bd. 1, Mechanik und Wärme. 2. Aufl. Berlin, Heidelberg, New York: Springer.

Descartes, René (1647). Principes de la Philosophie (Paris 1647). In: Oeuvres de Descartes, vol. IX-2, ed. by Ch. Adam and P. Tannery, Paris 1957.

Dhombres, Jean / Dhombres Nicole (1997). Lazare Carnot. Paris: Éditions Fayard.

Dijksterhuis, Eduard Jan (1956). Die Mechanisierung des Weltbildes. Deutsch von H. Habicht. Berlin, Heidelberg, New York: Springer.

Dolby, R.G.A. (1966). A note on Dijksterhuis' criticism of Newton's axiomatization of mechanics. In: Isis 57, S. 108–115.

Dorling, Jon (1977). The eliminability of masses and forces in newtonian particle mechanics: Suppes reconsidered. In: British Journal for the Philosophy of Science 28, S. 55–57.

Drago, Antonino / Manno, Salvatore D. (1989). Le ipotesi fondamentali della meccanica secondo Lazare N. M. Carnot. In: Epistemologia XII, S. 305–330.

Dransfeld, Klaus / Kienle, Paul / Kalvius, Georg Michael (1998). Physik I: Mechanik und Wärme. 8. Aufl. München (u.a.): Oldenbourg.

Dugas, René (1946). Vicissitude de la notion de force. In: La Revue scientifique 84, S. 451–461.

Dugas, René (1950). Histoire de la Mécanique. Neuchatel: Éditions Griffon.

Duhamel, Jean M. C. (1853). Lehrbuch der reinen Mechanik von Duhamel, I. Teil. Deutsch bearbeitet von W. Wagner. Braunschweig: Vieweg & Sohn.

Duhamel, Jean M. C. (1869). Sur les principes de la science des forces. In: Comptes rendus hebdomadaires des séances de l'Académie des Sciences 69, S. 773–779.

Duhem, Pierre (1905). De l'accélération produite par une force constante, notes pour servir à l'histoire de la dynamique. In: IIme Congrès international de Philosophie, Genève, S. 859–915. (Nachdruck Nendeln, Liechtenstein: Kraus Reprint Limited 1968.)

Eddington, Arthur (1943). The nature of the Physical World. New York, Cambridge: University Press.

Eder, Franz X. (1968). Moderne Messmethoden der Physik, Teil I. 3. Aufl. Berlin: VEB Deutscher Verlag der Wissenschaften.

Einstein, Albert (1909–1910). Lectures Notes for Introductory Course on Mechanics, University of Zurich, Winter-Semester 1909–1910 (18 October 1909-5 March 1910). In: The Collected Papers of Albert Einstein. Vol. 3, S. 11–129. Princeton: Princeton University Press (1993).

Einstein, Albert / Grossman, Marcel (1913). Entwurf einer verallgemeinerten Relativitätstheorie und einer Theorie der Gravitation. In: The Collected Papers of Albert Einstein. Vol. 4, S. 303–343. Princeton: Princeton University Press (1995).

Eisberg, Robert M. / Lerner, Lawrences S. (1981). Physics: Foundations and applications. New York [usw.]: McGraw-Hill.

Ellis, Brian (1962). Newton's Concept of Motive Force. In: Journal of the History of Ideas 23, S. 273–278.

Ellis, Brian (1963). Universal and differential forces. In: British Journal for the Philosophy of Science 14, S. 177–194.

Ellis, Brian (1965). The Origin and Nature of Newton's Laws of Motion. In: Colodny, S. 29–68.

Ellis, Brian (1976). The existence of forces. In: Studies in History and Philosophy of Science 7, S. 171–185.

Erikson, Henry A. (1936). Elements of Mechanics. New York, London, Toronto: McGraw-Hill.

Erlichson, Herman (1991). Motive force and centripetal force in Newton's mechanics. In: American Journal of Physics 59 (9), S. 842–849.

Euler, Leonhard (1736). Mechanica sive motus scientia analityce exposita. Saint-Pétersbourg.

Euler, Leonhard ([1750] 1752). Decouverte d'un nouveau principe de Mecanique. In: Mémoires de l'académie des sciences de Berlin 6, S. 185–217. (Auch in Opera Omnia, serie II, Bd. 5, S. 81–108).

Euler, Leonhrd ([1750] 1752). Recherches sur l'origine des forces. In: Mémoires de l'académie des sciences de Berlin 6, S. 419–447. (Auch in: Opera Omnia, serie II, Bd. 5, S. 109–131).

Feynman, Richard P. / Leighton, Robert B. / Sand, Matthew (1974). Feynman Vorlesungen über Physik. The Feynman Lectures on physics. Bd. 1,1. München (u.a.): Oldenbourg.

Filon, L. N. G. (1938). Mass and force in Newtonian mechanics. In: The Mathematical Gazette 22, S. 9–16.

Fließbach, Torsten (1996). Lehrbuch zur theoretischen Mechanik. Bd. 1, Mechanik. Heidelberg, Berlin, Oxford: Spektrum.

Fraser, Craig (1985). D'Alembert's Principle: The Original Formulation and the Application in Jean d'Alembert's Traité de dynamique (1743). In: Centaurus 28, S. 31–61; S. 145–159.

Frege, G. (1891). Über das Trägheitsgesetz. In: Zeitschrift für Philosophie und philosophische Kritik, N. F. Bd. 98, S. 145–161.

French, Anthony P. (1995). Newtonsche Mechanik: eine Einführung in die klassische Mechanik. Aus dem Amerikanischen übersetzt von F. Epperlein. Berlin, New York: de Gruyter.

Gabbey, Allan (1971). Force and inertia in seventeenth century dynamics. In: Studies in History and Philosophy of Science 2, S. 1–67.

Gandt, François de (1995). Force and Geometry in Newton's Principia. Übersetzt von C. Wilson. Princeton: Princeton University Press.

Gehler, Johann S. T. (Hg.)(1829). Physikalisches Wörterbuch. Neu bearbeitet von Brandes, Gmelin, Horner, Muncke, Pfaff. 5. Bd. 2. Abteilung, S. 956–1019. Leipzig: Schwickert.

Gerthsen, Christian (1995). Physik. 18. Aufl. Berlin, Heidelberg, New York: Springer.

Ghins, Michel (1988). L'inertie dans les «Principia». In: Revue philosophique de Louvain 86, S. 523–537.

Gillispie, Charles Coulston (1971). Lazare Carnot Savant. Princeton: Princeton University Press.

Goldstein, Herbert (1985). Klassische Mechanik. Aus dem Englischen von Günter Gliemann. 8. Aufl. Wiesbaden: Aula-Verlag.

Greiner, Josef (1986). Dialektik des Kraftbegriffs in der Physik. Wien: VWGÖ (Dissertationen der Universität Wien).

Greiner, Walter (1989). Theoretische Physik. Bd. 2, Mechanik, Teil 2. 5. Aufl. Frankfurt am Main: Verlag Harri Deutsch.

218

Grimsehl, Ernst (1991). Lehrbuch der Physik. 27. Aufl. Leipzig: Teubner.

Haas, Arthur Erich (1914). Die Grundgleichungen der Mechanik dargestellt auf Grund der geschichtlichen Entwicklung. Leipzig: Veit.

Hahn, Hans Georg (1992). Technische Mechanik fester Körper. 2. Aufl. München, Wien: Hanser.

Hänsel, Horst / Neumann, Werner (1993). Physik: Mechanik und Wärmelehre. Heidelberg, Berlin, Oxford: Spektrum.

Halliday, David / Resnick, Robert (1993). Physik, Teil 1. Aus dem Amerikanischen übersetzt von J. Streubel und B. Schaarschmidt. Berlin, New York: de Gruyter.

Hamel, Georg (1908). Über die Grundlagen der Mechanik. In: Mathematische Annalen 66, S. 350–397.

Hamel, Georg (1909). Über Raum, Zeit und Kraft als apriorische Formen der Mechanik. In: Jahresbericht der deutschen Mathematiker-Vereinigung 18, S. 357–385.

Hamel, Georg (1912). Elementare Mechanik. Leipzig: Teubner.

Hamel, Georg (1927). Die Axiome der Mechanik. In: Handbuch der Physik, Bd. 5, S. 1–42. Berlin, Heidelberg, New York: Springer.

Hankins, Thomas (1967). The Reception of Newton's Second Law of Motion in the Eighteenth Century. In: Archives internationales d'histoires des sciences 20, S. 43–65.

Hankins, Thomas L. (1970). Jean d'Alembert. Oxford: Clarendon Press.

Hankins, Thomas L. (1989). Jean d'Alembert: homme de science. In: Jean d'Alembert, S. 187–203.

Hanson, Norwood Russell (1963). The law of inertia: a philosopher's touchstone. In: Philosophy of Science 30, S. 107–121.

Hanson, Norwood Russell (1965). Newton's First Law: A Philosopher's Door into Natural Philosophy. In: Colodny, S. 6–28.

Harman, P. M. (1983). Force and inertia: Euler and Kant's Metaphysical foundations of natural science. In: W. Shea (Hg.) Nature mathematized, Dordrecht (u.a.): Reidel, S. 229–249.

Harman, Peter M. (1985). Concepts of Inertia: Newton to Kant. In: M. Osler / P. L. Farber (Hgg.). Religion, Science, and Worldview. Essays in Honor of Richard S. Westfall, S. 119–133. Cambridge: University Press.

Helmholtz, Hermann von (1903). Vorlesungen über theoretische Physik. Band I, Abtheilung I: Einleitung zu den Vorlesungen über theoretische Physik. Hg. von A. König und C. Runge. Leipzig: J. A Barth.

Helmholtz, Hermann von (1911). Vorlesungen über die Dynamik discreter Massenpunkte. Hg. von O. Krigar-Menzel. Leipzig: J. A. Barth.

Herivel, John W. (1988). L'influence de Descartes sur Newton en dynamique. In: Revue philosophique de Louvain 86, S. 467–484.

Hertz, Heinrich (1894). Die Prinzipien der Mechanik in neuem Zusammenhange dargestellt. Leipzig: J. A. Barth.

Hestenes, David (1987). New Foundations for classical Mechanics. Dordrecht (u.a.): Reidel (Nachdruck).

Heynmann, Joachim / Lingener Adolf (1986). Meßverfahren der experimentellen Mechanik. Berlin , Heidelberg, New York: Springer.

Hoyer, Ulrich (1977). Ist das zweite Newtonsche Bewegungsaxiom ein Naturgesetz? In: Zeitschrift für allgemeine Wissenschaftstheorie 8, S. 292–301.

Jacobi, Carl Gustav J. (1847/48). Vorlesungen über analytische Mechanik Berlin 1847/48. Hg. von Helmut Pulte. Wiesbaden (u.a.): Vieweg, (1996).

Jammer, Max (1957). Concepts of force: a study in the foundations of dynamics. Cambridge/Massachusetts: Harvard University Press.

Janich, Peter (1997). Das Maß der Dinge: Protophysik von Raum, Zeit und Materie. Frankfurt am Main: Suhrkamp.

Jelitto, Rainer J. (1982). Theoretische Physik 1, Mechanik I. Wiesbaden: Akademische Verlagsgesellschaft.

Johannesson, P. (1896). Das Beharrungsgesetz. Programm des Sophien-Realgymnasiums. Berlin.

Joos, George (1989). Lehrbuch der theoretischen Physik. 15. Aufl. Wiesbaden: Aula-Verlag.

Keenan, Joseph H. (1948). Definitions and principles of dynamics. In: Scientific Monthly 67, S. 406–414.

Kirchhoff, Gustav (1897). Vorlesungen über Mathematische Physik. Bd. I, Mechanik. 4. Aufl. Hg. von W. Wien. Leipzig: Teubner.

Kittel, Charles / Knight, Walter D. / Ruderman, Malvin A. (1991). Berkeley Physics Course. Vol. 1. Deutsche Ausgabe. Wiesbaden (u.a.): Vieweg.

Klein, Hermann (1872). Die Principien der Mechanik: historisch und kritisch dargestellt. Leipzig: Teubner.

Knobloch, Eberhard / Pieper, Herbert / Pulte, Helmut (1995). „... das Wesen der reinen Mathematik verherrlichen". In: Mathematische Semester-berichte 42, S. 99–132.

Knudsen, Jens M. / Hjorth, Poul G. (1996). Elements of Newtonian Mechanics. 2. Aufl. Berlin, Heidelberg, New York: Springer.

Kochsiek, Manfred (Hg.) (1989). Handbuch des Wägens. 2. Aufl. Wiesbaden (u.a.): Vieweg.

Kohlrausch, Friederich (1887). Leitfaden der praktischen Physik. 6. Aufl. Leipzig: Teubner.

Kohlrausch, Friederich (1896). Leitfaden der praktischen Physik. 8. Aufl. Leipzig: Teubner.

Kohlrausch, Friederich (1901). Lehrbuch der praktischen Physik. 9. Aufl. Stuttgart: Teubner.

Kohlrausch, Friederich (1930). Lehrbuch der praktischen Physik. 16. Aufl. Stuttgart: Teubner.

Kohlrausch, Friederich (1935). Praktische Physik: zum Gebrauch für Unterricht, Forschung und Technik. 17. Aufl. Hg. von Henning. Leipzig, Berlin: Teubner.

Kohlrausch, Friederich (1955). Praktische Physik: zum Gebrauch für Unterricht, Forschung und Technik. 20. Aufl. Hg. von Hermann Ebert und Eduard Justi. Stuttgart: Teubner.

Kohlrausch, Friederich (1960). Praktische Physik: zum Gebrauch für Unterricht, Forschung und Technik. 21. Aufl. Hg. von Hermann Ebert und Eduard Justi. Stuttgart: Teubner.

Kohlrausch, Friederich (1968). Praktische Physik: zum Gebrauch für Unterricht, Forschung und Technik. 22. Aufl. Hg. von Günter Lautz und Rolf Taubert. Stuttgart: Teubner.

Kohlrausch, Friederich (1985). Praktische Physik: zum Gebrauch für Unterricht, Forschung und Technik. 23. Aufl. Hg. von Dietrich Hahn und Siegfried Wagner. Stuttgart: Teubner.

Kohlrausch, Friederich (1996). Praktische Physik: zum Gebrauch für Unterricht, Forschung und Technik. 24. Aufl. Hg. von Volkmar Kose und Siegfried Wagner. Stuttgart: Teubner.

222

Kouznetsov, Boris Grigor'evich (1964). La notion Catésienne de l'inertie et la science moderne. In: Mélanges Alexander Koyré. Vol. 1. Paris: Hermann, S. 361–366.

Koslow, Arnold (1969). The law of inertia: some remarks on its structure and significance. In: Sidney Morgenbesser u.a. (Hgg.), Philosophy, science and methode. New York: St. Martin's Press. S. 549–567.

Koyré, Alexander (1966). Études Galiléennes. Paris: Hermann.

Krantz, David H. (1973). Fundamental measurement of force and Newton's first and second laws of motion. In: Philosophy of Science 40, S. 481–495.

Kutschmann, Werner (1983). Die Newtonsche Kraft – Metamorphose eines wissenschaftlichen Begriffs. In: Studia Leibnitiana, Sonderheft 12.

Lagrange, Joseph-Louis de (1888/9) Mécanique Analytique. 4. Aufl. Paris.

Lange, Ludwig (1885). Ueber die wissenschaftliche Fassung des Galilei'schen Beharrungsgesetzes. In: Philosophische Studien 2, S. 266–297.

Lange, Ludwig (1885). Ueber das Beharrungsgesetz. In: Berichte über die Verhandlungen der Königlich Sächsischen Gesellschaft der Wissenschaften zu Leipzig 37, S. 333–351.

Lange, Ludwig (1885). Nochmals über das Beharrungsgesetz. In: Philosophische Studien 2, S. 539–545.

Lange, Ludwig (1886). Die geschichtliche Entwickelung des Bewegungsbegriffes. Leipzig: Wilhelm Engelmann.

Lange, Ludwig (1902). Das Inertialsystem vor dem Forum der Naturforschung. In: Philosophische Studien 20, S. 1–71.

Laplace, Pierre S. (1799). Traité de Mécanique Céleste. Bd. I. Paris. (Nachdruck Brüssel: Culture et civilisation, 1967).

Leisi, Hans Jörg (1996). Klassische Physik. Bd. 1, Mechanik. Basel, Boston, Stuttgart: Birkhäuser.

Lenard, Philipp (1936). Deutsche Physik. Bd. 1, Einleitung und Mechanik. München: Lehmanns.

Le Ru, Véronique (1994). La force accélératrice: un exemple de définition contextuelle dans le Traité de Dynamique de d'Alembert. In: Revue d'histoire des Sciences 48, S. 475–494.

Lindsay, Robert B. / Margenau, Henry (1936). Foundations of Physics. New York: J. Wiley & Sons.

Ludwig, Günther (1974). Einführung in die Grundlagen der Theoretischen Physik. Bd. II, Elektrodynamik, Zeit, Raum, Kosmos. Düsseldorf: Bertelsmann Universitätsverlag.

Ludwig, Günther (1985). Einführung in die Grundlagen der Theoretischen Physik. Bd. I, Raum, Zeit, Mechanik. 3. Aufl. Wiesbaden (u.a.): Vieweg.

Lüscher, Edgar (1967). Experimentalphysik I, 1. Teil. Mannheim, Wien, Zürich: Bibliographisches Institut (Unveränderter Nachdruck 1987)

Lützen, Jesper (1998). Hertz and the Geometrization of Mechanics. In: Baird u.a. (Hgg.), S. 103–121.

MacGregor, J. G. (1893). On the Fundamental Hypotheses of Abstract Dynamics. In: Proceedings and Transactions of the Royal Society of Canada X, S. 3–21.

Mach, Ernst (1868). Ueber die Definition der Masse. Repertorium für Experimental-Physik, Bd. 4, S. 355–359.

Mach, Ernst (1872). Die Geschichte und die Wurzel des Satzes von der Erhaltung der Arbeit. 2. Unveränderter Nachdruck Leipzig: Barth (1909).

Mach, Ernst (1933). Die Mechanik in ihrer Entwicklung. 9. Aufl. Leipzig: Brockhaus.

Maltese, Giulio (1992). La Storia di F = ma: la seconda legge del moto nel XVIII secolo. Firenze: Leo S. Olschki.

Marcolongo, Robert (1912). Theoretische Mechanik. Bd. II, Dynamik. Ins Deutsche übertagen von H. E. Timerding. Leipzig: Teubner.

Marquit, Erwin (1989). A plea for a correct translation of Newton's law of inertia. In: American Journal of Physics 58 (9), S. 867–870.

Maxwell, James Clerk (1881). Substanz und Bewegung. Ins Deutsche übersetzt. von E. v. Fleischl. Braunschweig: Vieweg & Sohn (2. Abdruck).

McCauley, Joseph L. (1997). Classical Mechanics. Cambridge: Cambridge University Press.

Methods of experimental physics: 1. Classical Methods (1959). I. Estermann (Hg.). New York , London: Academic Press.

Mikhailov, Gleb Konstantinovich (1985). Euler und die Entwicklung der Mechanik. In: Festakt und wissenschaftliche Konferenz aus Anlaß des 200. Todestages von Leonhard Euler. Berlin, S. 64–82.

Mittelstaedt, Peter (1995). Klassische Mechanik. 2. Aufl. Mannheim, Wien Zürich: Bibliographisches Institut.

Moore, E. Neal (1983). Theoretical Mechanics. New York, Chichester, Weinheim: J. Wiley & Sons.

Müller, Johan / Pouillets, Claude (1929). Müller-Pouillets Lehrbuch der Physik. Bd. I, 1. Teil, Mechanik punktförmiger Massen und starrer Körper. 11. Aufl. Braunschweig: Vieweg & Sohn.

Nagel, Ernest (1961). Structure of Science: Problems in the logic of scientific Explanation. New York (u.a.): Harcourt, Brace & World.

Neumann, Carl (1870). Ueber die Principien der Galilei-Newtonschen Theorie. Leipzig: Teubner.

Neumann, Carl (1910). Über den Körper Alpha. In: Berichte über die Verhandlungen der Königlich Sächsischen Gesellschaft der Wissenschaften zu Leipzig 62, S. 69–86.

Neumann, Carl (1910). Nachtrag zu dem Aufsatz über den Körper Alpha. In: Berichte über die Verhandlungen der Königlich Sächsischen Gesellschaft der Wissenschaft zu Leipzig 62, S. 383–385.

Neumann, Franz (1883). Einleitung in die theoretische Physik. Leipzig: Teubner.

Neuser, Wolfgang (1993). The concept of force in eighteenth-century mechanics. In: M. J. Petry (Hg.) Hegel and Newtonianism, S. 383–397. Dordrecht, Boston, London: Kluwer Academic Publishers.

Newton, Isaac (1726). Isaac Newton's Philosophiae naturalis Principia Mathematica. 3. Aufl. Hg. von A. Koyré und I. B. Cohen. Harvard University Press, (1972).

Niedrig, Heinz (1992). Physik. Berlin, Heidelberg, New York: Springer.

Nielsen, Jakob (1935). Vorlesungen über elementare Mechanik. Übersetzt und bearbeitet von W. Fenchel. Berlin, Heidelberg, New York: Springer.

Nolting, Wolfgang (1997). Grundkurs theoretische Physik. Bd I, Klassische Mechanik. 5. Aufl. Wiesbaden (u.a.): Vieweg.

Nordmann, Alfred (1998). „Everything could be different": The Principles of Mechanics and the Limits of Physics. In: Baird u.a. (Hgg.), S. 155–171.

Nordmann, Alfred (1998). Heinrich Hertz: a Bibliography. In: Baird u.a. (Hgg.), S. 281–305.

226

Planck, Max (1916). Einführung in die Allgemeine Mechanik. Leipzig: S. Hirzel.

Paty, Michel (1989). D'Alembert et la Théorie physique. In: Jean d'Alembert, S. 233–260.

Petzold, J. (1908). Die Gebiete der absoluten und der relativen Bewegung. In: Annalen der Naturphilosophie 7, S. 29–62.

Physical Science Study Committee (1974). Physik. Deutsche Fassung erarbeitet von J. Grehn, G. Harbeck, P. Wessels. Wiesbaden (u.a.): Vieweg.

Platrier, Charles (1954). Mécanique Rationnelle. Tome I. Paris: Dunod.

Poincaré, Henri (1897). Les idées de Hertz sur la mécanique. In: Revue générale des Sciences VIII, S. 734–743.

Poincaré, Henri (1901). Sur les Principes de la Mécanique. In: Ier Congrès international de Philosophie, Tome 3. Paris, S. 457–494 (Nachdruck Nendeln, Liechtenstein: Kraus Reprint Limited 1968).

Poincaré, Henri (1902). Science et Hypothèse. Paris: Flammarion (1968).

Poinsot, Louis (1821). Élémens de Statique. 3. Aufl. Paris: Courcier.

Poisson, Siméon Denis (1833). Traité de Mécanique. Paris: Bachelier.

Poser, Hans (1998). Strukturen als Denkformen. In: Information Philosophie, Heft 3, S. 7–21.

Poske, Fr. (1884). Der empirische Ursprung und die Allgemeingültigkeit des Beharrungsgesetzes. In: Vierteljahrsschrift für wissenschaftliche Philosophie 8, S. 385-404.

Psillos, Stathis (1996). Poincaré's Conception of Mechanical Explanation. In: Henri Poincaré – science et philosophie, hg. von J.-L. Greffe (u.a.). S. 177–191. Berlin: Akademie Verlag; Paris: Blanchard.

Pulte, Helmut (1989). Das Prinzip der kleinsten Wirkung und die Kraftkonzeptionen der rationalen Mechanik. Stuttgart: Steiner (= Studia Leibnitiana, Sonderheft 19).

Pulte, Helmut (1994). C. G. J. Jacobis Vermächtnis einer ‚konventionalen‘ analytischen Mechanik: Vorgeschichte, Nachschriften und Inhalt seiner letzten Mechanik-Vorlesung. In: Annals of Science 51, S. 497–516.

Radelet-de Grave, Patricia (1988). Les forces et leur loi de composition chez Newton. In: Revue philosophique de Louvain 86, S. 505–522.

Reech, Ferdinand (1852). Cours de Mécanique d'après la nature générale-ment flexible et élastique des corps. Paris: Carilian-Goeury et V^{or} Dalmont.

Riemann, Bernard (1876). Bernhard Riemann's gesammelte mathematische Werke und wissenschaftlicher Nachlass. Unter Mitwirkung von R. Dedekind hg. von H. Weber. Leipzig: Teubner.

Russell, Bertrand (1937). Principles of Mathematics. 2. Aufl. London: Allen & Unwin (8. Nachdruck 1964).

Saint-Venant, A. J. C. Barré de (1845). Mémoire sur les sommes et les différences géométriques, et sur leur usage pour simplifier la Mécanique. In: Comptes rendus 21, S. 620–625.

Saint-Venant, A. J. C. Barré de (1851). Principes de Mécanique fondés sur la Cinématique. Paris: Bachelier.

Saint Venant, A. J. C. Barré de (1866). Notice sur Louis-Joseph comte du Buat. In: Mémoires de la Société Impériale des Sciences, de l'Agriculture et des Arts de Lille, 1865, IIIe série – 2e volume. Lille, Paris. S. 669–679.

Saltzer, Walter (1994). Problematisches zu Newtons Principia. In: Ad Radices. Hg. von A. v. Gotstedter, S. 553–561. Stuttgart: F. Steiner.

228

Sant'Anna, Adonai Schlup (1996). An Axiomatic Framework for Classical Particle Mechanics Without Force. In: Philosophia Naturalis 33, S. 187–203.

Santavy, Ivan (1986). Newton's first law. In: European Journal of Physics 7 (2), S. 132–133.

Saunders, L. R. (1964). Rational deduction in physics: the parallelogram of forces. In: British Journal for the Philosophy of Science 14, S. 265–273. Saunders, Simon (1998). Hertz's Principles. In: Baird u.a. (Hgg.), S. 123–154.

Schaefer, Clemens (1962). Einführung in die Theoretische Physik, Bd. 1. 6. Aufl. Berlin: de Gruyter.

Scheck, Florian (1994). Mechanik: von den Newtonschen Gesetzen zum deterministischen Chaos. 4. Aufl. Berlin, Heidelberg, New York: Springer.

Schell, Wilhelm (1879). Theorie der Bewegung und der Kräfte. Leipzig: Teubner.

Sears, Francis W. / Zemansky, Mark W. / Young, Hugh D. (1985). College Physics. 6. Aufl. Reading/Massachsetts (u.a.): Addison-Wesley.

Simon, Herbert A. (1947). The axioms of newtonian mechanics. In: Philosophical Magazine Series 7, 38, S. 888–905.

Simon, Herbert A. (1954). The Axiomatization of classical Mechanics. In: Philosophy of Science 21, S. 340–343.

Snider, Caroline Whitbeck (1967). The confusion concerning universal forces. In: British Journal for the Philosophy of Science 18, S. 64–66.

Sommerfeld, Arnold (1947). Vorlesungen über theoretische Physik. Bd. I, Mechanik. 3. Aufl. Leipzig: Geest & Portig.

Somov, Josif I. (1864). Mémoires sur les accélérations de divers ordres. In: Mémoires de l'Académie Impérial des Sciences de St-Pétersbourg, VII⁼ Série, Tome VIII, N° 5, S. 1–45.

Stephani, Hans / Kluge, Gerhard (1995). Theoretische Mechanik: Punkt- und Kontinuumsmechanik. Heidelberg, Berlin, Oxford: Spektrum.

Streintz, Heinrich (1883). Die physikalischen Grundlagen der Mechanik. Leipzig: Teubner.

Sturm, Charles (1868). Cours de Mécanique de l'École Polytechnique. Tome premier. 2. Aufl. Paris: Gauthier-Villars.

Synge, John L. / Griffith, Byron A. (1987). Principles of Mechanics. 3. Aufl. Auckland (u.a.): McGraw-Hill.

Szabó, István (1979). Geschichte der mechanischen Prinzipien. 2. Aufl. Basel, Boston, Stuttgart: Birkhäuser.

Tetens, Holm (1985). Rationale Dynamik. In: Philosophia Naturalis 22, S. 61–86.

Tipler, Paul (1994). Physik. Aus dem Amerikanischen übersetzt von M. Baumgartner. Heidelberg, Berlin, Oxford: Spektrum.

Thomson, William / Tait, Peter Guthrie (1890). Treatise on natural philosophy, Part I. Cambridge: University Press.

Thüring, Bruno (1950). Fundamental-System und Inertial-System. In: Methodos II, S. 265–283.

Tonnelat, Marie-Antoinette (1953). L'évolution de la notion de force du 17e au 20e siècle. In: Actes du Congrès International d'Histoire des Sciences (Jerusalém) Paris, S. 610–614.

Truesdell, Clifford (1960). A Program toward Rediscovering the Rational Mechanics of the Age of Reason. In: Archive for history of exact Sciences 1, S. 3–36.

Truesdell, Clifford (1968). Essays in the history of mechanics. Berlin, Heidelberg, New York: Springer.

Vicaire, E. (1894). Sur la réalité de l'espace et le mouvement absolu. In: Annales de la société scientifique de Bruxelles 18, seconde Partie, S. 283–310.

Voigt, Woldemar (1901). Elementare Mechanik. Leipzig: Veit & Comp.

Voss, A. (1901). Die Prinzipien der rationellen Mechanik. In: Encyklopädie der mathematischen Wissenschaften, Bd. IV, Heft 1. Leipzig. S. 3–121.

Wahsner, Renate / von Borzeszkowski, Horst-Heino (1992). Wirklichkeit der Physik: Studien zu Idealität und Realität in einer messenden Wissenschaft. Frankfurt am Main (u.a.): Lang.

Wahsner, Renate (1998). Ernst Machs Begriff der Wissenschaftsgeschichte. In: Reprint 111 des Max-Planck-Institut für Wissenschaftsgeschichte. Berlin.

Webster, Arthur Gordon (1904). The Dynamics of Particles and of rigid, elastic and fluid Bodies. Leipzig: Teubner.

Weisbach, Julius (1855). Ingenieur- und Maschinen-Mechanik. I. Teil, Theoretische Mechanik. 3. Aufl. Braunschweig: Vieweg & Sohn.

Westfall, Richard S. (1971). Force in Newton's physics: the science of dynamics in the seventeenth century. London (u.a.): Macdonald (u.a.).

Westfall, Richard S. (1972). Circular Motion in Seventeenth-Century.In: Isis 63, S. 184–189.

Westphall, Wilhelm H. (1959). Physik. 20. Aufl. Berlin, Heidelberg, New York: Springer.

Whitrow, G. J. (1950). On the Foundations of Dynamics. In: The British Journal for the Philosophy of Science 1, S. 92–107.

Wiechert, E. (1915). Die Mechanik im Rahmen der allgemeinen Physik. In: Die Kultur der Gegenwart, 3. Teil, 3. Abteilung, Bd. 1. Leipzig und Berlin: Teubner.

Wolfson, Richard / Pasachoff, Jay M. (1990). Physics. Glenview (u.a.): Scott (u.a.).

Wüllner, Adolph (1895). Lehrbuch der Experimentalphysik. Bd. I, Allgemeine Physik und Akustik. 5. Aufl. Leipzig: Teubner.

Zylbersztajn, Arden (1994). Newton's absolute space, Mach's principle and the possible reality of fictitious forces. In: European Journal of Physics 15, S. 1–8.